受浙江大学文科高水平学术著作出版基金资助

# 数字社会科学丛书编委会

**总顾问**

**吴朝晖** 中国科学院副院长、院士

**主　编**

**黄先海** 浙江大学副校长、教授

**编　委**

**魏　江** 浙江财经大学党委副书记、副校长（主持行政工作）、教授

**周江洪** 浙江大学副校长、教授

**胡　铭** 浙江大学光华法学院院长、教授

**韦　路** 浙江传媒学院党委副书记、副院长（主持行政工作）、教授

**张蔚文** 浙江大学公共管理学院副院长、教授

**马述忠** 浙江大学中国数字贸易研究院院长、教授

**汪淼军** 浙江大学经济学院中国数字经济研究中心主任、教授

"十四五"时期国家重点出版物出版专项规划项目

数字社会科学丛书

国家出版基金项目
NATIONAL PUBLICATION FOUNDATION

韦路 著

# 数字鸿沟

## 概念、成因与后果

# Digital Divide

Concepts, Causes and Consequences

ZHEJIANG UNIVERSITY PRESS
浙江大学出版社
·杭州·

图书在版编目（CIP）数据

数字鸿沟：概念、成因与后果 / 韦路著． — 杭州：
浙江大学出版社，2024.6
　ISBN 978-7-308-24518-0

　Ⅰ．①数… Ⅱ．①韦… Ⅲ．①信息产业－研究 Ⅳ．
①F49

　中国国家版本馆 CIP 数据核字(2023)第 253918 号

**数字鸿沟：概念、成因与后果**
SHUZI HONGGOU：GAINIAN、CHENGYIN YU HOUGUO
韦　路　著

| | |
|---|---|
| **策划编辑** | 张　琛　吴伟伟　陈佩钰 |
| **责任编辑** | 陈思佳　徐　婵 |
| **责任校对** | 黄梦瑶 |
| **封面设计** | 浙信文化 |
| **出版发行** | 浙江大学出版社 |
| | （杭州市天目山路 148 号　　邮政编码　310007） |
| | （网址：http://www.zjupress.com） |
| **排　　版** | 杭州浙信文化传播有限公司 |
| **印　　刷** | 杭州宏雅印刷有限公司 |
| **开　　本** | 710mm×1000mm　1/16 |
| **印　　张** | 19.5 |
| **字　　数** | 400 千 |
| **版 印 次** | 2024 年 6 月第 1 版　2024 年 6 月第 1 次印刷 |
| **书　　号** | ISBN 978-7-308-24518-0 |
| **定　　价** | 98.00 元 |

浙江大学出版社市场运营中心联系方式：0571-88925591；http://zjdxcbs.tmall.com

# 总　序

在这个面临百年未有之大变局的时代，在这个数字技术席卷全球的时代，在这个中国面临伟大转型的时代，以习近平同志为核心的党中央放眼未来，在数字经济、数字治理、数字社会等方面做出重大战略部署。《中华人民共和国国民经济和社会发展第十四个五年规划和2035年远景目标纲要》第五篇"加快数字化发展建设数字中国"强调，"迎接数字时代，激活数据要素潜能，推进网络强国建设，加快建设数字经济、数字社会、数字政府，以数字化转型整体驱动生产方式、生活方式和治理方式变革"。2021年10月，在中共中央政治局第三十四次集体学习之际，习近平总书记强调："数字经济发展速度之快、辐射范围之广、影响程度之深前所未有，正在成为重组全球要素资源、重塑全球经济结构、改变全球竞争格局的关键力量。"①

随着数字技术不断发展和数字化改革的不断深入，数字经济已经成为驱动经济增长的关键引擎，数字技术正逐步成为推动国家战略、完善社会治理、满足人们美好需要的重要手段和工具。但与此同时，社会科学的理论严重滞后于数字化的伟大实践，面临着前所未有的挑战。无论是基本理论、基本认知，还是基本方法，都面临深层次重构，亟须重新认识社会科学的系统论、认识论和方法论，对新发展阶段、新发展理念和新发展格局有深刻的洞察。

浙江大学顺应全球科技创新趋势和国家创新战略需求，以"创建数字社科前

---

① 把握数字经济发展趋势和规律 推动我国数字经济健康发展. 人民日报［N］，2021-10-20（1）.

沿理论，推动中国数字化伟大转型"为使命，启动数字社会科学会聚研究计划（简称"数字社科计划"）。"数字社科计划"将以中国数字化转型的伟大实践为背景，以经济学、管理学、公共管理学、法学、新闻传播学等学科为基础，以计算机和数学等学科为支撑，通过学科数字化和数字学科化，实现社会科学研究对象、研究方法和研究范式的数字化变革。"数字社科计划"聚焦数字经济、数字创新、数字治理、数字法治、数字传媒五大板块。数字经济和数字创新将关注数字世界的经济基础，研究数字世界的经济规律和创新规律；数字治理和数字法治关注数字世界的制度基础，研究数字世界的治理规律；数字传媒关注数字世界的社会文化基础，研究数字世界的传播规律。在此基础上，"数字社科计划"将推动数字科学与多学科交叉融合，促进新文科的全面发展，构建世界顶尖的数字社会科学体系，打造浙江大学数字社科学派，推动中国数字化的伟大转型。

依托"数字社科计划"，集结浙江大学社会科学各学科力量，广泛联合国内其他相关研究机构，我们组织编撰出版了这套数字社会科学丛书。以"数字＋经济""数字＋创新""数字＋治理""数字＋法治""数字＋传媒"等为主要研究领域，将优秀研究成果结集出版，致力于填补数字与社会科学跨学科研究的空白；同时，结合数字实践经验，为当前我国数字赋能高质量发展提供政策建议，向世界展示中国在"数字赋能"各领域的探索与实践。

本丛书可作为国内系统性构建数字社会科学学科研究范式的一次开拓性的有益尝试。我们希望通过这套丛书的出版，能更好地在数字技术与社会科学之间架起一座相互学习、相互理解、相互交融的桥梁，从而在一个更前沿、更完整的视野中理解数字经济时代社会科学的发展趋势。

黄先海

2022 年 4 月

DIGITAL DIVIDE 序

　　自20世纪90年代以来，数字鸿沟一直是人类社会面临的重大挑战，也引发了全球学界、业界和政界的广泛关注。数字鸿沟概念最初被定义为技术拥有者和技术缺乏者之间的差距。随着数字鸿沟研究的不断发展，其内涵也从单一的接入差距拓展出更加丰富的维度。数字鸿沟本质上是一种数字不平等，即不同群体在数字社会采用数字技术、获取信息服务、实现全面发展等方面的差异，是社会不平等在数字时代的体现。当人类历史的车轮不可逆转地驶入数字时代，如何更加科学地界定数字鸿沟概念、更加准确地呈现数字鸿沟变迁、更加深入地揭示数字鸿沟成因、更加理性地探讨数字鸿沟后果，为弥合数字鸿沟、建构更加平等的全球信息社会提供中国方案，成为不同学科研究者需要共同思考和研究的重大议题。

　　本书正是从上述几个方面出发，对数字鸿沟的概念、变迁、成因、后果和对策进行全方位探讨，一方面通过分析中国、美国等代表性国家的问卷调查数据，对个人层面的数字鸿沟状况进行探讨，另一方面也充分利用联合国、世界银行和国际电信联盟等权威组织发布的全球宏观数据，对国家层面的数字鸿沟问题进行研究。具体来说，本书力求取得五大创新成果。

## 一、建构数字鸿沟的概念系统

　　在前人研究的基础上，本书将数字鸿沟定义为，在个人、地区或国家层面存在的，在数字技术的不同发展阶段出现的，数字技术接入、使用和驯化上的差异。本书从不断变化的信息技术环境出发，试图建构一个多维度、多层面、多阶段的数字鸿沟概念系统。多维度包括技术接入、技术使用、技术驯化等，多层面包括个人层面、国家或地区层面，多阶段包括电脑、手机、数字电视、互联网、智能设备等数字技术的不同发展阶段。

个人层面数字鸿沟的三个维度构成一个金字塔结构。底层是最基本的接入沟，因为技术接入是人机关系的第一步。没有接入，其他与技术的各种互动都无从谈起。接入沟之上是使用沟，一方面意味着使用要以接入为基础，另一方面也说明使用差异比接入差异更加复杂，存在的影响因素更多，造成的社会影响更大。金字塔的顶层是驯化沟，因为驯化体现了一种更高层次的人机关系，一种更具主体性的人机互动，一种更加理性的数字生活。因此，不同群体在技术驯化方面的结构性差异，当属数字鸿沟各个维度中最难弥合的。这三个维度存在着一种递进关系，其复杂性、多样性和人的主体性不断增强。如果说在接入和使用层面，人们是数字设备的所有者（owner）和使用者（user），那么进入驯化层面，人们就变成了数字技术的主人（master）。

个人层面的这种多维数字鸿沟出现在数字技术发展的不同阶段。从数字技术的开端——电脑——开始，到手机、数字电视、互联网，再到当前日新月异的人工智能设备，再到正在涌现和未来将会出现的新媒体技术，都会产生新的数字鸿沟。虽然都是数字技术，但不同的发展阶段所呈现出的影响因素和社会后果也会有所不同。数字鸿沟研究者既需要对每个阶段的情况进行单独研究，也需要将不同阶段联系起来进行比较研究。

最后，个人层面的数字鸿沟集合起来，就形成了国家或地区层面的数字鸿沟。不论是国家内部的不同地区之间，如城市和乡村、发达和欠发达地区，还是国家和国家之间，如发达国家和发展中国家，都面临数字鸿沟的持续挑战。由于层面不同，数字鸿沟的成因和后果也各不相同。研究者需要同时对个人层面和国家或地区层面的数字鸿沟进行研究，才能更加全面系统地理解数字时代人类社会难以跨越的这一道鸿沟。

## 二、呈现数字鸿沟的发展变迁

个人层面的数字鸿沟变迁主要表现在三个方面。一是逐渐消弭的接入沟。随着我国网民规模的扩大和互联网普及率的大幅提升，网民结构也趋于均衡，除城乡之间的数字鸿沟依然显著之外，性别、年龄、教育、收入等方面的数字鸿沟日趋弥合。二是日益凸显的使用沟。和其他网民群体相比，非网民和老年网民仍然存在数字技能和信息素养方面的障碍。老年网民对外界帮助依赖性强，难以独立使用新兴的网络业务。网络使用模态呈现出种类日益丰富的特点，从简单的信息获取类和交流沟通类应用逐渐拓展至网络娱乐类和商务交易类应用，但不同群体在多模态网络使用方面仍然存在较大的鸿沟。三是悄悄涌现的驯化沟。一方面，"智连鸿沟"初现端倪，个体在如何更加智慧地连接数字技术方面的差异值得关注，不同社会经济地位的个体在驯化、再造数字技术以趋利避害、为己所用方面存在差异；另一方面，"断连鸿沟"逐渐显现，随着用户与互联网的连接从稀缺转向过剩，个体在如何更加克制地连接数字技术、防止过度连接方面也存在差异。

国家层面的数字鸿沟主要有三大发现。一是全球数字鸿沟逐渐缩小。虽然欧美优势依然可见，但已逐渐失去压倒性的统治地位。发展中国家已经认识到网络信息技术对社会发展的重要作用，纷纷奋起直追，以求在新的全球信息经济格局中占据更加有利的位置。二是手机展现独特潜力。与欧美发达国家长期领先的互联网和固定宽带全球格局不同，手机呈现出与众不同的扩散路径。俄罗斯、中国等发展中国家后来居上，手机拥有率位居全球前列。发展中国家应该以智能手机为突破口，大力发展移动互联网，尽快改变自己在全球信息传播格局中的落后地位。三是中国逐渐赶超世界平均水平。经过数十年的发展，中国的互联网从无到有，从弱到强，互联网采纳率已在 2010 年赶上世界平均水平。虽然在总量上，中国多项指标已经是世界第一，但人均指标仍然落后于发达国家，处于世界中游水平。中国要从网络大国变成真正的网络强国，依然任重道远。

## 三、揭示数字鸿沟的形成机制

本书分别从个人层面和国家层面探讨了数字鸿沟的影响因素。个人层面的数字鸿沟受到人口、行为、心理等因素的综合影响。例如，农村居民的人口变量、行为变量和心理变量可在相当程度上预测其对手机的采纳和使用。人口变量的解释力最强，行为变量次之，心理变量的解释力最弱。再如，生活方式不仅对数字电视采用具有直接影响，也通过感知流行和权衡需求这2个中间变量对其产生间接影响。又如，大学生现实世界中的网络经历可有效预测他们的网络知识，进而影响到他们对网络的认知和态度，如自我效能感、感知易用性、感知有用性、感知乐趣等，最终影响他们的网络使用意向。这些关系表明，在一般物质特性的基础上，一般心理特性影响具体的消费者心理特性，并进而影响数字技术的采用。

全球层面数字鸿沟的成因主要有两大发现。第一，经济因素影响依然最强。在众多影响网络技术扩散的宏观因素当中，经济因素依然是主导性因素，贡献了一半左右的解释力。在2个主要的经济因素中，人均收入的重要性大大超过国内生产总值，成为预测网络技术采纳的最强劲变量。第二，预测采纳呈现递增效应。经济发展、国民发展、城乡结构和开放程度等因素不仅会对网络技术采纳产生短期影响，也会产生较为长期的影响。而且，这种影响不是慢慢消退，而是逐渐累积，时间越长，影响越大。这种递增效应显示，与创新扩散理论、技术接受模型和权衡需求理论等所发现的个人认知层面的短期效果不同，社会结构层面的各种因素对数字技术采纳的影响更加持久而深远。

## 四、凸显数字鸿沟的社会后果

一直以来，关于数字鸿沟的争论集中在人们使用数字技术的方式而非结果上。大量文献探讨的是人们在数字技术接入上是否存在贫富之分，在数字媒介使用上是否存在优劣之别，新技术接入和使用差异的具体后果是一个"根本的却经常被忽略的问题"。本书重点探讨了数字鸿沟三个方面的社会后果。

首先，放大知识沟。一是拥有互联网接入的个人，相对于那些没有互联网接入的个人有着更多的政治知识。二是相对于互联网接入，人们的互联网使用能更好地预测其知识获取。即使拥有着同样的互联网物质接入，人们对互联网的政治使用越多，往往拥有的政治知识也越多。三是不同社会经济地位者之间的使用沟在互联网上比在传统媒体上更为明显，互联网上较大的使用沟也导致了更为显著的知识沟，使得数字鸿沟不仅在强度上，更在后果上甚于传统媒体的使用差异。

其次，强化参与沟。多模态网络使用程度总体较低，与之相关的政治知识和社会参与水平也不高。通过博客、微博和社交网络等应用每天不断被创造出来的用户生产内容使得传统意义上的媒介受众从内容消费者转变为内容生产者，进而成为社会公共空间中更加积极主动的参与主体。多模态网络使用行为与社会参与密切相关，多模态网络使用程度越高，其中所包含的参与性网络活动就越多，其相应的社会参与程度也越高。在虚拟世界中由 Web 2.0 技术所促成的参与文化正在向真实世界延伸。

最后，扩张融入沟。一是社交媒体使用这种特定的数字技术应用对城市新移民的社会融合程度能够产生一定的影响。一方面，新移民对社交媒体的依赖有助于提升其在城市中的社会认同。另一方面，社交媒体使用也会降低城市新移民的社会关系深度和社会参与程度。二是社交媒体使用的不同模式对城市新移民的主观幸福感也会产生不同的影响。信息生产会提升生活满意度，而信息获取会降低生活满意度。三是城市新移民的社会融合程度，尤其是社会认同水平，能够显著影响其主观幸福感。

## 五、探索数字鸿沟的治理之策

中国数字鸿沟的应对之策包括三个方面。对政府而言，要推动技术研发，鼓励新技术特别是人工智能技术的研发，建强基础设施，为"数字中国"建设提供科技支撑；要发展智媒产业，加快智媒技术转移转化，推动智媒技术产业化进程，促进智媒产业结构优化，打通全传播链条和全产业链条；要加强智媒治理，通过法律规范建设趋利避害，保护数字时代的每一个公民特别是弱势群体的合法权利；要制定国际规则，紧跟国际产业技术发展前沿，积极参与国际规则的制定，提升中国在全球数字技术与行业标准制定中的话语权。

对平台而言，要坚守人文主导，突出人文情怀，坚持以人为本的价值取向，在机器算法的设定中要体现人的核心价值，关注人作为独立个体的切实需求；要加强内容管理，优化内容生产的环节与技术，提升内容质量，在内容生产的创意、策划、写作、互动等环节，坚持由人主导；要创新数字服务，优化平台服务形式，拓展平台服务边界，提供基于实时场景、历时数据、用户关系和垂直领域的智能媒体服务。

对公众而言，要提升智能媒体素养，强化自我学习的意识，增强个体理解、认识和使用数字技术的能力；要强化权利保护意识，主动了解自身和他人合法权益，注重个人的信息安全，采取必要手段保护自身和他人的权益；要树立正确智媒观念，防止过度的技术依赖，倡导理性克制的人机关系论，充分发挥人的主动性，促进便捷性与自主性的适度平衡；要追求理性行为，培养健康的使用习惯，避免信息沉溺，反对过度连接对个人空间的侵占。

全球数字鸿沟的弥合之路在于构建网络空间命运共同体。国际组织和部分国家与地区正在弥合数字鸿沟上展开积极尝试，努力改变数字不平等的现状，对于重构新型世界传播秩序具有重要意义。在这一世界大变局之下，建构网络空间命运共同体，成为中国应对全球数字鸿沟问题、增进全球数字平等的核心战略。网络空间命运共同体以尊重网络主权为基本原则，以共商共建共享为行动路径，以成功构建共同体为长远追求，其基本理念包含主权平等、互惠合作和创新发展。未来，中国需要进一步推动技术革新、广泛凝聚共识、加强文明互鉴和提升国际话语权，为构建网络空间命运共同体贡献中国力量。

本书得以付梓，离不开很多人的指导和帮助。首先，要感谢我的硕士生导师吴廷俊教授。1998 年，我获得推荐免试攻读硕士研究生的机会，师从吴廷俊教授，继续在华中理工大学深造。是年，作为全国理工科院校创办的第一个新闻系，华工新闻系升格为学院。在时任校长周济院士的建议下，院名特别增加了"信息"二字，定名为"新闻与信息传播学院"，旨在鼓励师生从更为广阔的视野审视人类新闻与传播活动，特别注重从信息科学与技术的角度透视人类传播现象，重点考察传播过程中信息技术与人和社会的关系。吴老师作为学院的创院院长，不仅是这一"文工交叉"办学理念的坚定倡导者，也是积极践行者。在吴老师的带领下，学院首创全国网络新闻教育，建立传播科技教研室，获批国家社科基金重点项目"多媒体技术与新闻传播"，引领我国新媒体教育风气之先。我也有幸加入这一事业，并逐渐明确了自己从事新媒体传播研究的学术志趣。感谢吴老师的鼓励和指导，我的硕士学位论文《关于网络传播学理论建构的若干思考》被评为湖北省优秀硕士学位论文，这也坚定了我继续投身新媒体研究的信心和决心。

其次，要感谢我的博士生导师道格拉斯·海德曼（Douglas Hindman）教授。2004 年，在华中科技大学任教 3 年之后，我出国攻读博士学位。当时，在向我发出录取通知书的若干大学中，我选择了华盛顿州立大学，一个重要原因就是海德曼教授。时任该校助理教授、现任澳门大学传播系主任的李天宗（Tien-tsung Lee）为我择校提供了宝贵信息。李老师告诉我，海德曼教授是著名的知识沟理论创始人之一菲利普·蒂奇诺（Phillip Tichenor）教授的弟子，不论学问还是为人都堪称表率，如果能拜其为师，一定会大有收获。正是在海德曼教授的教导下，我将新媒体传播的研究兴趣进一步聚焦于信息不平等研究，特别关注新媒体时代的信息不平等问题。因此，数字鸿沟自然被摆上研究议程，并成为我的主要研究议题之一。我与海德曼教授合作发表的论文"Does the digital divide matter more? Comparing the effects of new media and old media use on the education-based knowledge gap"成为我个人被引次数最多的英文论文，荣获浙江省哲学社会科学优秀成果奖一等奖，也被《大众传播与社会》（*Mass Communication and Society*）学刊主编史蒂芬·佩里（Stephen Perry）教授评价为"有朝一日经常被阅读和引用的经典文献"。

此外，还要感谢浙江大学数字社会科学会聚研究计划（简称"数字社科计划"）的支持和激励。为了面向2030年构建未来创新蓝图、形成浙大创新方案，前瞻布局和重点发展一批会聚型学科领域及交叉研究方向，浙江大学推出了11个"面向2030的学科会聚研究计划"（简称"创新2030计划"），"数字社科计划"是其中之一。"数字社科计划"将构建数字经济、数字创新、数字治理、数字法治、数字传媒五大板块的学科体系和学术体系，探索数字四元世界的经济规律、治理规律和传播规律，通过数字方法论形成数字社科新的世界观、方法论和学科语言，打造浙大数字学派。数字社会科学丛书是"数字社科计划"的重要成果之一，是国内第一套系统梳理和展望我国"数字中国"建设和数字化转型等经济社会转型重大问题的大型丛书，旨在立体展示数字赋能在各领域的中国探索与实践，为我国数字赋能高质量发展提供政策建议，为世界经济增长培育新动力、开辟新空间，为人类社会可持续发展提供中国智慧与方案。感谢浙江大学原校长吴朝晖院士和副校长黄先海教授、周江洪教授的大力支持，浙江大学传媒与国际文化学院有幸成为数字社科计划的五大成员单位之一，从数字传媒领域推动"数字中国"的学科会聚研究。本书也有幸入选数字社会科学丛书，并成功获批国家出版基金项目和"十四五"时期国家重点出版物出版专项规划项目。

本书能够顺利出版，还要特别感谢浙江大学出版社各位领导和编辑的帮助与支持。褚超孚董事长的运筹帷幄，张琛副总经理的时刻鞭策，吴伟伟主任、陈佩钰老师的耐心细致，陈思佳、徐婵、黄梦瑶老师的精益求精，体现了浙江大学出版社一如既往的专业与高效。

最后要感谢与我一同在数字鸿沟领域耕耘的伙伴们。我的学弟、现任华中科技大学新闻与信息传播学院院长张明新早年与我合作多篇相关论文，对我之后的研究有重要启发意义，我们 2006 年合作发表的论文《第三道数字鸿沟：互联网上的知识沟》也是迄今中国知网知识沟主题被引次数最多的论文。雪城大学拉斯·威尔纳特（Lars Willnat）、华中科技大学李贞芳、浙江大学高芳芳与我也有相关合作，从他们身上我学习到很多。我指导过的研究生们，不少也以各种形式参与相关研究，包括丁方舟、赵璐、谢点、方振武、左蒙、李佳瑞、何明敏、皇甫博媛、秦璇、陈曦、陈俊鹏、王敏、徐靓颀、秦林瑜、刘汀芷、王梦迪、陈稳、李锦容、金钱熠等，这本书也凝聚了他们的智慧。

道阻且长，行则将至；行而不辍，未来可期。作为数字时代社会不平等的集中体现，数字鸿沟无疑是人类面临的重大挑战。无论是数字鸿沟研究，还是弥合数字鸿沟的实践，皆非易事。希望本书能够增进人们对数字鸿沟现象的理解，引发各界对数字鸿沟问题的重视，激励更多人关注、研究和应对数字鸿沟，为建构更加平等的全球信息社会而共同奋斗。

韦　路

2024 年 4 月于杭州紫金港

DIGITAL DIVIDE **目 录**

|第一章|

引 论

|第二章|

数字鸿沟的概念系统

| 第三章 |

# 数字鸿沟的发展变迁

| 第四章 |

# 数字鸿沟的影响因素

| 第五章 |

# 数字鸿沟的社会后果

| 第六章 |

# 结　论

CHAPTER 1

| 第一章 |

# 引　论

DIGITAL
DIVIDE

————

# 第一节　数字时代的新媒体研究

数字鸿沟是数字时代新媒体研究的焦点问题。要深入理解数字鸿沟现象，需要将其置于新媒体研究这个大背景之下进行思考。作为当前传播学最热门的研究领域，新媒体研究已经走过了 30 多个春秋，其学术地位和影响已举世瞩目，并成为推动传播学发展的一股强劲动力。这股新媒体研究的热潮一进入中国，便以席卷之势刮向中国新闻传播学界，并在经过发生期和发展期的第一个 10 年之后 [①]，进入繁荣期 [②]，直至 2009 年中国新闻史学会网络传播史专业委员会的成立，标志着中国新媒体研究进入一个高潮 [③]。繁华背后，我们有必要静下心来，想想过去，看看现在，问问将来。经过前一阶段的发展，新媒体研究的学术身份是否形成？学术地位究竟如何？当前有哪些值得关注的研究热点？存在哪些需要引起注意的问题？未来应该如何应对，如何发展？这些问题对这个研究领域的准确定位和健康发展至关重要。由于新媒体的发展具有很强的全球同步性，本节将从国际层面对新媒体研究的学术身份、当前热点和未来方向进行讨论，以期为数字鸿沟研究提供历史参照和学术指引。

---

[①] 彭兰. 中国网络媒体的第一个十年 ［M］. 北京：清华大学出版社，2005.

[②] 杜骏飞. 1994 年以来中国网络新闻传播理论研究进展分析 ［J］. 上海师范大学学报（哲学社会科学版），2009（4）：63-71.

[③] 韦路. 新媒体研究何去何从？［J］. 中国出版，2010（14）：7-11.

# 一、新媒体研究的身份

　　世界范围内的新媒体研究，通常被认为可追溯至 20 世纪 70 年代中期，以肖特（Short）、威廉姆斯（Williams）和克里斯蒂（Christie）提出社会在场理论（social presence theory）为标志。[①] 数十年来，新媒体研究以惊人的速度成为传播学这门 21 世纪显学中的显学。这一显赫的学术地位可以表现为以下两个方面。

　　首先，新媒体研究的著述数量迅猛增长。从 20 世纪 70 年代开始，不少基于新传播技术的理论研究相继发表，例如达夫特（Daft）和伦格尔（Lengel）的媒介丰富性（media richness）理论[②]，罗杰斯（Rogers）的创新扩散（diffusion of innovation）理论[③]，富尔克（Fulk）、施密茨（Schmitz）和斯坦菲尔德（Steinfield）的社会影响（social influence）理论[④]，瓦尔特（Walther）的社会信息处理（social information processing，SIP）理论[⑤]和超人际互动

---

[①]　SHORT J, WILLIAMS E, CHRISTIE B. The Social Psychology of Telecommunications[M]. Chichester: Wiley, 1976. 社会在场理论以社会在场程度为标准对不同的传播媒介进行区分。所谓社会在场程度指的是在传播活动中，一方对另一方的察觉程度。面对面传播的社会在场程度最高，而书写传播的最低。由于该理论基于众多比较面对面传播和电信传播区别的实证研究而产生，所以对其后的电脑中介传播或网络传播研究具有深远影响，因而也被视为网络传播研究的开端。

[②]　DAFT R L, LENGEL R H. Information richness: A new approach to managerial behavior and organization design[J]. Research in Organizational Behavior, 1984(6): 191-233; DAFT R L, LENGEL R H. Organizational information requirements, media richness, and structural determinants[J]. Management Science, 1986(5): 554-571. 媒介丰富性理论又称信息丰富性理论，主要用来解释媒介传播信息的能力。媒介传播的信息维度越多，就越丰富。例如，电视比广播更丰富，因为电视能同时传播声音和图像信息。

[③]　ROGERS E M. Diffusion of Innovations[M]. Glencoe: Free Press, 1962.

[④]　FULK J, SCHMITZ J, STEINFIELD C W. A social influence model of technology use[M]//FULK J, STEINFIELD C. Organization and Communication Technology. Newbury Park: Sage, 1990: 117-140.

[⑤]　WALTHER J B. Interpersonal effects in computer-mediated interaction: A relational perspective[J]. Communication Research, 1992(1): 52-90. 社会信息处理理论是一种解释网络人际传播的理论。该理论认为，虽然网络人际互动缺少面对面交流时存在的非语言传播，但人们会通过表情符号等其他方式来表达和解读个人信息，从而减少人际不确定性、形成印象并建立关系。

（hyperpersonal interaction）理论[①]，斯皮尔斯（Spears）和莱亚（Lea）的社会身份和去个性化（social identity and deindividuation，SIDE）理论[②]，德桑克提斯（DeSanctis）和普尔（Poole）的适应性结构化（adaptive structuration）理论[③]，卡尔森（Carlson）和兹穆德（Zmud）的渠道拓展（channel expansion）理论[④]，等等。近年来，新媒体研究成果更是频繁发表于《传播学刊》（*Journal of Communication*）、《传播研究》（*Communication Research*）、《传播理论》（*Communication Theory*）、《人类传播研究》（*Human Communication Research*）、《传播学专论》（*Communication Monographs*）等传播学科的顶级期刊上。同时，一个研究领域是否形成还有一个标志，那就是该领域是否有一本旗舰式的学术刊物作为其研究发表和思想碰撞的家园。对许多新媒体研

①  WALTHER J B. Computer-mediated communication: Impersonal, interpersonal, and hyperpersonal interaction[J]. Communication Research, 1996(1): 1-43. 超人际互动理论认为网络人际互动比面对面交流更具优势，网络传播中传统信息线索的减少和传播的异时性使得人们在网上能够更有效地进行选择性自我呈现，从而造就最佳的自我形象，吸引他人最多的注意。因此，网络人际互动所形成的关系强度有时会超过面对面沟通，所以被称为超人际互动。

②  SPEARS R, LEA M. Social influence and the influence of the "social" in computer-mediated communication[M]//LEA M. Contexts of Computer-Mediated Communication. London: Harvester-Wheatsheaf, 1992: 30-65. 社会身份和去个性化理论认为，当个体在群体中或缺乏个体线索时，去个性化操作会促进自我从个人认同转变为社会认同，从而在认知上增加认同的显著性，最终使个体表现出符合群体规则的行为。当个体有高社会认同或者低个人认同时，网络传播的匿名性并没有像人们预期的那样将个体与群体分离，反而加强了群体对个体的影响，产生了群体规则遵守、群体吸引、刻板印象和群际差异等效果。

③  DESANCTIS G, POOLE M S. Capturing the complexity in advanced technology use: Adaptive structuration theory[J]. Organization Science, 1994(2): 121-147. 适应性结构化理论是在英国社会学家吉登斯的结构化理论基础上发展而成的有关信息技术在组织中应用的理论。该理论主要分析组织中团体决策支持系统（group decision support system, GDSS）的使用过程和效果。其研究重点在于探讨技术应用如何受到组织结构的影响，以及组织及其成员在使用该系统时的调试过程。

④  CARLSON J R, ZMUD R W. Channel expansion theory and the experimental nature of media richness perceptions[J]. Academy of Management Journal, 1999(2): 153-170. 渠道拓展理论在媒介丰富性理论的基础上，指出人们的特定经验会影响他们对于某种媒介渠道的丰富度感知。有四种经验尤其重要：对媒介渠道的经验、对传播伙伴的经验、对传播主题的经验，以及对组织背景的经验。这些经验能够帮助人们形成关于媒介渠道的知识基础，从而提升他们充分利用该媒介渠道进行沟通的能力。如果说媒介丰富性理论探讨的是媒介丰富度如何影响人们的媒介选择和使用，那么渠道拓展理论则关注人们的媒介丰富度感知究竟是如何形成的。

究者来说，这一家园就是创刊于 1995 年的《电脑中介传播学刊》（*Journal of Computer-Mediated Communication*，*JCMC*），或者更通俗地译成《网络传播学刊》。由于新媒体研究学术地位的不断提高，该刊已成为国际传播学会的官方刊物之一。2022 年科睿唯安（Clarivate）发布的社会科学期刊引用报告显示，*JCMC* 的年度影响因子（7.2）在所有传播学期刊中名列第五，其学术影响力可见一斑。除此之外，越来越多的高水平学术刊物成为新媒体研究的专门阵地，包括《新媒体与社会》（*New Media & Society*）、《融合：国际新媒体技术研究学刊》（*Convergence: The International Journal of Research into New Media Technologies*）、《信息技术学刊》（*Journal of Information Technology*）、《信息技术与信息理论：关于新技术社会影响的跨学科学刊》（*Telematics and Informatics: An Interdisciplinary Journal on the Social Impacts of New Technologies*）等。

我国新媒体研究起步稍晚，大致始于 1994 年朱光烈教授的"泡沫论"[①]。近 30 年来，新媒体研究在国内迅速蔓延，其流行程度较之西方可谓"有过之而无不及"。各种学术期刊纷纷增设网络传播专栏，或组织专题发表新媒体研究的系列论文。各种研究专著更是铺天盖地，席卷而来。近年来，有关新媒体研究的综述文章不断涌现，也从一个侧面显示出该研究领域的兴盛。尤其可喜的是，中国新媒体研究的"精神家园"也已初步形成，其标志就是创办于 2007 年的《中国网络传播研究》集刊。作为中国新闻史学会网络传播史专业委员会的官方集刊，它在新媒体研究领域产生了重要影响。另外，偏重行业和实务探讨的《网络传播》《中国传媒科技》等期刊也为我国的新媒体理论和实务研究提供了重要的平台。

其次，新媒体领域的专业学术组织和机构竞相成立。除集刊、期刊阵地外，一个研究领域独立成为一个学科分支的另一个标志就是专业学术组织的成立。目前，在世界范围内传播学科的专业学术组织内部，新媒体研究已经成为举足轻重的学术分支。在国际传播学会（ICA）的各个分支中，传播与技术（communication and technology）分会是最大的一个。在美国传播学会（NCA）中，人类传播与技术（human communication and technology）分会的注册会员持续保持在 500

---

① 朱光烈. 我们将化为"泡沫"——信息高速公路将给传播业带来什么？[J]. 北京广播学院学报（人文社会科学版），1994（2）：1-8.

人以上。在美国新闻与大众传播教育学会（AEJMC），传播技术（communication technology）分会的参与者亦逐年递增。虽然这些分会的名称有所不同，但都以新媒体传播研究为核心，对于确立新媒体研究在整个传播学科中的地位具有重要意义。近年来，在这三大学会的年会中，由这些新技术分会组织的论文研讨专场不论在数量还是在质量上，都格外引人注目。在这些年会的职位广告区，研究生们也发现新媒体研究背景越来越多地成为职位描述中的要求之一，体现出美国大学和研究机构对新媒体研究人才的强劲需求。

除了这些综合传播学会的分会外，一些专门以新媒体研究为中心的学术团体相继出现。成立于 2000 年的网络研究者学会（Association of Internet Researchers，AoIR）是目前专业性最强、层次最高的新媒体研究学会，是全球新媒体研究者的大本营。该组织由全世界来自不同学科的互联网研究者组成，致力于推动互联网研究的跨学科发展。该学会最引人注目的活动是每年一届的互联网研究会议，迄今已经举办了 24 届。除了将年会中的优秀论文发表在《信息、传播与社会学刊》每年为其出版的专刊之外，该学会还与著名的彼得·兰（Peter Lang）出版公司合作，每年出版《互联网研究年鉴》（*Internet Research Annual*）。

随着越来越多的中国传播学者投身新媒体研究，中国新闻史学会网络传播史专业委员会也于 2008 年 11 月应运而生，并于 2009 年 11 月举行了第一届会员大会——标志着国内新媒体传播研究力量的整合。发端于 2004 年的中国网络传播学年会和新媒体与新思维论坛（新新论坛）为中国新闻史学会网络传播史专业委员会的创立奠定了基础。2007 年，两个会议合并召开，并决定从 2008 年起，将合并后的会议改称为中国新媒体传播学年会，成为中国新闻史学会网络传播史专业委员会的官方年会。这一中国新媒体研究的专业学会的成立标志着新媒体研究已经成为中国传播学研究的一个重要分支，使中国新媒体研究者有了比较正式的群体归属和身份认同。

另外值得一提的是，由中外几所大学发起的中国互联网研究会议（Chinese Internet Research Conference，CIRC）也为全世界对中国新媒体研究感兴趣的学者提供了一个独立的舞台。自从 2003 年在美国南加州大学召开第一届会议，中国互联网研究会议先后在加州大学伯克利分校、密歇根州立大学、南洋理工大学、得克萨斯农工大学、香港大学和宾夕法尼亚大学等著名学府召开，吸引了来自世界各地的顶尖学者参加。一年一度的 CIRC 不仅拓展了中国互联网研究的广度和深度，也使中国成为全球新媒体研究的焦点。

# 二、新媒体研究的热点

国内学者的综述研究表明，当前我国新媒体研究视野尚不开阔，研究主题狭窄陈旧，话题雷同、低层次重复研究的现象较为严重，主要集中在对新媒体技术及其特性的介绍、概括和对策讨论。[①]当我们把视线转向国际层面，发现目前国外新媒体研究有几个有趣的热点值得我们重视。[②]

## （一）多维网络

多维网络（multidimensional network）是当前新媒体研究的一大热点。近年来人工智能技术、语义网（semantic web）[③]和网络基础设施（cyberinfrastructure）[④]的发展使人们意识到我们所面对的网络并非单一层面的，而是有着多种维度。在这一多维网络中，节点既可以是人，也可以是其他非人类主体（nonhuman agent），如文件、数据、概念、关键词、分析工具和大语言模型。[⑤]这些节点之间的链接也包括多种形式，如人们接入、创造或引用同一个文件，不同的文件使

---

① 彭兰. 中国网络媒体的第一个十年［M］. 北京：清华大学出版社，2005；邱戈. 中国传播学新媒体研究理论的焦虑［J］. 当代传播，2009（2）：28-31；赵莉. 十年来我国网络传播研究的进步与不足——对 1996—2005 年网络传播研究的实证分析［J］. 国际新闻界，2006（11）：54-58.

② 严燕蓉，韦路. 新媒体时代的传统媒体路在何方？［J］. 观察与思考，2009（24）：38-40.

③ SHADBOLT N, HALL W, BERNERS-LEE T. The semantic web revisited[J]. IEEE Intelligent Systems. 2006(3): 96-101.

④ ATKINS D. Revolutionizing science and engineering through cyberinfrastructure: Report of the national science foundation blue-ribbon advisory panel on cyberinfrastructure[R]. National Science Foundation, 2003; CONTRACTOR N. The role of social network analysis in enabling cyberinfrastructure and the role of cyberinfrastructure in enabling social network analysis[R]. White Paper Prepared for the National Science Foundation Workshop on Cyberinfrastructure for the Social Sciences, 2005.

⑤ HOLLINGSHEAD A B, CONTRACTOR N. New media and organizing at the group level[M]// LIEVROUW L, LIVINGSTONE S. The Handbook of New Media. Thousand Oaks: Sage, 2002: 221-235.

用同一个数据得出结果，用来研究同一个数据的不同分析工具，或者与某个文件相关的不同的关键词等。因此，这种多维网络至少是以人为主体的社交网络和以信息为主体的知识网络的融合。于是，一系列问题接踵而来：为什么有时候我们在网上会从其他人那里寻找信息，而有时候会从非人类主体如数据库中寻找信息？我们何时会通过他人来决定选择何种非人类主体？我们何时会通过非人类主体来决定与哪些人交流？网络共享知识库的建立在何种程度上会取代或强化人与人之间或者组织与组织之间的直接沟通和交流？[①] 更加重要的是，什么样的社会动机促使我们建立、维持或消解与他人或非人类主体之间的社会或者知识网络联系？

目前网络传播研究中比较主流的几个理论，如社会网络理论（social network theory）[②]、网络社会理论（network society theory）[③] 和行动者网络理论（actor-network theory）等[④]，都代表了当前学界对多维网络的不懈探索。例如，行动者网络理论就直接指向网络的物质和符号双重属性，认为网络中的很多关系都包含物质和符号两个层面。比方说，在网上聊天室，既存在人与人之间的物质联系，也存在人们精神与想法之间的符号关系。该理论的目的就是解释这些"物质—符号"网络如何形成，如何作为一个整体而运行，以及在何种情况下会解体或重构。这些理论研究对于我们理解兼有物质和符号属性的多维传播网络具有十分重要的意义。

## （二）混搭

流行人士对混搭（mash-up）这个词绝对不会陌生。在音乐界，将两段或多段音乐合并成一首"新"曲就是混搭。在时尚界，将不同风格的服装搭配在一起就是混搭，或人们常说的跨界混搭。现在，混搭之风也刮到了新媒体领域，并成

---

① CONTRACTOR N. The emergence of multidimensional networks[J]. Journal of Computer-Mediated Communication, 2009(3): 743-747.

② MONGE P R, CONTRACTOR N. Theories of Communication Networks[M]. New York: Oxford University Press, 2003.

③ CASTELLS M. The Rise of the Network Society[M]. New York: Blackwell, 1996.

④ LATOUR B. Reassembling the Social: An Introduction to Actor-Network-Theory[M]. Oxford: Oxford University Press, 2005.

为新媒体传播的新典范。从概念上讲，作为传播形态的混搭是指对已经存在的事物进行模仿、借用、搭配、混合，进而创造出全新的作品。①混搭不是简单的蒙太奇剪接，而是将各种传播行为与其特定的时空背景相剥离，然后转换成数字化的离散数据，再通过这些数据的不断积累形成各种创新的组合。

这些数据不仅可以被任意排列组合，还可以通过设定标签（tagging）被描述、分类，并赋予意义。这种数据的数据被称为元数据（metadata），使得数据的意义和数据本身被有趣地分离。混搭将那些构成传播本质的信息从其原始背景中抽离出来，并汇集在一起，然后根据需要对这些无序信息进行新的设定和提取。传统意义上连续完整的传播被切割成无数毫无关联的微小碎片，不论是语句还是照片，声音还是图像。原本立体的传播就这样被碎片化、平面化，人们积累的各种传播经验在数据的环境中唾手可得。

前文提到的多维网络技术使得元数据的获取、标注和呈现成为可能。例如，博客网络就是积累和获取人们日常生活数据的一种形式，Twitter②、Facebook、Flickr 等社交网站中的标签就是对海量传播数据进行标注的方式，口碑网等用户评价系统、美国科学信息研究所（Institute for Scientific Information，ISI）的文献引证关系图等则是对网络社区元数据进行视觉呈现的典型例子。Twitter 可以说将网络世界的混搭潮流表现得淋漓尽致，这种基于社交网络的分享平台，以全媒体生活记录的形式，将这些日常信息积聚为一个庞大的数据库，用户可以轻易地使用手机对这些别人生产的数据进行分类和过滤，并按自己的兴趣和目的对数据进行挑选和呈现，而且是真正的触手可及。人类的传播活动成为一种不断流动、不断消解、不断重组的过程。

## （三）多传播

人们对新媒体技术的使用越来越呈现出一种多传播（multicommunicating）

---

① JACKSON M H. The mash-up: A new archetype for communication[J]. Journal of Computer-Mediated Communication, 2009(3): 730-734.

② 现已更名为 X。为便于识别，本书仍然沿用 Twitter 这一名称。

的形态。<sup>①</sup>在网络媒介诞生之初，赛博空间（cyberspace）是最为流行的学术话语。这一称呼的隐含意义在于，网络空间是一个独立于人们日常生活的线上世界，人们在这种虚拟空间中的各种活动也是泾渭分明的。我们将互联网及其相关技术称为新媒体，也意味着它们与之前的传播技术和行为存在某种界限。<sup>②</sup>我们无法确知这些界限是否真的存在。即便存在，新媒体的发展也使得所有界限开始模糊。

人们的传播活动越来越多模式化（multimodal）。一方面，人们在网上同时使用多种应用，同时进行多种活动。例如，用 Facebook 显示自己的群体身份和社会联系，用 YouTube 分享视频，用 Flickr 发布照片，用博客或微博随时更新生活状态等。另一方面，人们的线上活动也与线下密切相关。人们通过上述新媒体技术所做的一切都与网络之外的传播活动紧密交织在一起。我们与身边朋友的人际交流，既有面对面的沟通，也有通过电话和网络上的各种形式的交流，包括电子邮件、即时讯息、社交网络、个人消息、博客评论、论坛讨论、网络游戏，以及视频、音频、照片等各种信息的分享。研究发现，人们之间的关系越亲密，他们用来进行交流和联系的方式就越多。<sup>③</sup>

人们同时使用多种媒体技术进行多种传播活动的过程就是所谓的多传播。多传播彰显了一种由用户控制的技术和行为切换。我们经常看到学生在上课的时候，用手机发短信，用笔记本电脑写邮件、登录微信、更新微博、读新闻、听音乐、看视频、玩游戏等。对传播学者来说，各种技术、活动和用户之间的复杂互动成为理解新媒体传播的关键。如果说前期新媒体研究主要聚焦于人们在某一种新媒体应用或环境中的传播活动，如聊天室、论坛、新闻组、社交网站等，那么当前研究的重心则已转向个人和群体如何将各种技术应用和媒介环境有机地交融在一起，从而构成人们日常生活的传播整体。<sup>④</sup>也许这种多传播才是所谓的媒介融合的精髓。

① REINSCH N L, TURNER J W, TINSLEY C H. Multicommunicating: A practice whose time has come?[J]. The Academy of Management Review, 2008(2): 391-403.

② BAYM N K. A call for grounding in the face of blurred boundaries[J]. Journal of Computer-Mediated Communication, 2009(3): 720-723.

③ HAYTHORNTHWAITE C. Social networks and Internet connectivity effects[J]. Information, Communication & Society, 2005(2): 125-147.

④ BAYM N K. A call for grounding in the face of blurred boundaries[J]. Journal of Computer-Mediated Communication, 2009(3): 720-723.

# 三、新媒体研究的方向

在全球新媒体研究迅猛发展的时候，学者们发现这一研究领域虽已成功建构其学术身份，迅速奠定其学术地位，但发展瓶颈也随之而来。和所有技术研究一样，新媒体技术的研究也面临一系列难题：如何准确一致地界定技术？如何建立令人信服的因果关系？如何将研究结果推广至不同技术、用户、时间和环境？[①] 要突破这些研究瓶颈，我们必须从策略和方法上做出调整，以适应新媒体研究的需要。

## （一）从技术中心到理论中心

新媒体研究无可避免地以技术为中心，这也是来自各个不同领域甚至不同学科的学者能够走到一起的重要原因。然而，当前的新媒体研究太过强调技术导向，似乎讨论的技术越新潮，研究就越前沿，贡献就越大。这种趋向在我国学者中尤为显著。有综述分析发现，国内学者主要偏重对网络媒介本身特性的研究，对受众分析和传播效果则关注较少。[②] 可惜，正如斯科特（Scott）指出的，不论学界如何追赶，总也赶不上业界技术创新的步伐。即使是考察最新技术的研究，发表时间也至少比技术的发展晚个一年半载，或者更久。[③] 更重要的是，对媒介技术本身的关注往往会掩盖一些更深层次的东西：技术背后的传播过程、关系、模式和效果。[④]

因此，真正有意义的新媒体研究应该走出技术中心（technocentric）的范式。在时刻关注技术创新的同时，新媒体研究应该将更多的精力投向理论建构。首先，技术背后的传播过程是新媒体研究者应该首要关注的问题。新媒体技术将人与人之间的中介传播推向一个前所未有的高度，而以新媒体为中介的传播过程与其他

---

① BARLEY S. What can we learn from the history of technology?[J]. Journal of Engineering and Technology Management, 1998(4): 237-255.

② 郑素侠. 2001~2006 年内地网络传播研究现状的实证分析 [J]. 河南社会科学, 2007（2）：89-92.

③ SCOTT C R. A whole-hearted effort to get it half right: Predicting the future of communication technology scholarship[J]. Journal of Computer-Mediated Communication, 2009(3): 753-757.

④ 韦路，丁方舟. 论新媒体时代的传播研究转型 [J]. 浙江大学学报（人文社会科学版），2013（4）：93-103.

中介传播和非中介传播有何异同，以各种不同新媒体应用为中介的传播过程又有何异同，是我们至今未能弄清的理论问题。其次，新媒体传播究竟会导致什么样的社会关系，也比新媒体本身更加重要。虽然已有研究发现，新媒体使人们之间的关系变成了一种混合模式（mixed-mode）①，人与人的互动会同时使用多种媒介或应用，但对人们在多种模式中如何进行选择和切换，还需要做出更多的理论解释。最后，也是为了更好地回答前两个问题，新媒体技术的背景应当比特性得到更多的重视。传播过程的多传播化和互动关系的多模式化导致我们对任何一个技术特性的考察都不足以完整地呈现新媒体传播过程和关系的全貌。只有超越表层的技术特性研究，深入到各种技术运行的更宽广的社会环境和背景中，才有望解答诸如多传播的社会动机、应对策略和社会影响等问题。也只有洞悉了技术创新的社会环境和运行机制，我们才能从容应对层出不穷的新媒体技术。

## （二）先描述后推断

新媒体研究面临的最大挑战无疑是理论建构，但精确的推断性（inferential）理论研究必须以高质量的描述性（descriptive）研究为前提。瓦尔特指出了当前新媒体研究的一个窘境。②20世纪80年代，学者发现因素A可以用来解释人们在网上的社会交往现象。90年代，其他研究者却声称同样的现象是由于因素B，而非因素A，并通过实验进行证实。到了2002年，学者又宣布因素C才是该现象的真正根源。他们通过复杂的研究设计引入了另一个因素D，来证明因素C的影响的确存在。试想，如果一个本科生发现这种状况，他会做何选择？也许是认可因素C，也可能是提出因素E——以上所有因素。这个小小的例子暴露出新媒体研究中常见的一个问题：对于理论成立的临界条件（boundary condition）的忽视。

临界条件是指不同理论假设成立、不同理论关系形成的背景条件。临界条件

---

① WALTHER J B, PARKS M. Cues filtered out, cues filtered in: Computer-Mediated communication and relationships[M]//KNAPP M L, DALY J A, MILLER G R. The Handbook of Interpersonal Communication. Thousand Oaks: Sage, 2002: 529-563.

② WALTHER J B. Theories, boundaries, and all of the above[J]. Journal of Computer-Mediated Communication, 2009(3): 748-752.

有助于我们理解某种理论何时成立，何时不成立，甚至可以帮助我们准确判断传播过程何时从一种模式转向另一种模式，人们的交往关系何时从一种形态转换成另一种形态。临界条件存在于所有理论研究，而新媒体技术的频繁更新则使新媒体理论研究尤其受制于临界条件的变化。然而，由于临界条件的确定并非易事，其价值也没有理论本身那么诱人，所以长期以来都没有得到足够的重视。举个例子，研究者们将 MySpace 这样的社交网站界定为彰显个人品位和表达群体身份的空间。[①] 这一理论定义隐含了一个临界条件，那就是大多数用户会将他们的偏好与身份在网站上以足够的数量和细节公布出来。然而，有描述研究却发现，仅有很小一部分社交网络用户在他们的网上个人资料中列出自己的个人爱好和群体归属。[②] 再如，博客等 Web 2.0 技术的盛行使得参与式新闻等概念风靡全球[③]，但国内学者韦路却发现，博客空间中仅有少数人生产真正的公共新闻，大部分博客只限于谈论私人生活中的鸡毛蒜皮，因而这些乐观概念的临界条件还远未成熟。[④] 这也是使用层面的数字鸿沟研究如此重要的原因。[⑤]

　　帕克斯（Parks）认为，高质量的描述研究可以帮助我们弄清理论得以成立

① LIU H. Social network profiles as taste performances[J]. Journal of Computer-Mediated Communication, 2007(1): 252-275; LIU H, MAES P, DAVENPORT G. Unraveling the taste fabric of social networks[J]. International Journal on Semantic Web and Information Systems, 2006(1): 42-71.

② PARKS M. Characterizing the communicative affordances of MySpace: A place for friends or a friendless place?[C]. Montreal: International Communication Association, 2008; THELWALL M. Social networks, gender, and friending: An analysis of MySpace member profiles[J]. Journal of the American Society for Information Science and Technology, 2008(8): 1321-1330.

③ BENTLEY C, HAMMAN B, LITTAU J, et al. Citizen journalism: A case study[M]//TREMAYNE M. Blogging, Citizenship, and the Future of Media. New York: Routledge, 2007: 239-259; GILLMOR D. Moving toward participatory journalism[J]. Nieman Reports, 2003(3): 79-80; RUTIGLIANO L. Emergent communication networks as civic journalism[M]//TREMAYNE M. Blogging, Citizenship, and the Future of Media. New York: Routledge, 2007: 225-237.

④ WEI L. Filter blogs vs. personal journals: Understanding the knowledge production gap on the Internet[J]. Journal of Computer-Mediated Communication, 2009(3): 532-558.

⑤ 金兼斌，张荣显，DUTTON B，等. 数字鸿沟的测量及跨国比较［C］北京：2008 新媒体传播学年会，2008；韦路，张明新. 第三道数字鸿沟：互联网上的知识沟［J］新闻与传播研究，2006（4）：43-53，95.

的临界条件。① 我们对于新媒体使用现状的了解有太多来自商业市场调查、所谓技术精英的乐观评价、少数创新领袖的主观臆断，以及较低水平的人类学观察。我们需要更多高水平的大样本代表性调查来验证我们对于新媒体使用的各种主观印象和假定；需要在建构理论的同时，精确地限定该理论发生的前提条件和背景环境；需要弄清什么时候答案是 A（这种理论），什么时候是 B（那种理论），什么时候是 C（两个都是），什么时候是 D（两个都不是），什么时候是 E（视情况而定）。最终的正确答案往往可能是 E，但问题在于视什么样的情况而定。②

## （三）利用新媒体来研究新媒体

新媒体技术不仅成为传播学研究的重要对象，也为研究方法和手段的创新带来了无限可能。从某种程度上说，新媒体对方法的革命要胜于对理论的冲击。人们所期待的由新媒体所引发的传播理论范式转移，也许要更多地依靠新技术带来的方法创新。

一个例子是美国学者与索尼公司网络游戏平台的合作。③ 来自伊利诺伊大学、明尼苏达大学、西北大学和南加州大学的不同学科的学者获取了该公司开发的一款经典网游《无尽的任务 2》（EverQuest II）5 个月的完整用户数据，包括所有玩家的任务完成行为、商业交换行为以及传播行为。这些通过其他手段无法获取的数据为研究者探索一系列重要问题创造了条件。例如，在网络游戏的虚拟社区中，人们会形成什么样的传播网络，信息、知识和观点会如何扩散，人际和群体互动有何特点等。研究的初步结果显示，网络角色扮演游戏中人们的商业和社会互动行为与人们在真实生活中的行为惊人地相似。④ 基于网络游戏的数据收集在效率上远超传统的人工方法。上述网络游戏数据轻易追踪 10 万名用户长达 5 个

---

① PARKS M. What will we study when the Internet disappears?[J]. Journal of Computer-Mediated Communication, 2009(3): 724-729.

② WALTHER J B. Theories, boundaries, and all of the above[J]. Journal of Computer-Mediated Communication, 2009(3): 748-752.

③ POOLE M S. Collaboration, integration, and transformation: Directions for research on communication and information technologies[J]. Journal of Computer-Mediated Communication, 2009(3): 758-763.

④ WILLIAMS D, CONTRACTOR N, POOLE M S, et al. The virtual worlds exploratorium[C]. Manchester: E-Social Science Annual Conference, 2008.

月的纵向行为，积累多达 1.5TB 的原始数据，而且没有人为因素造成的数据缺失，为各种统计分析和建模提供了完整、充足的数据支持。同时，游戏的匿名性和使人忘我性也确保了玩家行为数据的真实性，避免了传统人类学观察可能造成的观察者干扰效应。

与网络游戏平台合作只是新媒体研究方法创新的沧海一粟。新技术为新媒体研究创造了无数令人惊叹的数据采集和分析手段。《第二人生》（Second Life）虚拟社会可以用来设计绝佳的网上实验研究；Twitter、Facebook、Flickr、YouTube、TikTok 等社交网站可以用来搜集网络传播行为的元数据；各种网络爬虫（web crawler）程序可以帮助我们从网上抓取与挖掘特定主题和类型的信息数据；任天堂大名鼎鼎的 Wii 游戏机可以帮助研究者实现非语言传播数据的低成本获取；新一代的智能游戏头盔甚至可以截取脑电波数据，实现人类通过思维对电脑的控制。

除了定量研究方法的革命性进展之外，新媒体技术也将定性研究推向了一个新的高度。诺丁汉大学开发的数字回放系统（digital replay system，DRS）能够帮助研究者将视频录像、音频录音、音调、强度、脚本、编码、注解等各种数据整合同步，极大地提高了互动分析的效率和质量。伊利诺伊大学则进一步将该系统与多种数据采集和分析工具相结合，创造了一个名为 GroupScope 的超级"混搭"研究平台，为人际和群体互动分析提供了一个更快更好的研究手段。[1]

普尔认为，新媒体技术为新媒体研究带来的最大机遇在于虚拟研究环境（virtual research environment，VRE）的建构。[2] 传统的传播研究常常是单兵作战，或是少数学者基于专有数据的孤立研究。如果我们能够利用新媒体网络建立一个虚拟研究社区，向来自不同地域、不同学科的学者提供必要的网络基础设施，包括门户界面、分析工具、数据资料和论坛博客等鼓励合作研究的社区建构工具等，我们研究的广度和深度将会发生质的飞跃。如果不同领域的学者能够将关于同一现象的不同性质数据（问卷调查、音频、视频、文本、语言和非语言数

---

[1]　POOLE M S, BAJCSY P, CONTRACTOR N, et al. Groupscope: Instrumenting research on interaction networks in complex social contexts[R]. Technical report: National Center for Supercomputing Applications, University of Illinois Urbana-Champaign, 2008.

[2]　POOLE M S. Collaboration, integration, and transformation: Directions for research on communication and information technologies[J]. Journal of Computer-Mediated Communication, 2009(3): 758-763.

据等）在这一空间共享，并将自己专长的分析方法（定量统计、定性观察、网络分析等）应用于这些数据，然后将研究的结果汇聚到这一空间，我们的新媒体研究必将拥有一个令人振奋的未来。

## 第二节 新媒体研究的转型路径

知识转型与社会变迁密不可分。知识社会学主张"不能孤立地看待思想和信仰，而是要将其视为一个整体中相互依赖的部分来把握"①，传播研究的转型也与社会形态的变化息息相关。历史上，正是现代传播技术和大众传媒业的出现，吸引学者对人类传播活动和社会传播现象进行考察，才促成了传播学这门新兴社会科学的诞生，也正是每一次传播技术的变革引领着传播研究不断发展。当时空变换到新媒体时代，新信息传播技术、全球化和社会文化的独特性交织在一起，创造了新的社会互动方式，衍生了新的社会关系，为传播研究的学术场域注入了新鲜活力。新媒体研究正在成为透视社会现象的新视野和新维度，带动传播研究的整体转型。②

新媒体是一个历史的、相对的、流动的概念，在不同的历史文化语境中有不同的所指。每当一个新的传播技术诞生，新媒体和旧媒体的定义就会迎来一次更新，新的定义在一定历史时期内得以稳固，直到下一次的传播技术更新。当前，我们所谈论的新媒体时代是指计算机技术、互联网技术、移动终端技术等数字化信息传播技术诞生以来的这一历史时期。新媒体时代以数字传播、网络传播和全球传播为主要特征。在此，新媒体并不单纯指向传播技术和媒介形式本身，而是同时指向"用来交流或传达信息的制品或者设备、传播或分享信息的活动和实践、围绕上述设备和实践形成的社会安排或组织形式"③。换言之，新媒体即区别于传

---

① 卡尔·曼海姆. 卡尔·曼海姆精粹［M］. 徐彬，译. 南京：南京大学出版社，2002：7.

② 韦路，丁方舟. 论新媒体时代的传播研究转型［J］. 浙江大学学报（人文社会科学版），2013（4）：93-103.

③ LIEVROUW L A, LIVINGSTONE S. Handbook of New Media: Social Shaping and Consequences of ICTs[M]. London: Sage Publications Limited, 2006: 2.

统大众媒体的新传播媒介及其相关的传播实践和社会情境。新媒体研究所要考察的，不再仅仅是以往占据传播研究核心的生产、文本和受众等问题，而是在媒介、实践和社会三个层面的交互作用下，新媒体能够产生哪些区别于传统媒体的独特影响①，尤其是在媒介融合和媒介化社会的大背景下，新媒体何以成为权力关系得以展开的场域②。

传播学界有三种公认的主流研究范式（paradigm）：社会科学（social science）研究范式、批判（critical）研究范式和诠释（interpretive）研究范式。③新媒体研究作为传播研究中一个相对独立的研究范畴，同样在这三种研究范式的认识论和方法论基础上展开，其中包括：以社会科学研究范式在媒介层面探讨新媒体的接入、采纳和使用与受众认知、态度和行为之间的复杂关系；以批判研究范式在社会层面考察新媒体技术与社会变迁的关系，考察传播技术、传播媒介、人类行为和社会环境之间的交互影响；以诠释研究范式在实践层面就新媒体语境下新的传播实践活动（如新媒体事件）展开诠释性分析。本节通过回顾和梳理三种不同取向的新媒体研究，重点关注以下研究问题：新媒体研究何以带动传播研究的转型？这些变化可否称为范式转移？新媒体技术革新与新媒体研究的发展历程之间呈现出哪些互动关系？在全球化和本土化的共同背景下，中国新媒体研究应当如何发展？

# 一、新技术，新受众，新效果

在传播的"传递观"④影响下，大众传播时代不少传播学者将传播视为传递、发送或扩散信息的过程。新媒体时代以来，社会传播现实的变迁推动传播学界经

---

① LIEVROUW L A, LIVINGSTONE S. Handbook of New Media: Social Shaping and Consequences of ICTs[M]. London: Sage Publications Limited, 2006: 3.

② 卡斯特，陈韬文，邱林川，等. 中国、传播与网络社会 [M] // 陈韬文，黄煜，马杰伟，等. 与国际传播学大师对话. 北京：中国人民大学出版社，2011：18-32.

③ POTTER W J, COOPER R, DUPAGNE M. The three paradigms of mass media research in mainstream communication journals[J]. Communication Theory, 1993(2): 317-335.

④ 凯瑞. 作为文化的传播 [M]. 丁未，译. 北京：华夏出版社，2005：4.

历了以下几个观念的转变。一是媒介观的转变。大众传播时代的媒介与传媒机构紧密相连，主要指向传递信息和影响受众的实体机构，而在新媒体时代，媒介是人们用以分享信息和表征意义的中介，媒介的泛化和无所不在催生了媒介化社会的诞生，通过新的媒介平台，个人、传媒机构、政府、商业公司、非政府组织等各种力量交汇形成复杂的权力关系。二是受众观的转变。受众从相对被动的接收者和消费者转变为更加主动的选择者、使用者和产消者（prosumer），能够积极利用媒介进行传播实践和内容生产。三是传播过程观的转变。在大众传播时代，已经有相当多学者认识到传播过程不只是从生产者到消费者的单向、线性的过程，这一观点在新媒体时代得到了强化，学者们更为强调传播过程是一个多对多、所有人对所有人的社会互动过程，传播的"传递观"更进一步演化为传播的"社会互动观"。这些传播观念的变化正是新媒体环境下社会传播现实的真实写照。

由此，"受众"（audience）一词已经难以适应新的传播实践，传统的受众研究在新媒体时代遭遇前所未有的挑战。大众传播时代的受众更为聚合，而新媒体时代的受众则更为分众化和个人化。这就造成研究传播效果时，是否仍然能够将受众看作整体的问题，即是否产生了新的受众的问题。甚至更激进一点说，在传统的"传者—信息—受者"模式被打破后，"受众"一词是否仍然适用的问题。事实上，在受众的角色变得更为主动后，许多学者转而使用"用户"（user）一词①，Web 2.0 时代风行的用户生产内容（user-generated content, UGC）正是在此含义上发展而来的。虽然以受众为中心的研究仍然在新媒体研究中颇为流行，但以用户为中心的研究近年来同样出现大幅增长，更多学者从研究接受行为转向研究使用行为，带动传统的"媒介—受众"关系研究向"新媒介—用户"关系研究转变。②

除了受众概念面临挑战之外，还有一些问题也得到了众多学者的关注，那就是：经典大众传播理论在新媒体语境下是否仍然适用？新媒体技术的接入、采纳和使用产生了哪些新的议题，是否产生了新的效果？牛津大学互联网研究中心的

---

① LIEVROUW L A, LIVINGSTONE S. Handbook of New Media: Social Shaping and Consequences of ICTs[M]. London: Sage Publications Limited, 2006: 4.

② PENG T Q, ZHANG L, ZHONG Z J, et al. Mapping the landscape of Internet studies: Text mining of social science journal articles 2000-2009[J]. New Media & Society, 2013(5): 644-664.

达顿（Dutton）认为，互联网研究使我们在众多方面质疑旧理论对于媒体和社会研究的价值。[①] 例如，经典的议程设置理论注重阐释媒介内容如何影响人们的认知和态度，但由于新技术的出现，学者开始关注用户如何主动选择某些内容而忽略其他内容。同样，由于信源的多样化，把关人理论也遭到了挑战。经典理论遭遇尴尬缘于新媒体时代信息传播活动的无所不在，媒介接触、使用和内容的再整合，动态的点对点网络结构的出现，以及个人参与感和互动感的增强。[②] 这些新特点重塑了媒介环境，挑战了经典传播理论的立论基础，提出了理论普适性的问题。然而，仍然有一些理论经受住了新媒体语境的考验，如数字鸿沟（digital divide）理论、创新扩散（diffusion of innovation）理论、理性行为理论（theory of reasoned action）、计划行为理论（theory of planned behavior）和技术接受模型（technology acceptance model）等。在这些理论中，数字鸿沟理论探讨的是新媒体时代仍然存在的信息不平等现象，因此尤其能够揭示新媒体时代社会经济地位、社会文化背景、数字技能差异等因素导致的互联网接入和使用差异。创新扩散理论将新技术（包括新观点、新生活方式等）的扩散过程定义为参与者互相提供信息和分享信息的过程，认为只有在社会化的传播过程中，创新的意义才会逐渐显露出来。[③] 理性行为理论、计划行为理论和技术接受模型则被用以解释网络游戏、网络信任与风险、在线消费行为等与互联网相关的个体行为机制。[④] 与此同时，在新技术条件下，传播研究一直以来关心的一些旧问题如媒介效果和人际关系等，依然值得探讨。互联网、社交媒体等新媒体技术与新媒介形态的出现提供了解答这些问题的新途径，并开拓了传播学者审视这些议题的新视野。在此意义上，新媒体研究对传播研究具有拓展性的正面影响。[⑤]

那么，这一正面影响是否足以促成传播研究的范式转移？大部分传播学者对

① 李金铨，祝建华，杜骏飞，等. 数码传播与传播研究的范式转移及全球化［M］// 陈韬文，黄煜，马杰伟，等. 与国际传播学大师对话. 北京：中国人民大学出版社，2011：170-188.

② LIEVROUW L A, LIVINGSTONE S. Handbook of New Media: Social Shaping and Consequences of ICTs[M]. London: Sage Publications Limited, 2006: 6.

③ 罗杰斯. 创新的扩散［M］. 辛欣，译. 北京：中央编译出版社，2002：2-3.

④ PENG T Q, ZHANG L, ZHONG Z J, et al. Mapping the landscape of Internet studies: Text mining of social science journal articles 2000-2009[J]. New Media & Society, 2013(5): 644-664.

⑤ 李金铨，祝建华，杜骏飞，等. 数码传播与传播研究的范式转移及全球化［M］// 陈韬文，黄煜，马杰伟，等. 与国际传播学大师对话. 北京：中国人民大学出版社，2011：170-188.

此都是谨慎的。这一点也得到了实证数据的支持。以新媒体研究中占据较大比例的互联网研究为例，有学者对 2000—2009 年的互联网研究进行了回顾性总结，根据他们的研究结果，互联网研究目前还算不上是一个已确立的研究领域，而只是一个兴起中的研究点，主要原因在于大部分的互联网研究在理论建树上表现平平，只有 30% 的研究使用或提出了一种或一种以上的理论。但互联网研究数量的增长速度相当惊人，21 世纪以来，它已经成为仅次于环境研究的第二大增长点，在当前美国社会科学七大热门研究领域中占据第三位。互联网研究仍将研究重点放在媒介采纳、使用及效果上，但采用了一种更为网络化的研究视角。[①] 因此，运用社会网络分析（social network analysis）来对新媒体现象进行阐释的研究也逐渐增多。社会网络分析关注的是个体在社会生活中的各种关系，以及这些关系的模式和应用。[②] 互联网如今已经不是一个虚拟的在线空间，而是一个各种社会力量交织的社会空间，因而社会网络分析也用于解析在新媒体这一社会网络结构中，各种潜在资源、行动者和权力关系之间的交互作用。

正如传播学界所公认的那样，新旧媒体之间并非替代性关系，而是融合共生关系，因而新媒体技术发展以来，也兴起了另一种形式的比较研究，即新媒体与传统媒体之间不同的传播内容和传播效果的比较研究。再者，传播研究的其他分支，如健康传播、国际传播、政治传播、媒介经济学都不可能离开新媒体这个新视维进行讨论。自从 2005 年 Web 2.0 时代社交媒体和用户生产内容模式兴起以来，传播研究的各大分支也都表现出相应转向，学者们纷纷将目光移向对博客、维基百科、社交网站、微博等新技术应用的研究。此外，平板电脑、智能手机、可穿戴设备等移动终端的普及也加速了学者们对相关议题的研究。2013 年 1 月，《移动媒介和传播》（*Mobile Media & Communication*）学刊创立，预示着新一轮传播研究转向的开始。概言之，传播学界一直追随业界的动态和步伐，不断拓展新媒体研究的研究对象和研究议题，就新媒体技术应用和随之产生的新兴传播现象展开讨论。

---

① PENG T Q, ZHANG L, ZHONG Z J, et al. Mapping the landscape of Internet studies: Text mining of social science journal articles 2000–2009[J]. New Media & Society, 2013(5): 644–664.

② WASSERMAN S, FAUST K. Social Network Analysis: Methods and Applications[M]. New York: Cambridge University Press, 1997: 1.

## 二、神话的终结：新媒体技术与社会变迁之关系

传播活动不仅关注媒介层面的微观现象或实践层面的中观过程，更与宏观社会情境紧密相连，传播活动旨在实现文本性（textuality）和情境域（contextuality）的结合，并作为社会结构的制度性维度之一，调节其他维度乃至整个社会的构成与转变。[①] 在此立意上，新媒体研究同样注重在宏观社会环境中考察新传播技术的社会影响，其中最受关注的一个命题是新媒体技术与社会变迁的关系。

20世纪70年代的宏观社会理论最早在新媒体时代开启了有关这一命题的讨论。随着贝尔（Bell）笔下后工业社会的来临，商品生产经济向服务性经济转变，信息和知识成为关键变量；梅棹忠夫的信息化（informationization）和马克卢普（Machlup）的知识产业（knowledge industry）概念提出后，人类社会全面迈向信息社会和知识社会；埃吕尔（Ellul）进一步认为现代社会是以技术为基础的技术社会；托夫勒（Toffler）称信息化为人类社会变革的第三次浪潮；奈斯比特（Naisbitt）认为信息社会的主要特征是技术知识成为新的财富，人们所从事的工作就是知识生产的系统化。[②] 这些早期理论都被贴上了技术决定论的标签。技术决定论经常因为其科技乐观主义受到批判，即它认为新技术的扩散必将驱动社会整体变革，忽视了技术是社会制度的维度之一，是在其社会应用中产生影响的。

传播研究语境下的技术决定论主张，新媒体技术是社会变迁和文明进步的推动力，这种力量通过传播技术手段和有代表性的传播内容来实现。[③] 新的传播技术能够改变社会形态，开创社会交往的新形式，发展新的知识结构，转移权力中心。大众传播时代，技术决定论的代表人物可以追溯到麦克卢汉（McLuhan），而其思想源流又可以追溯到英尼斯（Innis）以及更早的杜威（Dewey）、库利

---

① 马杰伟，张潇潇. 媒体现代：传播学与社会学的对话［M］. 上海：复旦大学出版社，2011：109-110.
② 张咏华. 媒介分析：传播技术神话的解读［M］. 上海：复旦大学出版社，2002：27-35.
③ 麦奎尔. 大众传播理论［M］// 张国良. 20世纪传播学经典文本. 上海：复旦大学出版社，2003：438-465.

（Cooley）和帕克（Park）。杜威、库利和帕克都认同大众媒介具有整合社会的作用，是恢复"大共同体"和实现"共同政治生活"的重要手段。[①]三人在印刷媒介时代赋予了印刷媒介技术以神话色彩。在杜威等人和麦克卢汉之间的英尼斯虽然不对传播技术的社会影响抱有同样乐观的态度，但同样认为，一切文明的兴衰和起落都与占支配地位的传播媒介息息相关。传播媒介之所以具有强大的支配作用，是因为媒介的性质关系到知识的垄断，而知识的垄断又关系到社会权力和权威。[②]英尼斯同时也认识到权力机构对传播媒介的控制，因此，他不算是完全的技术决定论者。相较之下，麦克卢汉的观点更为激进。

麦克卢汉主张"媒介即万物，万物即媒介"，"任何媒介（即人的任何延伸）对个人和社会的任何影响，都是由于新的行为尺度产生的；我们的任何一种延伸（或曰任何一种新的技术），都要在我们的事务中引进一种新的行为尺度"。[③]正是在这样的论述中，麦克卢汉赋予了电子媒介"技术神话"的色彩。[④]他预言，"在电子技术下，人类的全部事务变成学习和掌握知识……时间和空间在瞬时信息时代双双化为乌有"，人们的交往方式将"重新部落化"，产生一个人人参与的"地球村"。[⑤]换言之，新媒体技术将同时带来"时间的终结"、"空间的终结"和"权力的终结"。[⑥]

事实上，新的传播技术的确提高了人类控制空间的能力，缩短了传递信息的时间，如印刷解决了快速生产的问题，广播和电视则解决了大规模迅速发布的问题。[⑦]大众传媒也的确曾在人类民主进程中扮演过重要角色，并树立了其"第四等级"的地位，但在"权力的终结"这个问题上，学者们始终有流于天真和简化的倾向。凯瑞就曾批判麦克卢汉过分神化电子媒介技术，将其"奉为人们期待的

---

① 胡翼青. 再度发言：论社会学芝加哥学派传播思想［M］. 北京：中国大百科全书出版社，2007：106-152.

② 胡翼青. 再度发言：论社会学芝加哥学派传播思想［M］. 北京：中国大百科全书出版社，2007：50-59.

③ MCLUHAN M. Understanding Media: The Extensions of Man[M]. New York: McGraw-Hill, 1996: 7.

④ 韦路，严燕蓉. 媒介：讯息还是权力？［J］武汉理工大学学报（社科版），2004（1）：110-114.

⑤ MCLUHAN M. Understanding Media: The Extensions of Man[M]. New York: McGraw-Hill, 1996: 9.

⑥ 莫斯可. 数字化崇拜：迷思、权力与赛博空间［M］. 黄典林，译. 北京：北京大学出版社，2010：2.

⑦ 凯瑞. 作为文化的传播［M］. 丁未，译. 北京：华夏出版社，2005：106.

社会变革的动力、重建人道主义社会的关键所在、回归珍贵的自然乐园的途径。他们的共同信念是：电力将消灭曾经妨碍实现乌托邦理想的历史力量和政治障碍"①。威廉斯（Williams）同样批判麦克卢汉的技术决定论，并引领了技术决定论向社会塑造（social shaping）论的转型。不同于技术决定论将技术当作原因，将社会当作结果，社会塑造论主张科技是社会的组成部分和得以存在的基础，无法超越社会的制度化，"科技因为社会而得以延续"②。威廉斯认为，技术决定论将"新技术看作自生的、独立于社会生活之外的一个领域，有能力创造一个新社会和新的人类状态"③，忽视了社会环境对媒介应用的影响和其他社会因素的联动作用。科技并非游离于社会之外的独立因素，无论是科技事物的诞生还是文化形式的诞生，都植根于社会历史条件之中。社会塑造论从 20 世纪 80 年代开始被引入传播研究领域，并于 90 年代取代了技术决定论所谓的"新社会"主张。④

20 世纪 90 年代中期，当互联网作为一种新技术蓬勃发展时，技术决定论又重新回到新媒体研究的主流语境。瑞格德（Rheingold）提出了虚拟社区（virtual community）的概念，认为虚拟社区代表了社会连接的全新形式，人们在实体世界与虚拟世界实现跨越时空的沟通，以前所未有的规模展开集体行动。⑤尼葛洛庞帝（Negroponte）更进一步预言，原子的世界已经终结，我们都必须学会做一个"数码人"。⑥

21 世纪初互联网泡沫破灭以来，更多传播学者开始回归社会塑造论，并进一步指出科技发展和社会实践之间是一种互相塑造的关系。⑦一方面，新媒体技术可以创造一系列新的社会互动、新的概念系统、新的语言方式和新的社会关系结构，打破传播的时空界限，开启更具互动性的传播模式；另一方面，这些过程

---

① 凯瑞. 作为文化的传播 [M]. 丁未，译. 北京：华夏出版社，2005：88.

② LATOUR B. Technology is society made durable[M]//LAW J. A Sociology of Monsters: Essays on Power, Technology and Domination. London: Routledge, 1991: 103−131.

③ WILLIAMS R. Television: Technology and Cultural Form[M]. London: Routledge, 1974: 8.

④ LIEVROUW L A, LIVINGSTONE S. Handbook of New Media: Social Shaping and Consequences of ICTs[M]. London: Sage Publications Limited, 2006: 4.

⑤ 瑞格德. 聪明行动族：下一场社会革命 [M]. 张逸安，译. 台北：联经出版公司，2004：237.

⑥ NEGROPONTE N. Being Digital[M]. New York: Knopf, 1995: 8.

⑦ BOCZKOWSKI P. Digitizing the News: Innovation in Online Newspapers[M]. New Baskerville: MIT Press, 2005: 3.

都是在特定的社会历史情境中发生的，人们有权选择如何创造、理解和应用新媒体技术，这些选择能够造成各种社会后果，并与社会的其他维度一起推动社会变迁。卡斯特（Castells）将这种在社会组织、社会变化以及数字化信息传播技术交互作用下形成的新型社会结构称为网络社会。①

新媒体研究又一次向社会塑造论转型，与21世纪以来新媒体技术发展的三大特征密切相关，即平庸化（banalization）、媒介融合（media convergence）和主流化（mainstreaming）。首先，互联网成为人们筛选、捕获、形成和处理信息的基础性工具，以及工作、教育、休闲、文化和政治司空见惯的组成部分②，经历了从神话到平庸的祛魅过程。其次，跨越多个媒介平台的内容流动，多种媒介产业之间的合作，以及媒介受众主动获取信息的行为推动了一个媒介融合时代的到来。③这意味着媒介形态之间不再那么泾渭分明，而是互相交织，互相渗透；产业界限逐渐模糊，传统媒体产业不断趋向整合；与此同时，用户生产内容使传统意义上的受众获得了自主权，草根媒体开始向主流媒体提出挑战。④最后，互联网开始走向机构化和产业化，为政经势力所驾驭，传统媒体的新媒体运营亦不断加强，致使新媒体走向主流化。⑤这也正是更为批判的传播政治经济学的观点，即传播技术和传播内容均依赖于社会的其他力量，尤其是政经势力。⑥媒介形式的变化是历史变革的结果，与各种社会需求相适应。网络空间样态是数字化和商品化相互建构的结果。⑦

至此，传播学者不再将新媒体技术看作革命性的，而是从一种演化的角度来讨论新媒体技术，从关注新媒体技术的创造性、新奇性和挑战性，转向从多

---

① CASTELLS M. The Rise of the Network Society[M]. Oxford: Blackwell Publishers, 1996: 1.

② LIEVROUW L A. What's changed about new media? Introduction to the fifth anniversary issue of New Media & Society[J]. New Media & Society, 2004(1): 9-15.

③ JENKINS H. The cultural logic of media convergence[J]. International Journal of Cultural Studies, 2004(1): 33-43; 严燕蓉，韦路. 我们需要怎样的三网融合？[J] 东南传播，2010（4）：8-9; 徐友龙，韦路，王宇，等. 浙江具备三网融合的先决条件[J] 观察与思考，2010（3）：26-31.

④ 韦路. 传播技术研究与传播理论的范式转移[M] 杭州：浙江大学出版社，2010：236.

⑤ LIEVROUW L A. What's changed about new media? Introduction to the fifth anniversary issue of New Media & Society[J]. New Media & Society, 2004(1): 9-15.

⑥ 程雪峰. 媒介垄断与文化渗透：冷战后美国传播霸权研究[D] 长春：吉林大学，2005.

⑦ 莫斯可. 数字化崇拜：迷思、权力与赛博空间[M] 黄典林，译. 北京：北京大学出版社，2010：157.

元路径和健康的怀疑主义出发，反思新媒体技术可能带来的负面后果。桑斯坦（Sunstein）就理性地指出，互联网无疑降低了信息的流通成本，扩展了大众的选择自由，但个人信息选择权的加强减少了社会黏性——这种黏性是由共同经验得来的——因而对共同体的维护造成挑战。① 相应地，网络信任、信息安全、个人隐私等规范理论的议题获得关注。与此同时，文化研究关心的认同、性别、种族等议题也逐渐升温，《新媒体与社会》学刊将这一趋势解读为新媒体研究的内化。②

## 三、新技术的社会意义：新媒体事件

虽然新媒体技术正在走向平庸化和主流化，数字鸿沟和政经势力的介入也不可避免，但互联网确实使大众更具批判性，帮助个体经由网络连接彼此而形成一种独立的力量。③ 新媒体技术应用的可能性不仅仅限于权力和商业扩张需求，不同形式的社会力量组合（如中下阶层）也可能利用新媒体探讨社会问题，呈现不同于主流媒体的信息图景。新媒体事件的实践证明了这一点。

媒体事件的概念来自戴扬（Dayan）和卡茨（Katz），指的是令国人乃至世人屏息驻足的电视直播的历史事件——主要是国家级的事件，包括史诗般的政治和体育竞赛；卡利斯马式（charisma）人物的政治使命；大人物们所经历的交接仪式，即竞赛、征服和加冕。这些事件以一种电子媒介的独特叙事方式实现了一种仪式性的传播，强调了特定的共识性文化价值。④ 戴扬和卡茨将这种电子媒介时代媒体事件的传播过程称为历史的现场直播。历史由事件组成，事件的传播过程就是一个创造历史的过程，这一过程要依赖媒体对事件的选择与建构。借用媒体事件的概念，香港中文大学的邱林川和陈韬文将各种经由新媒体技术传播、扩

---

① SUNSTEIN C R. Republic.com[M]. Princeton: Princeton University Press, 2002: 18.

② LIEVROUW L A. What's changed about new media? Introduction to the fifth anniversary issue of New Media & Society[J]. New Media & Society, 2004(1): 9−15.

③ DUTTON W H. The Fifth Estate: Through the Network (of Networks)[M]. Oxford: University of Oxford Press, 2007: 4.

④ DAYAN D, KATZ E. Media Events: The Live Broadcasting of History[M]. Cambridge: Harvard University Press, 1992: 1−3.

散和讨论的社会事件称为新媒体事件①，故而新媒体事件的传播过程又可称为"历史的现场直播2.0"。

在此传播过程中，社交媒体（微博、博客、社交网站、论坛等）的使用和大众自媒体的出现促使人们得以获取传统媒体以外的信息，在高度互动的环境中交流，形成不同以往的公共议题传播实践。这一传播现象在当前转型中的中国社会显得尤为突出，因此，基于各种新媒体事件的研究也成为传播研究的热点。这些事件在相当程度上都绕过了传统媒体，选择以新媒体作为传播渠道，促进了自媒体的发展和多元观点的形成，平衡了公众、政府、社会精英和传统媒体之间的权力关系，甚至在某些情况下改变了事件进程。这是因为数字传播打破了原先的信息封闭和非对称平衡，让个体拥有了更多的讨论权，形成了网络社会景观中的权力角力。②换言之，新媒体事件受到传播学者如此关注的原因在于新媒体技术对底层民众的传播赋权（communication empowerment），大众媒体时代政府机构、社会精英和主流媒体垄断知识的状态在一定程度上受到了挑战，处于社会边缘的信息中下阶层由此加入了创造历史的过程。③然而，也有一些看法认为新媒体空间的匿名性部分解除了现实世界中礼仪和权威关系的约束，使虚假信息层出不穷，愤怒、悲情、戏谑等粗俗化的语言表达呈泛滥趋势，新媒体事件的传播实践把人类的许多后台行为前台化了，使社交媒体上的语言表达趋向暴力。④

虽然以新媒体事件为切入点的研究正呈现蓬勃发展之势，但邱林川和陈韬文也曾指出，相当多的新媒体事件研究过分注重描述事件，忽略了研究新媒体与社会到底要解决什么理论问题。⑤事实上，新媒体事件并不能被简单地理解为"重大新闻事件＋新媒体广泛传播"，或者将互联网热点话题转化为传统媒体的报道

---

① 邱林川，陈韬文. 前言：迈向新媒体事件研究［M］// 邱林川，陈韬文. 新媒体事件研究. 北京：中国人民大学出版社，2011：1-16.
② 李金铨，祝建华，杜骏飞，等. 数码传播与传播研究的范式转移及全球化［M］// 陈韬文，黄煜，马杰伟，等. 与国际传播学大师对话. 北京：中国人民大学出版社，2011：170-188.
③ 邱林川，陈韬文. 前言：迈向新媒体事件研究［M］// 邱林川，陈韬文. 新媒体事件研究. 北京：中国人民大学出版社，2011：1-16.
④ 赵鼎新. 微博、政治公共空间和中国的发展［EB/OL］（2012-04-26）［2013-02-03］http://www.aisixiang.com/data/52739.html.
⑤ 邱林川，陈韬文. 前言：迈向新媒体事件研究［M］// 邱林川，陈韬文. 新媒体事件研究. 北京：中国人民大学出版社，2011：1-16.

内容，这样就无法与传统的新闻热点事件加以区分，而只是将新媒体视作新闻热点事件的导火索和放大器，以及传统媒体之外的一个传播渠道。[①] 新媒体事件研究的关键在于揭示这些事件背后经由独特的新媒体传播方式而形成的社会心理状态，以及这种社会心理状态与哪些社会因素相关，更重要的在于通过新媒体环境的视维，透视中国转型过程中交织的各种社会力量，包括政府、社会精英、公众和媒体之间的互动关系。

传统的媒体事件关注的是建立在共识性文化基础上的社会心理状态，但新媒体事件所形成的社会心理状态要复杂得多，尤其是在中国社会语境中。有学者发现，中国网络事件的发生是一个情感动员的过程，悲情和戏谑是中国新媒体事件中情感表达的两种主要方式，对正义的渴望和追求、对弱者和小人物的同情、对贪官污吏的痛恶、对权贵的嘲讽、对沟通的渴望等是激发中国语境下网络事件的情感逻辑，而这同时也体现了整个中国社会情感结构的脉络。[②] 在林林总总的新媒体事件中，邱林川和陈韬文从事件内容出发，将当前华人社会的新媒体事件分为民族主义事件、权益抗争事件、道德隐私事件和公权滥用事件，并认为不同的事件种类之间并非界限分明，而是既有区别，也有联系。在不同的社会文化情境中，新媒体事件亦随着区域、系统和社会结构的差异而呈现出不同的倾向性。[③] 与此同时，华人社会新媒体事件的出现不仅预示着新媒体和传统媒体交叉的新趋势，也使新媒体全球化的重要性得以凸显。[④]

但以上这些研究仍未能将新媒体事件的传播机制和发生作用的社会因素解释透彻，这与个案研究的缺陷有关，即用独特现象来推导普遍性规律时会遭遇的困境。另一个原因在于新媒体事件受制于历史文化情境、地缘环境和传播环境，因而某些新媒体事件只具有中国语境下的文化特殊性。然而，中国传播学界相当多的新媒体事件研究仍然在沿用西方理论并将其作为解释工具，公共领域、协商式

① 雷蔚真. 从"仪式"到"派对"：互联网对"媒介事件"的重构——"范跑跑事件"个案研究［M］// 邱林川，陈韬文. 新媒体事件研究. 北京：中国人民大学出版社，2011：66-98.

② 杨国斌. 悲情与戏谑：网络事件中的情感动员［M］// 邱林川，陈韬文. 新媒体事件研究. 北京：中国人民大学出版社，2011：40-65.

③ 邱林川，陈韬文. 前言：迈向新媒体事件研究［M］// 邱林川，陈韬文. 新媒体事件研究. 北京：中国人民大学出版社，2011：1-16.

④ 毕子甲. 公民网站与公共外交修复［M］// 李希光. 软实力与中国梦. 北京：法律出版社，2011：118-141.

民主、抗争式对话、社会认同等重复出现的概念虽然具有国际学界的普适性，却缺乏中国社会语境的落地性。近年来，传播研究的转型除了受到新媒体技术和新传播实践的影响外，另一股不可忽视的力量就是由文化社会学带来的诠释学转向。这一转向或许可以为新媒体事件研究带来更多启发性意义。格尔茨（Geertz）的文化解释路径强调以"深描"的方法诠释社会文本及其社会意义[①]，亚历山大（Alexander）更进一步强调文化的自主性，强调文化与其他社会力量的交织何以对社会生活产生一种微妙的建构作用[②]。如果能够将这一诠释研究范式带来的传播研究的文化转向融入新媒体研究，或许能够更好地阐释新媒体事件在中国社会文化情境中所建构的特殊意义。

## 四、数字时代传播研究的转型路径

本节通过回顾和梳理三种不同研究范式的新媒体研究，揭示了在媒介层面，新媒体时代的受众概念如何向用户概念转化，传统的"媒介—受众"关系研究如何向"新媒介—用户"关系研究转变，新媒体研究何以不断追随业界动态转换其研究对象和研究议题，映射出新技术环境下的社会传播现实；在社会层面，技术决定论和社会塑造论何以交替主导了新媒体技术与社会变迁之关系的研究，新媒体技术的应用何以在社会历史情境中产生社会影响，进而推动社会塑造的进程；在实践层面，新媒体事件带来的新传播实践何以成为研究热点，尤其是在中国社会文化的特殊语境下，成为学者观察新技术的社会意义的重要视窗。

社会科学研究范式的新媒体研究仍然注重在微观层面关注新媒体的接入、采纳、使用与受众认知、态度、行为之间的复杂关系，批判研究范式和诠释研究范式的新媒体研究则更注重探讨新媒体的社会影响和社会意义，尤其是新媒体技术是否以及在何种程度上突破了时间、空间和权力的限制。大部分学者都认可新媒体技术的确改变了传播空间和时间的结构关系，提高了控制空间的能力，缩短了

---

① 格尔茨. 文化的解释［M］. 韩莉，译. 南京：译林出版社，2008：14.
② 亚历山大. 社会生活的意义———一种文化社会学的视角［M］. 周怡，等译. 北京：北京大学出版社，2011：19.

传递信息的时间，但在"权力的终结"这个问题上，学者们的理想始终有流于乌托邦式想象的倾向。尤其是在新技术诞生的初期，乐观的技术决定论总是占据新媒体研究的核心，而随着新媒体技术的扩散及其采纳比例的逐渐提高，社会塑造论又总是适时进入学者的视野，反思技术决定论将技术当作决定性动因的谬误所在。鉴于新媒体环境的新媒体事件传播正在成为中国社会转型过程中独特而显著的传播现象，诠释研究范式的新媒体研究对此进行了重点关注，但却缺乏对这一传播现象之社会意义的深度描述。①

对未来中国传播学界的新媒体研究而言，首先，新媒体技术和传播全球化为传播研究带来了技术层面的便利，如提供大量数据以丰富传播研究的实证基础，使跨文化、跨地域的比较研究更为可行，扩大国际合作研究的规模和加强多元意见的交流，促进全球性研究等。②中国传播学者大可利用这些便利，开拓更为广泛的研究视野和研究实践。但同时，新技术迷思也使"技术神话"的危险弥漫在传播学界。例如，大数据成为当前传播研究的讨论热点，然而大数据的预测能力是否真如想象般乐观？借鉴以往的经验，传播学者必须慎之再慎。但大数据的确提供了一种替代以往随机抽样法的实证数据收集方法，如何应用这一新的研究方法更为深入地分析传播现象和传播过程，需要传播学者的更多探索。

其次，新媒体研究使中国学者第一次有机会站在技术发展的前沿，与全球传播学者同步开展研究。当前中国传播学界的新媒体研究热衷于新媒体事件的研究取向，本质上源于一种对社会公正的追求。的确，新媒体让中国民众有了表达观点的多元渠道，更容易接触到政府机构和社会精英，更便于获得各种社会热点事件和决策议题的有关信息，进而形成公众舆论，产生社会影响。但新媒体事件研究不应停留在对事件本身的描述和阐释上，而应深挖新媒体事件中所形成的社会心理状态，以及这种社会心理状态在多大程度上受到新媒体传播环境的影响，又与哪些社会因素相关。与此同时，传播学者也应警惕新媒体传播实践过程中可能出现的种种弊端，推动媒介素养等研究的同步发展。

最后，不同的社会文化形态不应复制其他模式，而应植根于其文化特殊性，

---

① 格尔茨. 文化的解释［M］. 韩莉，译. 南京：译林出版社，2008：14.
② 李金铨，祝建华，杜骏飞，等. 数码传播与传播研究的范式转移及全球化［M］//陈韬文，黄煜，马杰伟，等. 与国际传播学大师对话. 北京：中国人民大学出版社，2011：170-188.

并向其他的社会形态开放，由此构成一个文化多元的、形式各异的、彼此相通的网络社会。① 在此意义上，中国传播学界的新媒体研究也应植根于中国语境，借鉴文化社会学的"深描"方法观察新媒体传播实践中，中国社会文化的特殊性何以与其他社会力量一起对转型中的中国社会进行建构。同时，兼顾全球化背景、新媒体生态和传播研究的整体转型，不仅考虑宏观的社会结构影响，也关注新媒体在个人经验层面所扮演的角色，在宏观理论和微观视野之间达成平衡，既能够在联系中国社会文化特性的基础上提出独立的研究问题，又能够发展出具有普适意义的理论，助益具有全球价值的中国自主知识体系建构。这也应该成为中国数字鸿沟研究者需要遵循的基本原则。

## 第三节 数字时代的信息不平等

1997 年出品的 007 系列电影《明日帝国》（*Tomorrow Never Dies*）中，有一个嗜权成性的媒体巨头，妄想引发一场"第三次世界大战"可以帮助他的媒体帝国控制整个世界。因此，他开始通过自己庞大的报业系统和卫星传播网络对世界新闻进行操纵。这种"数字化独裁"② 也许是为了实现戏剧效果而极尽夸张的产物，然而，人们对于这种媒体帝国的恐惧却已经出现在世界的某些角落。

实际上，人们对于媒体帝国的恐惧早已不算新鲜。"媒介帝国主义"（media imperialism）这一名词就已被使用了半个多世纪，成为新独立国家打破西方主宰的恶性循环的理论前提，这种恶性循环是由西方文化符号体系、消费者利益保护运动和所谓"自由—民主"政治思想的统治所造成的。③

大量文献证实了媒介帝国主义的假设，同时对不平等的国际信息格局进行了详尽的描述。可以说，20 世纪 70—80 年代的许多国际争论都集中在这一概念上，

---

① CASTELLS M. The Rise of the Network Society[M]. Oxford: Blackwell Publishers, 1996: 103.

② THUSSU D K. Electronic Empires: Global Media and Local Resistance[M]. New York: Arnold, 1998.

③ LOO E, YEAP S B. Cyber-colonialism in Asia: More imagined than real?[J]. Media Asia, 1998(3): 130-137.

媒介帝国主义也被视为全球霸权的标志以及对本土文化生存的威胁。[①]1980年，联合国教科文组织（UNESCO）颁布的大众媒体宣言，也就是麦克布莱德委员会报告（the MacBride Report），则使这些争论达到顶峰，该报告的成书形式便是著名的《多种声音，一个世界：迈向一个更公正更有效的世界信息与传播新秩序》（*Many Voices, One World: Towards a New, More Just, and More Efficient World Information and Communication Order*）。[②]

　　这项报告部分聚焦于当时世界上最大的西方通讯社的守门人功能、议程设置功能、对资源的独占以及对多重市场的垄断。这些通讯社包括美联社（Associated Press）、国际社（United Press International）、路透社（Reuters）和法新社（Agence France Press）。这四大通讯社成为当时国际新闻的主要操纵者，它们使国际新闻与信息基本上呈单向流动（one-way flow），即主要从发达国家流向发展中国家；它们对第三世界国家或者没有任何报道，或者过分集中于负面报道和非发展性报道，忽略或扭曲发展中国家的形象；它们通过对信息流动的控制，不断向发展中国家推广西方文化；更重要的是，对信息和文化的垄断使得它们所在的西方国家变得更加强大与富足。这些便促使当时发展中国家提出世界信息与传播新秩序（new world information and communication order，NWICO），挑战旧秩序。四大西方通讯社则很自然地被认定为国际信息不平等流动的罪魁祸首。

　　理解这些西方媒体巨头，不应该脱离它们所属的社会形态。如摩菲（Murphy）所言，这些媒体与帝国主义／新帝国主义（imperialist/neo-imperialist）经济相融合，并为它们所属的社会系统服务。[③]从这个意义上讲，我们应当把有关世界冲突的问题放在全球化和民主化的整体宏观进程中来考量。

　　自从16世纪以来，资本主义全球化进程的不断演化导致了权力中心（power centres）与权力边缘（power peripheries）、经济发达和经济落后的国家与地区，

---

① SREBERNY-MOHAMMADI A. The global and the local in international communications[M]// CURRAN J, GUREVITCH M. Mass Media and Society. New York: Edward Arnold, 1991: 118-138.

② ALTSCHULL J H. Agents of Power: The Role of the News Media in Human Affairs[M]. New York: Longman, 1984.

③ MURPHY B M. Addressing crises through new channels in the post-New World Information & Communication Order era[J]. The Journal of International Communication, 1994(1): 88-111.

以及不同社会经济地位群体之间物质和文化鸿沟的不断扩大。① 因此，中心与边缘之间的矛盾冲突就构成了世界信息与传播新秩序，乃至整个世界新秩序的诱因、动力和主要表现形式。

自世界信息与传播新秩序开始提出，已经过去了 40 多年。在此期间，发生了许多对国际传播有所影响的新变化，包括冷战的结束、苏联的解体，以及所谓的"市场资本主义对于国家社会主义的胜利"。② 除此之外，新时代极为突出的一个特征就是互联网、卫星、人工智能等新传播科技的出现与融合，以及它们对全球化进程的快速推进。

从历史的发展来看，每一项新的传播科技都将带来新的历史机遇。在许多学者、决策者和政治领袖的眼中，互联网是整个世界革命的象征③，它为改变世界提供了前所未有的机会与可能，因此，它也将对世界信息与传播秩序产生深远的影响。

然而，问题在于，互联网将如何改变世界？它在 21 世纪的传播格局中将扮演怎样的角色？互联网将会消除国际新闻与信息的不平等流动吗？在网络环境下，欠发达国家（less developed countries，LDCs）有可能打破国际强弱秩序而获得相对平等的地位吗？它能增强边缘国家和地区的力量并帮助它们跃进至现代化吗？或者恰好相反，互联网会使西方与东方、北方与南方、中心与边缘、经济发达与经济落后、信息富有与信息匮乏者之间的不平等进一步加剧吗？它会导致另一种媒介帝国主义——赛博殖民主义（cyber colonialism）——的产生吗？

对于这些问题，互联网的出现带来的似乎更多的是争论，而不是答案。我们试图在综述相关研究的基础之上，为这一新的争论寻求一个可能的解答，进而为全球数字鸿沟研究提供思想启发。

---

① TEHRANIAN M. Where is the new world order: At the end of history or clash of civilization?[J]. The Journal of International Communication, 2012(2): 209−236.

② THUSSU D K. Electronic Empires: Global Media and Local Resistance[M]. New York: Arnold, 1998; CHITTY N. Communicating world order[J]. The Journal of International Communication, 1994(2): 100−119.

③ CHITTY N. Third World entry into the electronic age[J]. Telematics and Informatics. 1984(1): 47−52; BEACHAM F. Questioning technology: Tools for the revolution[J]. Media Culture Review, 1995(2): 6−18.

# 一、数字时代的世界信息与传播秩序

　　世界新秩序存在吗？美国夏威夷大学教授、哈佛大学世界宗教研究中心高级研究员和信息资源政策项目负责人德黑兰尼（Tehranian）认为，对这一简单问题的简单回答是"是"、"不"，或者"也许"。回答"不"，是因为自从冷战结束后，世界经济体系的格局中再没有什么重要的事件发生。回答"是"，则是因为在世界政治体系的格局中发生了一些重要的变化，例如苏联的解体以及两个超级大国之间两极对峙局面的结束。回答"也许"，是因为世界政治经济及其科技文化形态似乎正处在转型的状态，并且日益成为人们关注的焦点。① 来自不同学科不同领域的专家学者们也纷纷将自己的目光投向了这一未知领域，并赋予它不同的性质与名称。福山（Fukuyama）将其称为历史的终结（the end of history）②；亨廷顿（Huntington）则称其为文明的冲突（the clash of civilizations）③。此外，更多的学者从各自不同的视角对全球经济、政治与文化的新格局进行了深入的思考，并提出了许多新的理论与观点，包括后工业社会（post-industrial society）④、信息经济与社会（information economy and society）⑤、后福特主义（post-Fordist）和灵活积累（flexible accumulation）⑥、

---

① TEHRANIAN M. Where is the new world order: At the end of history or clash of civilization?[J]. The Journal of International Communication, 2012(2): 209−236.

② FUKUYAMA F. The end of history[J]. The National Interest, 1989, Summer: 3−18.

③ HUNTINGTON S. The clash of civilizations[J]. Foreign Affairs. 1993, Summer: 22; HUNTINGTON S. The clash of civilizations: A response[J]. Foreign Affairs, 1993, November−December: 141−142.

④ BELL D. The Coming of the Post−Industrial Society: A Venture in Social Forecasting[M]. New York: Basic Books, 1973.

⑤ PORAT M. The Information Economy[M]. Washington: US Office of Telecommunication, 1977; MASUDA Y. The Information Society: As Post−Industrial Society[M]. Washington: World Future Society, 1981.

⑥ HARVEY D. The Condition of Post Modernity: An Inquiry into the Origins of Cultural Change[M]. Cambridge and Oxford: Blackwell, 1990.

共产民主（communitarian democracy）<sup>①</sup>、晚期资本主义（late capitalism）<sup>②</sup>、无组织资本主义（disorganized capitalism）<sup>③</sup>、后现代（post-modernity）<sup>④</sup>、第三次浪潮（the third wave）<sup>⑤</sup>和第四次跳跃（the fourth discontinuity）<sup>⑥</sup>等（见表 1-1）。

在此背景下，互联网，这种被美国互联网协会执行主席称为"人类传播演进中一个深远的转折点——比印刷媒介的发明更加重要"<sup>⑦</sup>的新媒体，在世界信息与传播新秩序的争论中无疑具有十分关键的重要性，尽管它的这种角色可能导致许多问题。<sup>⑧</sup>

既然互联网会对国际传播产生巨大的影响，那么这些影响会表现在哪些方面呢？从目前来看，答案仍然相当模糊。乍一看，互联网可以使每个人都有可能得到他想要的，不论他是处于中心还是边缘。于是，一方面，发展中国家将互联网视为自由的科技（the technology of freedom）<sup>⑨</sup>，认为互联网可以为它们提供巨大的发展机会以将其从西方的压迫下解放出来。一项相关研究的结果就表明，亚洲的网上报纸成功地将本土的声音呈现给全球受众。<sup>⑩</sup>这说明，通过互联网，发展中国家的确有可能加强本国信息向发达国家的流动，并在国际信息传播舞台上争得一席之地。更进一步，随着发展中国家试图跃过工业革命的烟囱而一步跨入信息时代，人们对于世界信息与传播新秩序的要求在 20 世纪 80 年代末期走向

---

① ETZIONI A. The Spirit of Community: Rights, Responsibilities, and the Communitarian Agenda[M]. New York: Crown Publishers, 1993; TEHRANIAN M. Technologies of Power: Information Machines and Democratic Prospects[M]. Norwood: Ablex Publishing Corporation, 1990.

② MANDEL E. Late Capitalism[M]. London: Verso, 1978.

③ LASH S, URRY J. The End of Organized Capitalism[M]. Madison: University of Wisconsin Press, 1987.

④ DOCHERTY T. Post Modernism: A Reader[M]. New York: Columbia University Press, 1993.

⑤ TOFFLER A. Third Wave[M]. New York: Bantam, 1980.

⑥ MAZLISH B. The Fourth Discontinuity[M]. New Haven: Yale University Press, 1993.

⑦ FLOWER J. Idiot's guide to the net[J]. New Scientist, 1995(1984): 22-26.

⑧ MOWLANA H. Shapes of the future: International communication in the 21st century[J]. The Journal of International Communication, 1994(1): 14-32.

⑨ RUDOLPH J. Cyberspace and its influence in southeast and east Asia: A preliminary appraisal[J]. The Journal of Development Communication, 1996(1): Supplement.

⑩ ELLIOTT C. E-papers in Asia: News flows and the computer-mediated press[J]. Media Asia, 1998(3): 138-146.

表 1-1    关于世界新秩序的对话及相关理论：一种谱系

| 对话 | 时间 | 名称 | 支持者 | 反对者 | 观点 |
|---|---|---|---|---|---|
| 政治对话 | 1974—1984 年 | 世界经济新秩序（new international economic order） | 77 国集团（Group of 77） | 以美国为首的西方七国（G7 led by US） | 北方生产工业产品的国家与南方生产原材料的国家之间的长期不平等贸易系统性地剥夺了发展中国家自我维持和发展的机会。为了改变这种不平等状态，需要一种世界经济新秩序来重新调整贸易形式：通过集体交易，向发展中国家开放发达国家的市场，促进科学技术向发展中国家的转移。结果：布兰迪报告（The Brandt Report）和南北会谈。 |
| | 1974—1984 年 | 世界信息与传播新秩序（new world information and communication order） | 77 国集团（Group of 77） | 以美国为首的西方七国（G7 led by US） | 来自少数工业发达国家的少数公司对媒介的垄断导致了新闻、图片和数据的国际流动严重不平等，这对发展中国家来说无疑是雪上加霜。这种不平等的后果便是发展中国家往往被扭曲为自然和人为灾难蔓延的地方，而发展中国家为了发展所做出的努力则几乎被忽略。为了改变这种不平等，需要一个世界信息与传播新秩序来确保信息不仅要自由流动，更要平等地交流。除了南南合作之外，北方发达国家有义务帮助发展中国家建立信息和电信基础设施。结果：UNESCO 麦克布莱德报告（The MacBride Report）的发布和国际传播发展项目（International Programme for the Development of Communication，IPDC）的启动。 |

续表

| 对话 | 时间 | 名称 | 支持者 | 反对者 | 观点 |
|------|------|------|--------|--------|------|
| 政治对话 | 1989—1993 年 | 世界新秩序（new world order） | 美国和海湾战争联盟（US and Gulf War Allies） | 伊拉克及其同情者（Iraq and sympathizer） | 应建立一个新的国际法律和秩序，大国应该在冲突的情况下，或者经由联合国，或者独立地通过主动斡旋来维护世界治安。结果：联合国对海湾战争、索马里、波黑和海地的介入。这些介入的有限效果导致"新秩序"对话的衰退。 |
| 学术和政策对话 | 1945 年至今 | 现代化理论（modernization theory） | 自由主义者（liberal） | 马克思主义者（Marxist） | 以西方的历史经验为例，从传统社会向现代社会的转变是一个无法逃避的历史过程。发展中国家只有效仿这种经历才能获得最大的成功。它们应该采取的最佳策略是，破除阻碍发展的传统的文化壁垒，推行政治民主化和市场自由化，鼓励引进外资和加速外贸发展。 |
| | 1945 年至今 | 依赖理论和世界系统理论（dependency and world system theory） | 马克思主义者（Marxist） | 自由主义者（liberal） | 资本主义在发展中国家的渗透使它们在物质和文化上都变得越来越贫穷，从而使它们中的大部分都处于依赖地位。通过加入由跨国公司所主宰的世界资本主义体系，一些边缘国家如日本、韩国等已经逃出了这种依赖的命运。其他边缘国家也可加入这一等级体系，但资本主义的剥削系统仍将继续存在，直到社会主义革命能够彻底废除阶级体系为止。 |

续表

| 对话 | 时间 | 名称 | 支持者 | 反对者 | 观点 |
|------|------|------|--------|--------|------|
| 学术和政策对话 | 1973年至今 | 后工业社会、信息社会理论（post-industrial, information society theory） | 自由主义者（liberal） | 马克思主义者（Marxist） | 在发达工业国家中，从制造业向服务与信息产业的革命性的转变预示着一个新的后工业化社会的到来。在这一崭新的社会形态中，绝大部分劳动力都从事知识和信息的生产、处理、发布与应用。应运而生的信息经济和信息社会成为一种由国际运输和电信技术所促成的国际现象。要跟上步伐，发展中国家必须采取技术跃进的策略，积极采用最新的技术。 |
| | 1980年至今 | 晚期资本主义（late capitalism），后现代理论，（post-modernist theory） | 马克思主义者（Marxist）和后马克思主义者（post-Marxist） | — | 晚期资本主义具有许多特征，包括全球扩张、灵活积累、非领土化、无组织化和替换为后现代的文化结果。这一过程或者可被视为未完成的启蒙运动的一种潜在解放，或者可以看作资本主义发展过程中的一个新阶段。在此阶段，解构主义（deconstructionism）和反叙述策略（anti-narrative strategy）能够有效地暴露权力。如果说前者呼唤一种创造新型基准体系的政治，后者则意味着一种反政治（anti-politics）的政治。 |
| | 1989年至今 | 历史的终结（end of history）和文明的冲突理论（clash of civilizations theory） | 福山和亨廷顿 | — | 冷战的结束、苏联的解体、东欧的剧变……黑格尔（Hegel）所谓的作为思想战场（battlefield of ideas）的历史由此走向终结。剩下的则是所谓自由民主的资本主义原则在全球应用的烦琐细节。然而，这一过程正在受到其他不相容文明的抵制和反抗。因此，下一次世界大战有可能是文明之间的战争。 |

　　资料来源：TEHRANIAN M. Where is the new world order: At the end of history or clash of civilisations?[J]. Journal of International Communication, 2012(2): 209-236.

了终结。① 似乎互联网可以使发展中国家省去西方工业化和现代化的漫长痛苦历程而一步登天。正是在这一背景下，联合国的国际传播发展项目（IPDC）被创立，以将传播科技推广到发展中国家。② 另一方面，对于那些跨国集团来说，互联网是它们将原来各自独立的媒体类别整合在一起的完美平台，同时还可加强它们对国际新闻与信息流的垄断。美国在线（AOL）和时代华纳（Time Warner）曾经的合并就是最好的例证。麦克契斯尼（McChesney）就预测，5 年、10 年或 15 年后，随着媒介整合过程的发展，最终的结果将是出现一个由少数跨国集团所主宰的全球传播市场，这些集团拥有超大的规模和雄厚的政治与经济实力。③ 正如摩菲所指出的，在世界信息与传播新秩序失败之后，信息不平等的长期危机正在不断加剧，而这一危机正是由日益强大的跨国集团所造成并主导的。④

在这种情况下，世界信息与传播新秩序的倡导者在 20 世纪 70 年代提出的媒介和文化帝国主义的议题在当前的数字化时代变得更加显著、紧迫和棘手。如莫拉纳（Mowlana）所言，全球化的进程实际上已经是世界信息与传播新秩序和世界经济新秩序的议题或至少是它们的修正版本，在发达国家中获得重生，并将在未来数十年中继续成为全球瞩目的焦点议题。⑤ 因此，考察互联网对中心与边缘之间的信息传播格局的影响，就显得格外急迫与重要了。

## 二、互联网如何改变世界信息与传播秩序

在《信息社会的理论》（*Theories of the Information Society*）一书中，韦伯斯特（Webster）把当今传播学理论的研究分成迥然不同的两类，一类将当今

① CHITTY N. Third World entry into the electronic age[J]. Telematics and Informatics. 1984(1): 47−52.
② CHITTY N. Communicating world order[J]. The Journal of International Communication, 1994(2): 100−119.
③ MCCHESNEY R W. The Titanic sails on: Why the Internet won't sink the media giants[EB/OL]. (2000−03−01)[2000−09−15]. https://fair.org/extra/the−titanic−sails−on/.
④ MURPHY B M. Addressing crises through new channels in the post−New World Information & Communication Order era[J]. The Journal of International Communication, 1994(1): 88−111.
⑤ MOWLANA H. Shapes of the future: International communication in the 21st century[J]. The Journal of International Communication, 1994(1): 14−32.

世界看作与历史的断裂，另一类则认为历史是现实的前提，现实是历史的延续。[①]
实际上，关于互联网对世界信息与传播新秩序的影响研究，也可大致分成这样两
类：第一类认为互联网将会使边缘得到强化并创造一个全新的世界，第二类则认
为互联网将继续维持现存的全球媒介体系，甚至进一步增强西方在国际信息格局
中的主导地位。

# （一）边缘强化

席勒（Schiller）指出，现存的信息不平等不应该被理解为信息生产的垄断
控制的结果，而应被理解为不平等传播能力的后果，也就是不平等的科技能力。[②]
当西方发达国家不断加强对最新传播科技的应用时，最初发展中国家所呼吁的
世界信息与传播新秩序实际上转变成了对世界技术新秩序（new international
technological order，NITO）的期盼。从这一点来说，技术因素在世界信息与
传播新秩序的争论中就显得格外重要。

因此，我们不难理解，对发展中国家而言，互联网这一当前最新的传播科技
无疑为它们展现了一幅技术解决的蓝图。就像麦克契斯尼（McChesney）所预
见的，新的数字化和计算机技术很可能会颠覆传统的传媒产业，并将对整个世界
传播格局与框架进行一次彻底的重构。[③]

"电脑将创造一种乌托邦，一种人机共处的更好的未来。它将赛博空间看作
一种超凡的媒介，这种媒介预示着一种黄金时代的到来。在这一时代中，数字化
将使一切思想获得自由，并使我们能够超越身体的局限从而达到一种更高的意识
层面。"[④] 这是互联网乌托邦支持者们对未来的憧憬。

有趣的是，当人们接受这一超凡的幻想后，从工业化之初就存在的许多现实
问题便被忽略了，如社会动荡、贫困、失业和剥削等。甚至还有人认为，原来意

---

① WEBSTER F. Theories of the Information Society[M]. London: Routledge, 1995.

② SCHILLER H. Will advanced communication technology create a new order?[J]. Media International Australia, 1981(1): 34–39.

③ MCCHESNEY R W. The Internet and U.S. communication policy–making in historical and critical perspective[J]. Journal of Communication, 1996(1): 98–124.

④ BENNAHUM D S. The myth of digital nirvana[J]. Educom Review, 1996(5): 24–26.

义上的阶级斗争也转化为支持互联网和排斥互联网的两股力量之间的对立。①

具体来说，边缘强化（peripheral empowerment）的支持者强调互联网的以下独特属性：成本低廉，容易使用，不受阻碍，几乎不可能对其内容进行检查等。②既然互联网能够实现便宜的、全球范围的、交互式的大众电脑通信，并提供前所未有的大量信息，那么凭借这些能力，互联网将有可能削弱传统等级制度下部分人对于传播的控制。甚至，互联网还被描述成一种功能性无政府状态（functioning anarchy），在这种状态下，一切中央集权、自上而下的媒介控制实际上都是不可能实现的。③

卡珀（Kapor）在谈到现在所谓的赛博空间的历史意义时指出，我们正进入一个多对多传播的时代，以前拥有特权地位的少数媒体集团，如大型广播网和强力报业，将不复存在，科技本身的性质已经开辟了一个更为广阔的公共空间。④

虽然在信息生产和发行的控制领域中仍然存在竞争或垄断，但是技术轴心的软硬件资源对所有人来说都是一样的。⑤同时，大型跨国集团的崛起也在一定程度上促进了科技、资金和管理技术向发展中国家的传播与推广。⑥因此，如果一切都将数字化，如果任何人都能以最低的成本建立一个网站，并且可以通过互联网在全球范围内进行传播，那么媒体巨头们注定要被无数高质量的竞争者送上绝路，剩下的仅仅是一个时间问题罢了（随着带宽的增加和软件的升级）。这样一来，媒体巨头的垄断就将被彻底粉碎。⑦正如莱卫（Levy）所主张的，媒体集团在赛

① BARLOW J P. The powers that were[J]. Wired, 1996, September: 197.

② MCCHESNEY R W. The Internet and U.S. communication policy-making in historical and critical perspective[J]. Journal of Communication, 1996(1): 98-124.

③ FLOWER J. Idiot's guide to the net[J]. New Scientist, 1995(1984): 22-26.

④ KAPOR M. Mitchell Kapor on dharma, democracy, and the information superhighway[J]. Tricycle: Buddhist Review, 1994, Summer.

⑤ MURPHY B M. Addressing crises through new channels in the post-New World Information & Communication Order era[J]. The Journal of International Communication, 1994(1): 88-111.

⑥ TEHRANIAN M. Where is the new world order: At the end of history or clash of civilization?[J]. The Journal of International Communication, 2012(2): 209-236.

⑦ MCCHESNEY R W. The Titanic sails on: Why the Internet won't sink the media giants[EB/OL]. (2000-03-01)[2000-09-15]. https://fair.org/extra/the-titanic-sails-on/.

博空间中的勃勃雄心将会因为科技本身的反垄断特质而瓦解。①

通过考察电脑网络在南非危机中的出现，摩菲找到证据证明发展中国家的确有可能建设费用低廉的媒介网络来取代占主导地位的跨国集团通讯社模式。② 低成本的传播技术和非政府组织（non-governmental organization，NGO）电脑网络能为实现分散化（decentralization）提供机会，并可仍然保持全球触角。不论是在资源富国还是资源穷国，使用这一渠道的地区性和国际性独立新闻服务机构正在不断发展与蔓延。将非政府组织电脑网络这一新渠道增加到现存模式中，并且将创新技术——特别是互联网——用于替代性通讯社的建设，将会使发展中国家的更多声音有更多机会被听到。

由于互联网具有破除垄断并使其他声音得以听见的能力，因此，哈贝马斯（Habermas）的公共领域（public sphere）③ 被互联网乌托邦支持者们再次提了出来。赞成"互联网是公共领域"的人们认为互联网可以创造出一个全球公共领域，在这个公共领域里，人们可以公开地进行交互式的争论而不受政府和商业利益的控制，而这对于建构全球化的政治经济体系来说又显得更加必要。④ 于是，纷至沓来的对民主理论的批评指出，真正的民主传播的基础在于既不受政治权力又不受经济力量控制的自由的媒介系统。

在互联网所创造的全球公共领域中，传统的地缘政治或空间意义上的世界划分——东和西，南和北，第一、二、三世界，或是中心、边缘和半边缘——将不复存在。领土疆域的概念也将面临解体。在崇尚新颖而务实的全球经济和文化环境中，商品、服务、思想、新闻、图像和数据的流动越来越倾向一种跨国的性质。便宜的商品和新奇的思想不仅来自传统的中心，现在也来自传统的边缘，而且来自边缘的并不比来自中心的少。同时，一些原来的中心已经边缘化（peripherized）（如纽约和洛杉矶的贫民窟），而一些原来的边缘却逐渐拥有工业、财经和信息中

---

① LEVY S. How the propeller heads stole the electronic future[J]. New York Times Magazine, 1995(50194): 58.

② MURPHY B M. Addressing crises through new channels in the post-New World Information & Communication Order era[J]. The Journal of International Communication, 1994(1): 88–111.

③ HABERMAS J. The Structural Transformation of the Public Sphere[M]. Cambridge: MIT Press, 1989.

④ MCCHESNEY R W. The Internet and U.S. communication policy-making in historical and critical perspective[J]. Journal of Communication, 1996(1): 98–124.

心的地位（比较明显的是"亚洲四小龙"，即韩国、新加坡、中国香港、中国台湾）。①
互联网已经帮助个人和团体突破了地理与文化的界限，并将创造一个不受霸权政
治或经济权力制约的全球信息社会。②

声音的多元化要求媒介接入结构的多元化。没有一个单一的媒介控制系统
（政府、商业、公众和社区）能够确保这种声音的多元化。通过日益增加的传播
渠道，不同系统之间的相对平衡的确可能创造出更加多元化的声音，这些声音能
够更好地反映由地球上所有居民所组成的国际社区，尽管这些居民分属于不同的
世界，从前现代到现代，再到后现代。③

在关注互联网的革命性力量的同时，边缘强化的赞成者们还发现了在新的全
球环境下媒介帝国主义所暴露出的若干问题。

麦考瑞大学（Macquarie University）教授、《国际传播》（The Journal of
International Communication）常务编辑奇帝（Chitty）指出，文化霸权主义（建
立在欧洲帝国的遗留框架上并经由美国技术而实现真正的全球触角）或许已经帮
助美国维持其对结果进行操纵的能力，但这种能力并不能永远维持下去，也不可
能在所有领域内都能维持下去。④ 政治方面，现代化已经创造出一种增殖力量，
再也没有哪一个大国能够轻而易举地操纵整个世界了。⑤

恰达（Chadha）和卡沃里（Kavoori）则发现，国家把关人政策、受众兴趣
的变化和当地媒介的竞争成功地限制了西方节目向亚洲地区的流入。⑥ 正如亚洲
四小龙一样，巴西、墨西哥、印度和埃及等发展中国家作为视听产品的主要生产
者和国际出口者的涌现，不仅改变了西方媒介内容的单向流动，而且有效地削弱

---

① TEHRANIAN M. Where is the new world order: At the end of history or clash of civilization?[J]. The
Journal of International Communication, 2012(2): 209-236.

② THUSSU D K. Electronic Empires: Global Media and Local Resistance[M]. New York: Arnold, 1998.

③ TEHRANIAN M. Where is the new world order: At the end of history or clash of civilization?[J]. The
Journal of International Communication, 2012(2): 209-236.

④ CHITTY N. Communicating world order[J]. The Journal of International Communication, 1994(2):
100-119.

⑤ TEHRANIAN M. Where is the new world order: At the end of history or clash of civilization?[J]. The
Journal of International Communication, 2012(2): 209-236.

⑥ CHADHA K, KAVOORI A. Media imperialism revisited: Some findings from the Asian case[J]. Media,
Culture & Society, 2000(4): 415-432.

了媒介帝国主义所代表的霸权模式。

恰达指出，在当今以多元化为特点的全球媒介环境下，西方媒介霸权的概念已不可能继续存在。如汤林逊（Tomlinson）所言，本土文化，用萨特（Sartre）的话来说，已被宣告自由。[①]

认识到文化帝国主义理论的局限后，研究者们推定西方霸权统治及其对传播与文化实践的定义并没有建构成一个拥有武断工具和压制形态的社会网络。实际上，这些实践的领域正是弱者斗争的场所，在这里他们可以利用霸权计划的短暂弱点或矛盾来提高胜算。[②] 这时，在特定的形势下，边缘力量可以充分利用互联网来重新诠释文化进程和与之相适应的传播功能，以衍生新的意义和发展相反的立场。

简言之，技术创新，尤其是互联网，将会引发根本性的完全不同于现状的文化和社会变革。[③] 根据倡导者的论述，最新传播科技的采用将会帮助发展中国家跳跃到现代化。现代传播科技将会使穷国更易于赶上那些少数的先进国家。否则，落后国家的发展过程将会是漫长、痛苦和任人摆布的。[④] 这种观点也是后工业社会和信息社会理论关于国家发展的核心论点——技术跃进（technological leapfrogging）。

## （二）赛博殖民

与边缘强化的倡导者们相比，赛博殖民（cyber colonialism）的支持者们更加强调历史延续性，并将互联网视为维持和巩固现状的工具，认为在当前全球资本主义的垄断模式下，互联网和新传播科技更可能服务于现存的政治文化，而不

---

① TOMLINSON J. Cultural Imperialism: A Critical Introduction[M]. London: Pinter, 1991.

② MURPHY B M. Addressing crises through new channels in the post-New World Information & Communication Order era[J]. The Journal of International Communication, 1994(1): 88-111.

③ KLUVER R. Globalization, informatization, and intercultural communication[M]// JANDT F E. Intercultural Communication: A Global Reader. Los Angeles: Sage, 2004: 425-437.

④ SCHILLER H. Will advanced communication technology create a new order?[J]. Media International Australia, 1981(1): 34-39.

是创造一个新的政治经济文化格局。①

马克思主义者和新马克思主义者主要从国家内部与国家之间的阶级斗争的角度来考察国际关系，他们认为自从 16 世纪以来，先进的资本主义国家通过帝国主义（imperialism）、殖民主义（colonialism）和新殖民主义（neo-colonialism）逐渐将世界的边缘国家与地区纳入一个垄断和剥削的世界系统。②

依赖理论（dependency theory）和世界系统理论（world system theory）认为，资本主义的渗透使发展中国家在物质和文化上都变得贫穷，从而使大部分发展中国家处于依赖的地位。③通过加入由跨国公司所主宰的世界资本主义体系，一些边缘国家如日本、韩国等已经逃出了这种依赖的命运，其他边缘国家也可加入这一等级体系，但资本主义的剥削系统仍将继续存在，直到社会主义革命能彻底废除阶级体系为止。俄罗斯、中国、古巴、越南以及许多第三世界国家所爆发的社会革命试图使自身从世界资本主义体系的束缚中挣脱出来，但是，它们又被纳入新的国际组织：世界银行（World Bank）、国际货币基金组织（International Monetary Fund，IMF）和世界贸易组织（World Trade Organization，WTO）。这些国际组织由领先的资本主义国家所控制和协调，并通过新的数字化和卫星通信技术而不断发展与强化。④

这些国际组织促进了全球媒体市场的形成，同时，新的数字化技术和卫星技术则使得这一全球市场不仅费用低廉而且大有赚头。⑤于是，国际社会面临的问题是，世界新秩序会演变为发展中国家变得更具依赖性吗？我们能够比应对工业

---

① MCCHESNEY R W. The Internet and U.S. communication policy-making in historical and critical perspective[J]. Journal of Communication, 1996(1): 98-124.

② WALLERSTEIN I. The Modern World System 1[M]. New York: Academic Books, 1974; SCHILLER H. Communication and Cultural Domination[M]. White Plains: International Arts and Sciences, 1976; SCHILLER H. Culture, Inc.: The Corporate Takeover of Public Expression[M]. New York: Oxford University Press, 1989.

③ MODY B. Designing Messages for Development Communication: An Audience Participation-Based Approach[M]. New Delhi: Sage Publications, 1991: 15-36.

④ KRASNER S. International Regimes[M]. Cornell: Cornell University Press, 1983.

⑤ MCCHESNEY R W. Media convergence and globalization[M]// THUSSU D K. Electronic Empires: Global Media and Local Resistance. New York: Arnold, 1998.

革命更好地应对信息革命吗？<sup>①</sup> 答案也许并不乐观。

首先，互联网并不能真正削弱西方发达国家，尤其是美国的力量。如席勒所言，在过去的几十年中，美国在争取、保持全球文化和信息霸权的过程中一直扮演着中枢的角色，其霸权一直保持到今天。<sup>②</sup> 这是历届美国政府不遗余力所追求的结果。<sup>③</sup>

作为网络经济的先锋，在其今后的发展过程中，美国也将发挥决定性的作用。因为，没有其他任何一个国家能够融合如此众多的必要资源——大量的软件发行、世界级的硬件生产、动态的内容发布、迅速解禁的电信部门、高风险的资本基地、灵活的劳力市场，以及多层次的大学系统。<sup>④</sup>

诚然，互联网的确可以为发展中国家提供理想的发展工具，但这并不意味着发达国家会停下来等着发展中国家赶上自己。更熟稔国家内和国家间权力关系的美国及其统治者们当然会继续开发与利用新科技，并将其纳入原有的操纵和统治体系之中。

于是，奈尔（Nye）和欧文（Owens）预测："21 世纪，不是 20 世纪，将会成为美国历史上最杰出的时代。信息是国际舞台上的新货币，美国则比其他任何国家都更具优势，它可以通过信息来使其硬件和软件资源的效力得以增殖。"而且，"能够最好地领导信息革命的国家必将比其他任何国家都更加强大，而在不久的将来，这个国家就是美国"。<sup>⑤</sup>

从另一个角度来看，凭经验估计，如果某种力量能够彻底地统治一个社会的政治经济，那么它们也将彻底地统治其传播系统。<sup>⑥</sup>

使用沃勒斯坦（Wallerstein）的全球资本主义的"中心—边缘"逻辑，我们可在中心配置一种无法抵抗的力量，一种源于世界市场（world market）、国际

---

① MOWLANA H. Shapes of the future: International communication in the 21st century[J]. The Journal of International Communication, 1994(1): 14−32.

② 程雪峰. 媒介垄断与文化渗透：冷战后美国传播霸权研究 [D]. 长春：吉林大学，2005.

③ SCHILLER H. Striving for communication dominance: A half−century review[M]//THUSSU D K. Electronic Empires: Global Media and Local Resistance. New York: Arnold, 1998: 17−26.

④ BURTON D F. The brave new wired world[J]. Foreign Policy, 1997(106): 23−37.

⑤ NYE J S, OWENS W A. America's information edge[J]. Foreign Affairs, 1996(2): 20−36.

⑥ MCCHESNEY R W. The Internet and U.S. communication policy−making in historical and critical perspective[J]. Journal of Communication, 1996(1): 98−124.

系统（international system）和全球文化（global culture）的力量。<sup>①</sup> 这种不可抗拒的力量似乎具有明显的目的，那就是将居统治地位的国家的政治、经济和文化价值扩张、宣传为整个世界的价值。而以上这三种力量则共同构成了一个宇宙化的、均质化的国际空间（international space）。<sup>②</sup>

从这个意义上讲，如果全球化是现代化的根本，如果西方文化的全球化催生出一个互相依赖、不分你我的世界，那么非西方文化如何能够担负起塑造现代化的重任？更甚，如果现代化天生是未来导向（future-oriented），并且"对未来的预见成为现实的一部分"，那么在未来究竟如何形成的问题上，未来被有效地殖民化了。现代化不仅确保了西方对于现状的坚实操控，还使其对未来也有着同样强硬的掌握。<sup>③</sup>

其次，互联网可以推进中心化（centralization）和集中化（concentration）的进程。提到媒体合并和集中，巴罗（Barlow）指出，大媒体公司的合并与重组"不过是在重新摆放泰坦尼克号甲板上的椅子罢了"，而"冰山"将会是拥有5亿个频道的互联网。<sup>④</sup>

无可否认，互联网正在彻底改变当前媒介的性质。如福克斯电视网的创立者和著名的媒介预言家迪勒（Diller）所言："我们所听到的、看到的和知道的一切都在转型，而我们正处在这种最彻底转型的最初阶段。"<sup>⑤</sup>

然而，问题同样具有两面性——这些变化是创造出一个性质上完全不同而且比以往更佳的媒介文化和社会，还是仅仅是媒介公司和商业系统换上一套新的衣服呢？默多克（Murdock）指出，向数字化技术的转化产生了融合，这意味着传

---

① CRANE G T, AMAWI A. The Theoretical Evolution of International Political Economy[M]. New York: Oxford University Press, 1991.

② CHITTY N. Communicating world order[J]. The Journal of International Communication, 1994(2): 100−119.

③ MOWLANA H. Shapes of the future: International communication in the 21st century[J]. The Journal of International Communication, 1994(1): 14−32.

④ MCCHESNEY R W. The Titanic sails on: Why the Internet won't sink the media giants[EB/OL]. (2000−03−01)[2000−09−15]. https://fair.org/extra/the−titanic−sails−on/.

⑤ MCCHESNEY R W. The Titanic sails on: Why the Internet won't sink the media giants[EB/OL]. (2000−03−01)[2000−09−15]. https://fair.org/extra/the−titanic−sails−on/.

统媒体种类之间的界限正在消失。① 反过来，这种趋势又增强了媒介合力，表明媒介公司能够通过建立霸权来提高其盈利能力，从而加强其迈向全球媒介产业集中化的动力。与市场支持者们的断言相反，可由经验证实的数字化革命的结果将是传统相对独立的电信、电脑、媒体和娱乐产业日益趋向融合，并整合成前所未有的全球范围的巨大集合体。② 麦克契斯尼认为，交给市场，互联网将会朝着一个完全不同于互联网乌托邦支持者们所断言的方向发展。"简言之，互联网作为一种技术，将不会把我们从由华尔街和麦迪逊大道控制新闻与文化的世界中解放出来。" ③

对于世界信息与传播秩序的发展过程，德黑兰尼承认，过去几十年中最重要的变化在于全球传播渠道的惊人扩展。然而，这种扩展的结果却并非皆大欢喜。一方面，它导致一些新的声音被听见。另一方面，它可能会产生一种传播疲劳（communication-fatigue），进而导致一种"国际传播中的聋人式对话"（dialogue of the deaf in international communication）。④ 换句话说，即使有更多声音的出现，即使存在更多的对话，这些声音是否都能得到足够的重视？由于它们之间的力量存在严重的不平衡，因此，出现的声音越多，可能被忽略的声音也越多。

于是，麦克卢汉所谓的地球村看上去越来越像一个新的封建庄园，它拥有高度强化和富饶的城堡（工业、财经和媒体中心），而周围则是大片的穷乡僻壤，辛苦劳作的农民们在吵嚷着求得生存与承认。⑤

同时，媒介公司和资本家们全球扩张的强烈欲望也为电脑和电信领域的创新提供了巨大的刺激，并且具有十分惊人的效果。⑥ 有关资料表明，传播及信息产业

---

① MURDOCK G. The new media empires: Media concentration and control in the age of convergence[J]. Media Development, 1994(4): 3-6.

② KING T. What is entertainment?[N]. Wall Street Journal, 1995-09-15(R1, R6).

③ MCCHESNEY R W. The Titanic sails on: Why the Internet won't sink the media giants[EB/OL]. (2000-03-01)[2000-09-15]. https://fair.org/extra/the-titanic-sails-on/.

④ TEHRANIAN M. International communication: A dialogue of the deaf?[J]. Political Communication and Persuasion, 1982(1): 21-46.

⑤ TEHRANIAN M. Where is the new world order: At the end of history or clash of civilization?[J]. The Journal of International Communication, 2012(2): 209-236.

⑥ SULLIVAN-TRAINOR M. Detour: The Truth about the Information Superhighway[M]. San Mateo: IDG Books Worldwide, 1994.

已经处于世界经济投资和增长的核心地位，取代了从前的钢铁、铁路和汽车工业[①]。

因此，为了在信息产业中争取垄断地位，跨国公司在信息与传播领域毫不松懈地开发新的技术，并迅速将其应用到传播业务之中。例如，路透社在20世纪60年代末花费巨额资金将其信息管理系统网络化。[②]其他西方通讯社也纷纷采取相应的措施，建构自己的信息网络基础设施。于是，在这种迅速转型期间，跨国通讯社为国际新闻业务机构建立了一种模式：以高额资本和高新技术为基础的跨国媒介集团。

非常明显，互联网对跨国公司及其支撑机构来说具有不可估量的价值。然而，对于处在边缘世界的国家来讲，情况恐怕就不太一样了。关于这一点，我们必须认识到全球传播（global communication）并不等于普遍传播（universal communication）。虽然从本质上讲，信息的接收也许是普遍存在的，但发布信息的能力却是极为有限和集中的。[③]资金、技术和信息资源的匮乏极有可能导致一种恶性循环，使得弱小国家的未来比以往更紧密地拴在不平等的关系之上。它们对中心国家的依赖不是减轻了，而是加强了。[④]当置身于国际财团（与控制传播和文化活动的跨国集团密切相关）的垄断影响下时，边缘国家的经济和社会则会变得更加脆弱和不堪一击。[⑤]

正如帕斯曼（Postman）所指出的，"新技术并不总是增加人们的选择；事实往往恰恰相反"[⑥]。技术差距（technology gap）似乎永远都无法填平。一旦弱小国家被卷入技术竞赛，它们就难以挣脱不断延续的依赖关系。对此，英国计算机协会（British Computer Society）主席指出："这虽然不代表一个国家不应该

① MOSCO V. Transforming telecommunications: Political economy and public policy[C]. Presentation to Conference on Canadian Political Economy in the Era of Free Trade, Ottawa: Carleton University, 1990.

② MURPHY B M. Addressing crises through new channels in the post-New World Information & Communication Order era[J]. The Journal of International Communication, 1994(1): 88-111.

③ MOWLANA H. Shapes of the future: International communication in the 21st century[J]. The Journal of International Communication, 1994(1): 14-32.

④ SCHILLER H. Will advanced communication technology create a new order?[J]. Media International Australia, 1981(1): 34-39.

⑤ MURPHY B M. Addressing crises through new channels in the post-New World Information & Communication Order era[J]. The Journal of International Communication, 1994(1): 88-111.

⑥ POSTMAN N. Russell Lecture[M]. Clinton: Presbyterian College, 1995.

在某一领域争取技术领先地位，但是，不论如何，将来总是要在某些主要方面依靠那些最发达的国家。"①麦克契斯尼更认为，新传播科技实际上是全球资本主义的主要产品和根本属性，它大大加剧了社会的不公。那些预测媒体巨头们将会被互联网这座冰山撞得粉碎的人们夸大了技术的力量，并且没有看到市场在其中所起的不可忽视的作用。②

看起来，互联网可能不会催生任何有生存能力的新的商业媒体形式。原来的媒体巨头们将继续统治一切。实际上，互联网甚至在鼓励更大程度的媒体集中与整合。

凯恩斯（Keynes）曾经指出，如果资本能够超越国家界限，民主将不可能存在。③跨国媒体集团——全球化中最大的受益者——引领着国际货币基金组织和世界贸易组织等有利于全球资本主义的国际组织的迅速发展。④这些公司的目的在于主宰全球传播、娱乐和信息产业。原有的公共广播及传播体系已经被资本主义的且往往具备跨国性质的传播系统摧毁和取代。这种世界传播新秩序对资本主义和商业化似乎没有阻碍，相反，它还优先满足那些相对富裕、仅占世界人口很小比例的少数人的需要。⑤总而言之，在最有利于全球资本主义的结果中，全球传播的新秩序将会使不平等的现状得到进一步巩固。⑥

诚然，这并不意味着在赛博空间中不会出现鲜明而重要的非商业性社会领域。事实上，对于各种政治活动家来说，网络在组织发起社会活动方面正日益发挥着中枢的作用。然而，虽然一度居于十分崇高的地位，但这种非营利性的社会领域很快就被排挤到赛博空间的遥远边缘，而且从来都不曾接近位居主宰的商业领域

---

① SCHILLER H. Will advanced communication technology create a new order?[J]. Media International Australia, 1981(1): 34-39.

② MCCHESNEY R W. The Internet and U.S. communication policy-making in historical and critical perspective[J]. Journal of Communication, 1996(1): 98-124.

③ 转引自：BERNSTEIN M. The Great Depression: Delayed Recovery and Economic Change in America[M]. New York: Cambridge University Press, 1987。

④ GLABERSON W. Press: A dispute over GATT highlights the complex links between newspapers and their corporate parents[N]. New York Times, 1994-05(C8).

⑤ NORDENSTRENG K, SCHILLER H. Beyond National Sovereignty: International Communication in the 1990s[M]. Norwood: Ablex, 1993.

⑥ MCCHESNEY R W. The Internet and U.S. communication policy-making in historical and critical perspective[J]. Journal of Communication, 1996(1): 98-124.

的中心位置。[①]

因此，虽然互联网在很多方面变革着我们生存的方式，但这种变革并不包括改变信息不平等的现状。那些认为技术能够单凭自己的力量创造出一个政策所没能创造的公共领域的人实际上是在自欺欺人。[②]

最后，网络的普遍接入和电脑的普及水平还远远不够。如果这两个问题不能解决，数字技术的潜力将大打折扣。打个比方，当一个美国的研究人员以极少的费用在几秒钟内将大量期刊文章的内容下载到自己的电脑上时，对远在非洲的某人来说，则可能要以国际长途电话的费用花上 10 分钟时间。[③] 同时，个人电脑的费用对大部分人来说仍然是无法承担的，而电脑制造商们为了赚取更高的利润则一味生产高价格的个人电脑。[④]《比特》（*BYTE*）杂志资深编辑巴瑞（Baran）强调，没有网络的普遍接入和电脑的普及，个人电脑将会成为进一步加剧社会经济和教育不平等的工具。[⑤] 因此，全球化"只会给那些特权阶级带来好处"。

概言之，时代公司（Time Inc.）总裁的评论似乎具有相当的代表性："电子革命仅仅是一种新的传播形式，它将在原有的传播食物链中找到自己的位置，既不会消灭也不会取代已经存在的任何事物，就像电视不曾取代广播，有线电视不曾取代电视网，录像机不曾取代电影院一样。"[⑥] 到目前为止，证据表明，媒体巨头们完全能够让互联网服务于它们现有的媒介帝国。因此，所谓的全球传播新秩序将会进一步巩固现状并创造一种新的网络殖民主义形式——赛博殖民。

---

① MCCHESNEY R W. The Titanic sails on: Why the Internet won't sink the media giants[EB/OL]. (2000-03-01)[2000-09-15]. https://fair.org/extra/the-titanic-sails-on/.

② NORDENSTRENG K, SCHILLER H. Beyond National Sovereignty: International Communication in the 1990s[M]. Norwood: Ablex, 1993.

③ RUDOLPH J. Cyberspace and its influence in southeast and east Asia: A preliminary appraisal[J]. The Journal of Development Communication. 1996(1): Supplement.

④ BARAN N. Computers and capitalism: A tragic misuse of technology[J]. Monthly Review, 1995(4): 40-46.

⑤ BARAN N. Computers and capitalism: A tragic misuse of technology[J]. Monthly Review, 1995(4): 40-46.

⑥ BARAN N. Computers and capitalism: A tragic misuse of technology[J]. Monthly Review, 1995(4): 40-46.

## 三、世界信息与传播秩序的范式转移

在建立世界新秩序的问题上难以达成一致，表明我们正处在一个范式转移（paradigm shift）的时代。①

一直以来，关于世界信息与传播新秩序的争论形成了明显的两极：一方希望给予处在边缘的"农民"新的自我表现的方式，另一方则认为处于中心的"领主"对媒体的主宰是对公众对话传统的更大保证。②和许多其他的争论一样，这种对立的两极也许过度简化了实际上复杂得多的事实。

互联网的出现进一步激化了这一争论，并使对立的两极被赋予了新的意义——边缘强化和赛博殖民。从对上述研究的综述中，我们可以发现，与以往的旧媒介一样，互联网同样具备双重效果：权力的分散和集中，民主与霸权。

一方面，通过互联网，世界信息与传播新秩序可以被看作一个网络的网络，它在非政府组织中推动形成全球公共领域，加强非领土化（de-territorialized）的边缘（不光存在于边远农村，也存在于城市中心）的力量，提高它们的传播力和竞争力。另一方面，互联网也能够加强全球资本的中心化和集中化，强化当权者对世界的统治，而受益于互联网的跨国公司则进一步加强了中心与边缘的两极分化。从此，世界变得更加分化和离散，社会与经济的不平等也越来越严重。③

于是，当老的左派学者宣称媒介集团正在将本民族文化推广到应消费者需求

---

① TEHRANIAN M. Where is the new world order: At the end of history or clash of civilization?[J]. The Journal of International Communication, 2012(2): 209−236.

② SINGER M, WILDAVSKY A. The Real World Order: Zones of Peace/Zones of Turmoil[M]. Chatham: Chatham House Publishers, 1993.

③ United Nations Development Program. Human Development Report 1992[M]. New York: Oxford University Press, 1992; MAITLAND D. Forging new links: Focus on developing economies[C]. Pacific Telecommunications Council Sixteenth Annual Conference, 1994.

而不断扩张的全球资本渠道时①，新左派则指出边缘国家和地区也正越来越多地参与到国际化、多元化和后现代的历史进程中。在文化领域，当老的左派指出公共领域正在不断萎缩时，新左派则认为通过重构的后现代策略，权力在任何地方都可获得。②

在这种复杂的情况下，要对未来进行预测的确十分困难。也许正如亚伯拉罕森（Abrahamson）所说的，对于互联网的未来及其影响，我们唯一确切知道的就是我们一无所知。③然而，有一点可以坚信，那就是我们现在的所作所为能够影响或者决定未来。尼葛洛庞帝说得好："预测未来的最好方法就是去创造它。"④

因此，对于在本章开头所提出的那些问题，我们的答案是，互联网的确可以帮助发展中国家加速发展进程，并在国际传播格局中争取一个更加平等的地位，但是，它也绝对不是一剂包治百病的灵丹妙药。实际上，最后的结果取决于发展中国家自身的反应。

我们认为，对于发展中国家的政府来说，政策制定的目的应该在于充分利用互联网的边缘强化功能来创造一个多元化的、有责任的、去商业化的全球公共领域，从而为所有人提供切实有效的普惠服务。

同时，如凯瑞（Carey）所主张的，结果并非由技术单独决定，实际存在的政治经济斗争也是制约未来的重要因素。⑤因此，发展中国家要赶上去，第一步就是要将数字技术作为国家发展的重要手段，并进一步发展数字技术，同时还必须推动相应的社会政治、经济和文化制度创新，既弥合本国内部不同地区和群体

---

① SCHILLER H. Communication and Cultural Domination[M]. White Plains: International Arts and Sciences, 1976; HAMELINK C J. Cultural Autonomy in Global Communications: Planning National Information Policy[M]. New York and London: Longman, 1983; MATTELART A. Transnationals and Third World: The Struggle for Culture[M]. South Hadley: Bergin and Garvey, 1983; EWEN S, EVEN E. Channels of Desire: Mass Images and the Shaping of American Consciousness[M]. New York: McGraw Hill, 1982.

② FOUCAULT M. Power/Knowledge: Selected Interviews and other Writings 1972−1977[M]. New York: Pantheon Books, 1980.

③ ABRAHAMSON D. The visible hand: Money, markets, and media evolution[J]. Journalism & Mass Communication Quarterly, 1998(1): 14−18.

④ NEGROPONTE N. Being Digital[M]. New York: Knopf, 1995.

⑤ CAREY J W. The Internet and the end of the national communication system: Uncertain predictions of an uncertain future[J]. Journalism & Mass Communication Quarterly, 1998(1): 28−34.

之间的数字鸿沟，又缩小与发达国家之间的信息差距，以推动全球社会的可持续发展。

　　虽然这对于实力与发达国家相差甚远的发展中国家来说绝非易事，其可能要花上数十年的时间才能实现这一目标，但只有这样，发展中国家才有可能打破西方主宰的范式，创造出一个更为平等的人类命运共同体。

# 第二章

# 数字鸿沟的概念系统

**DIGITAL**
**DIVIDE**

———

# 第一节 第一道数字鸿沟

作为一个比喻，数字鸿沟使人们有机会认识到技术富有者和技术贫穷者之间存在的不平等。在过去的 20 多年中，不论在学界还是业界，这一概念都十分流行：它成功地将这一不平等议题引入社会、政治与学术领域的讨论之中，成为社会政策甚至政治主张中的一种关怀。[1]

数字鸿沟最早被界定为人们在数字技术拥有上的差异，即在那些拥有技术接入和没有技术接入的人之间存在着一道鸿沟。[2]自从 20 世纪 90 年代中期为学界所关注以来，数字鸿沟吸引了多学科研究者的共同兴趣。从现有的文献来看，研究的焦点在于展现数字鸿沟的大小、解读数字鸿沟的性质和确定数字鸿沟的影响因素。[3]所有这些议题的一个共同基础就是将数字鸿沟界定为信息传播技术，或更确切地说，互联网的物质接入差距。[4]

数字鸿沟这一术语最先出自报纸的新闻报道。1995 年美国政府发布的研究

① 金兼斌. 数字鸿沟的概念辨析 [J] 新闻与传播研究，2003（1）：75-79，95.

② National Telecommunications and Information Administration. Falling through the net II: New data on the digital divide[R/OL]. (1998-07-28) [2022-04-10]. https://www.ntia.doc.gov/ntiahome/net2; SELWYN N. Reconsidering political and popular understandings of the digital divide[J]. New Media & Society, 2004(6): 341-362.

③ 韦路，张明新. 第三道数字鸿沟：互联网上的知识沟 [J] 新闻与传播研究，2006（4）：43-53, 95.

④ YU L. Understanding information inequality: Making sense of the literature of the information and digital divides[J]. Journal of Librarianship and Information Science, 2006(4): 229-252.

报告使这一术语开始流行。<sup>①</sup> 传播学者诺里斯（Norris）认为，数字鸿沟的概念包括三个层面。<sup>②</sup> 首先是全球鸿沟，指的是发达国家和发展中国家之间在互联网接入上存在的差距。其次是社会鸿沟，关注的是在每个国家内部信息富有者和信息贫穷者之间存在的差距。最后是政治鸿沟，强调的是人们在使用数字技术参与公共生活方面的差距。<sup>③</sup>

除了这种较为宏观的分类之外，阿特维尔（Attewell）从较为微观的角度出发，将数字鸿沟分为两个层面。<sup>④</sup> 他将电脑和互联网接入上存在的差距称为第一道数字鸿沟（the first digital divide），将电脑和互联网使用上存在的差距称为第二道数字鸿沟（the second digital divide）。进一步，梵·迪克（Van Dijk）指出，接入的概念可以分为四种：①精神接入（mental access），即主观上是否愿意接入互联网；②物质接入（material access），即客观上是否有条件接入互联网；③技能接入（skills access），即是否有相应的数字技能接入互联网；④使用接入（usage access），即具体以什么样的方式使用互联网。<sup>⑤</sup>

虽然阿特维尔和梵·迪克使用了不同的名称和术语，但他们对数字鸿沟的分类大体上是一致的。梵·迪克归纳的头两种接入与第一道数字鸿沟紧密相关，因为它们直接决定了人们是否在物质层面上接入互联网。后两种接入则直接关系到第二道数字鸿沟，因为技能水平会对用户如何使用互联网产生重要的影响。<sup>⑥</sup>

由于数字鸿沟的概念在传统上被定义为"技术接入拥有者和技术接入缺乏者

---

① SERVON L J. Bridging the Digital Divide: Technology, Community and Public Policy[M]. Malden: Blackwell Publishing, 2002; National Telecommunications and Information Administration. Falling through the net: A survey of the "have nots" in rural and urban America[R/OL]. (1995−07) [2022−04−10]. https://www.ntia.doc.gov/ntiahome/fallingthru.html.

② NORRIS P. Digital Divide: Civic Engagement, Information Poverty, and the Internet Worldwide[M]. New York: Cambridge University Press, 2001.

③ 韦路，张明新. 数字鸿沟、知识沟和政治参与［J］. 新闻与传播评论，2007（Z1）：143−155，210，221；赵璐. 社会化媒体使用的政治效果研究［D］. 杭州：浙江大学，2017.

④ ATTEWELL P. The first and second digital divides[J]. Sociology of Education, 2001(3): 252−259.

⑤ VAN DIJK J. A framework for digital divide research[J]. Electronic Journal of Communication, 2002(1): 2.

⑥ 韦路，余璐，方莉琳. "网络一代"的数字不均：大学生多模态网络使用、政治知识和社会参与［J］. 中国地质大学学报（社会科学版），2011（5）：90−96.

之间的差距"①，大多数数字鸿沟的研究都集中在第一道数字鸿沟，也就是梵·迪克指出的第②种接入——物质接入的差距。这一研究群体的重心在于调查有哪些社会因素影响物质接入上存在的鸿沟。如普林斯顿大学社会学教授迪马乔（DiMaggio）等人所指出的，数字鸿沟研究的"重心应该放在研究不平等是如何被各种社会因素所影响的，这些社会因素包括政府项目、工业结构和价格政策等"②。因此，经济实力、电信设施和政府决策成为影响第一道数字鸿沟的最为显著的社会因素。

大量研究证明了经济发展和数字技术接入之间的联系。③美国国家电信和信息管理局（National Telecommunications and Information Administration，NTIA）自从 1994 年开始就一直在跟踪调查数字鸿沟的问题。其报告显示，虽然基于收入、教育和地理位置的数字鸿沟有所缩小，但建立在经济基础之上的互联网接入差距仍然在持续。④

除经济因素外，一些个案研究显示，政府政策在改善互联网接入方面发挥着

---

① BESSER H. The next digital divides [EB/OL]. (2001−05−16)[2022−04−10]. http://besser.tsoa.nyu.
　 edu/howard/Papers/pacbell−policy1.html.

② DIMAGGIO P, HARGITTAI E, NEUMAN W R, et al. Social implications of the Internet[J]. Annual
　 Review of Sociology, 2001(27): 307−336.

③ NORRIS P. Digital Divide: Civic Engagement, Information Poverty, and the Internet Worldwide[M].
　 New York: Cambridge University Press, 2001; National Telecommunications and Information
　 Administration. Falling through the net: A survey of the "have nots" in rural and urban America[R/
　 OL]. (1995−07) [2022−04−10]. https://www.ntia.doc.gov/ntiahome/fallingthru.html; National
　 Telecommunications and Information Administration. Falling through the net II: New data on the digital
　 divide[R/OL]. (1998−07−28) [2022−04−10]. https://www.ntia.doc.gov/ntiahome/net2; National
　 Telecommunications and Information Administration. Falling through the net: Defining the digital
　 divide[R/OL]. (1999−06−07) [2022−04−10]. https://www.ntia.doc.gov/report/1999/falling−through−
　 net−defining−digital−divide;National Telecommunications and Information Administration. Falling
　 through the net: Toward digital inclusion[R/OL]. (2000−10−16) [2022−04−10]. https://www.ntia.doc.
　 gov/report/2000/falling−through−net−toward−digital−inclusion; National Telecommunications and
　 Information Administration. A nation online: Internet use in America[R/OL]. (2002−02−05) [2022−
　 04−10]. https://www.ntia.doc.gov/legacy/opadhome/digitalnation/index_2002.html .

④ National Telecommunications and Information Administration. Falling through the net: Toward digital
　 inclusion[R/OL]. (2000−10−16) [2022−04−10]. https://www.ntia.doc.gov/report/2000/falling−
　 through−net−toward−digital−inclusion.

重要的作用。①卡伦（Cullen）在国家的层面研究了美国、英国、加拿大和新西兰的数字鸿沟，发现国家政策是影响数字鸿沟的一个重要因素，拥有较大政策主动权的国家在缩小数字鸿沟方面具有较大优势。②韦德（Wade）则从发展中国家的角度出发对这一问题进行了考察。他指出，欠发达国家在接入方面存在劣势，这不仅因为收入、技能和基础设施方面的缺乏，更缘于根植于国际系统的各种有利于发达国家的标准和规范。③

在理论框架方面，创新扩散理论、技术接受模型、技术采纳与使用整合理论和新媒体权衡需求理论、数字鸿沟等被大量学者检验，并用于新技术特别是互联网及相关应用的采纳和扩散分析之中。

1962 年，罗杰斯（Rogers）提出了创新扩散理论。他指出，创新在社会系统中的扩散符合 S 形曲线，并具体考察了创新扩散的进程、不同受众的采纳差异以及影响采纳率的创新特征如相对优势、复杂性、兼容性、可试验性、可观察性等。④祝建华和何舟对比研究了京、穗、港三地的互联网扩散，其中香港已处增长后期，验证了扩散理论适用于不同地区，并通过创新扩散 S 形曲线预测了三地区互联网采纳率的增长前景。⑤刘瑛和陈志群对校内网在大学生中的扩散情况进行了研究，并考察了关系强度对校内网扩散的影响，发现相对于后期采纳者，早期采纳者更倾向于从弱关系对象获取信息。⑥

1989 年，戴维斯（Davis）为了分析计算机的扩散和采纳，提出了技术接受

---

① GUTIERREZ L H, BERG S. Telecommunications liberalization and regulatory governance: Lessons from Latin America[J]. Telecommunication Policy, 2000(11/12): 865-884; FUENTES-BAUTISTA M, STRAUBHAAR J, SPENCE J. NGOs and government: The social shaping of Internet from below[R]. Working paper for the Telecommunication and Information Policy Institute, University of Texas at Austin, 2002, 11; HAWKINS E T, HAWKINS K A. Bridging Latin America's digital divide: Government policies and Internet access[J]. Journalism and Mass Communication Quarterly, 2003(3): 646-665.

② CULLEN R. Addressing the digital divide[J].Online Information Review, 2001(5): 311-320.

③ WADE R H. Bridging the digital divide: New route to development or new form of dependency?[J]. Global Governance, 2002(4): 443-466.

④ ROGERS E M. Diffusion of Innovations[M]. New York: Free Press, 1962.

⑤ 祝建华，何舟. 互联网在中国的扩散现状与前景：2000 年京、穗、港比较研究［J］新闻大学，2002（2）：10.

⑥ 刘瑛、陈志群. 关系强度对校内网扩散过程的影响研究［J］当代传播，2011（6）：5.

模型（technology acceptance model，TAM），随后不断对其进行修正，提出了扩展技术采纳模型（TAM2）。TAM 强调了感知有用和感知易用两个因素对使用态度进而对使用该技术的意向的影响，他认为这两个因素决定了新技术是否被采纳。随后，他考虑到这两个因素被诸如系统特征、用户特征、政策影响等外部变量所影响，提出了更完善的扩展技术采纳模型。

2003 年，技术采纳与使用整合理论（unified theory of acceptance and use of technology，UTAUT）被文卡特什（Venkatesh）和莫里斯（Morris）提出。该理论在前人众多理论的基础上，强调了绩效期望、付出期望、社群影响和配合情况四个核心维度，明确了性别、年龄、经验、自愿等调节变量。UTAUT 对新技术采纳的解释力超过前人的理论模型，调整 $R^2$ 高达 70%。[①]

2004 年，在创新扩散理论和使用与满足理论的基础上，祝建华提出了新媒体权衡需求（perceived needs for new media）理论。该理论认为，受众是否采纳一新媒体，是一个诸多因素的考量过程，当且仅当受众发现生活中某一重要需求无法被传统媒体满足，并且认为某一新媒体能满足该需求时，才会开始采纳并持续使用该新媒体。

随着该领域研究的不断深入，学者们从社会学、心理学、经济学、管理学等不同学科角度发现了不同的影响因素，如社会背景、社会资本、感知价值、感知成本、使用体验、社会支持、需求满足、个人创新性和自我效能感等，加深了人们对于新技术采纳的理解。

# 第二节　第二道数字鸿沟

互联网在世界范围内的迅速普及，使越来越多的学者认识到数字鸿沟应该同时包含接入和使用两个维度。例如，阿特维尔就将数字鸿沟分为两个层面：电脑和互联网接入上存在的差距为第一道数字鸿沟，电脑和互联网使用上存在的差距

---

① VENKATESH V, MORRIS M G, DAVIS G B, et al. User acceptance of information technology: Toward a unified view[J]. MIS Quarterly, 2003(3): 425-478.

为第二道数字鸿沟。[①]哈吉泰（Hargittai）也做出了相似的界定。她将网络接入差异称为第一层次的数字鸿沟（the first-level digital divide），而将人们使用网络的能力差异称为第二层次的数字鸿沟（the second-level digital divide）。[②]鉴于舆论和公共政策的关注牢牢地被物质接入鸿沟所占据，梵·迪克指出，数字技术的接入研究应该慢慢地从他所归纳的前两种接入转向后两种。[③]换言之，当精神和物质接入的问题得到部分——倘若不是完全的——解决之后，技能和使用上的结构差异就开始登上舞台。

　　传统的数字鸿沟研究将这一比喻转化为电脑拥有者和非电脑拥有者之间的二元对比，或者互联网接入拥有者和非接入拥有者之间的对比。虽然这种转化对于研究技术扩散来说是适用的，但它却无法帮助我们理解技术扩散的社会后果。[④]换言之，拥有相同的物质接入并不一定意味着人们按照完全相同的方式和以相同的程度来使用互联网。因此，数字鸿沟的研究开始从第一道鸿沟转向第二道鸿沟。

　　有关互联网使用鸿沟的早期研究主要集中在上网时间的差距上。[⑤]例如，奈（Nie）和埃尔布林（Erbring）比较了互联网经常使用者和非经常使用者的特征，得出以下结论：①上网时间越长，人们失去的社会联系就越多；②上网时间越长，花在传统媒体上的时间就越短；③上网时间越长，在家里工作的时间就越长；④上网时间越长，花在有形商店里的购物时间就越短。[⑥]

---

① ATTEWELL P. The first and second digital divides[J]. Sociology of Education, 2001(3): 252−259.

② HARGITTAI E. Second−level digital divide: Differences in people's online skill [EB/OL]. (2002−04−01) [2005−01−15]. http://firstmonday.org/issues/issue74/hargittai/#author.

③ VAN DIJK J. The Network Society, Social Aspects of the New Media[M]. London: Sage, 1999; VAN DIJK J. A framework for digital divide research[J]. Electronic Journal of Communication, 2002(1): 2.

④ JUNG J−Y, QIU J L, KIM Y−C. Internet connectedness and inequality: Beyond the "divide"[J]. Communication Research, 2001(4): 507−535.

⑤ KRAUT R E, SCHERLIS W, PATTERSON M, et al. Social impact of the Internet: What does it mean?[J]. Communications of the ACM, 1998(12): 12−22; NIE N, ERBRING L. Internet and society: A preliminary report[R]. Stanford: Stanford Institute for the Quantitative Study of Society, 2000; ROBINSON J P, KESTNBAUM M, NEUSTADTL A, et al. Mass media use and social life among Internet users[J]. Social Science Computer Review, 2000(4): 490−501; UCLA Internet Report. Surveying the digital future[C]. Los Angeles: UCLA Center for Communication Policy, 2000.

⑥ NIE N, ERBRING L. Internet and society: A preliminary report[R]. Stanford: Stanford Institute for the Quantitative Study of Society, 2000.

　　观察到相等的上网时间并不一定意味着人们以相同的方式使用互联网①，一些学者超越时间维度的测量尺度，开始对人们使用互联网的多种方式进行研究。威廉（Wilhelm）将信息和电信技术缺乏者分为三类：①对技术进步免疫者，这些人或者从未听说过互联网，或者从未使用过电脑；②边缘接入者，这些人或者拥有公共电脑和互联网接入，或者拥有私人电脑却没有互联网接入；③边缘使用者，这些人使用网络服务，但并不将其主要当作信息和传播工具。他指出，这些群体可以通过在更大的社区参与社会和经济生活的不同能力而得到区分。②

　　传播学者诺里斯则将互联网使用者分为四个类别：①研究者，他们为了收发电子邮件和开展调查研究而使用互联网；②消费者，他们为了购物和获取财经资源而使用互联网；③表达者，他们为了表达自己的观点和看法而使用互联网；④娱乐者，他们为了娱乐而上网，比如玩游戏或从事其他娱乐活动。她发现相对于其他类别而言，研究者具有较多的政治知识。③

　　哈吉泰和希南特（Hinnant）发现，教育水平高的和社会资源丰富的用户更多地使用网络进行一些所谓的资本强化（capital-enhancing）的活动，例如获取政府或公共事务信息、寻求职业机会、咨询财经问题和获得健康服务等。④ 于是，她们的结论是，网络活动类型才是探索潜在鸿沟时最重要的方面。如果互联网被用作玩具而非工具的话，它或许难以真正提升用户的生存和发展能力。⑤ 这种在信息和娱乐使用之间出现的差距，已经被研究者确立为一种新的、更重要的数

① HAWKINS R P, PINGREE S. Uniform messages and habitual viewing: Unnecessary assumptions in social reality effects[J]. Human Communication Research, 1981(7): 291-301; MOY P, SCHEUFELE D A, HOLBERT R L. Television use and social capital: Testing Putnam's time displacement hypothesis[J]. Mass Communication & Society, 1999(1/2): 27-45; NORRIS P. Does television erode social capital? A reply to Putnam[J]. Political Science & Politics, 1996(29): 474-480; SHAH D V, MCLEOD J M, YOON S-H. Communication, context, and community: An exploration of print, broadcast, and Internet influences[J]. Communication Research, 2001(4): 464-506.

② WILHELM A G. Democracy in the Digital Age: Challenges to Political Life in Cyberspace[M]. New York: Routledge, 2000: 73-76.

③ NORRIS P. Virtual democracy[J]. Harvard International Journal of Press/ Politics, 1998(3): 1-4.

④ HARGITTAI E, HINNANT A. Digital inequality: Differences in young adults' use of the Internet[J]. Communication Research, 2008(5): 602-621.

⑤ JUNG J-Y, QIU J L, KIM Y-C. Internet connectedness and inequality: Beyond the "divide"[J]. Communication Research, 2001(4): 507-535.

字鸿沟。①

梵·迪克将数字技能划分为工具技能、信息技能和策略技能这三个递进的层次，提出了使用鸿沟的假设。② 他指出，一部分人能够系统地将高级数字技术用于工作和教育，并从中受益，另一部分人则只能使用基本的数字技术和简单的应用，并主要以娱乐为目的。通过这一假设，他强调了电脑网络的多用性（multifunctionality）。正是这种多用性使得人们使用它的方式千差万别。

更进一步，南加州大学传播学院的郑朱泳（Jung）及其合作者提出了一个新的研究互联网使用的指标——互联网联系指标（Internet connectedness index，ICI）。③ 这一指标纳入了传统的时间、历史和环境尺度，并超越这些尺度，增添了上网目的、网络活动和网络在生活中的中心性等尺度。通过将数字鸿沟重新定义为互联网联系上的差距，他们认为数字鸿沟与人们在日常生活中不同的上网目的、网络活动和传播方式紧密相关。通过这一新的指标，他们试图弄清人们在获得互联网接入之后，与互联网之间关系的多维属性。

运用这一新的指标，洛格斯（Loges）和郑朱泳发现老年人和青年人之间的数字鸿沟超越了简单的接入问题。④ 接入互联网后，老年人在互联网使用的性质和环境上较青年人表现出很大的不同，这些差异在使用范围和强度上尤为显著，即老年人上网的目的和活动在范围上比青年人窄，他们使用较少的网络应用，使用网络的地理位置也较少。

---

① BONFADELLI H. The Internet and knowledge gaps: A theoretical and empirical investigation[J]. European Journal of Communication, 2002(17): 65−84; HARGITTAI E, HINNANT A. Digital inequality: Differences in young adults' use of the Internet[J]. Communication Research, 2008(5): 602−621; LIVINGSTONE S, HELSPER E. Gradations in digital inclusion: Children, young people and the digital divide[J]. New Media & Society, 2007(4): 671−696; VAN DIJK J. A framework for digital divide research[J]. Electronic Journal of Communication, 2002(1): 2.

② VAN DIJK J. The Network Society, Social Aspects of the New Media[M]. London: Sage, 1999; VAN DIJK J. Widening Information Gaps and Policies of Prevention[M]//HACKER K K, VAN DIJK J. Digital Democracy, Issues of Theory and Practice, London: Sage, 2000, 166−183; VAN DIJK J. A framework for digital divide research[J]. Electronic Journal of Communication, 2002(1): 2.

③ JUNG J−Y, QIU J L, KIM Y−C. Internet connectedness and inequality: Beyond the "divide"[J]. Communication Research, 2001(4): 507−535.

④ LOGES W E, JUNG J−Y, Exploring the digital divide: Internet connectedness and age[J]. Communication Research, 2001(4): 536−562.

　　尽管多数人同意信息使用较娱乐使用而言似乎更加"合法"，但也有学者指出，网络的娱乐使用同样有可能产生正面效果。[1]事实上，即使是那些高学历用户也会时常在网上闲聊或游戏，这些消遣的用途并没有批评者们想象的那么糟，它们也能够产生某些社会价值，如增进交往、排解压力等。因此，当我们试图避免基于技术拥有和技术缺乏的二元论述时，也要特别注意在研究网络使用时不能落入另一种新的二元对立。一个更为合理的视角是从网络使用的范围或广度出发，来衡量用户在数字连续光谱上的位置。通过研究人们进行各种不同网络活动的频率，英国学者利文斯通（Livingstone）和赫尔斯珀（Helsper）发现，娱乐和沟通类的应用（往往处在网络应用金字塔的底端）是通向那些最具社会价值应用（处在金字塔的顶端）的必经之路。[2]这也意味着，人们所进行的网络活动越多，其对网络的应用水平就越高，从中获取的用来满足个体和社会需求的各种收益与机会就越多。

　　多模态是互联网与生俱来却常常被忽略的一个特性。[3]早期新媒体研究的技术中心（technocentric）导向使得学者们疲于追赶"下一个伟大的技术"。[4]在将互联网视为新媒体的时候，正如贝姆（Baym）指出的，"我们倾向于将这些新的技术和应用当作孤立的现象"[5]。不仅线上世界被视为与线下世界相隔绝，在某一个网络环境中发生的事情也似乎与其他环境毫无关系。过往关于某些单一网络应用的研究的确为我们认识单个的网络环境贡献了宝贵的知识，但是也导致我们对各种不同环境之间的相互联系所知甚少，也无法获知人们对网络的多种应用是如何共同影响日常生活，又是如何被影响的。

---

① LIVINGSTONE S, HELSPER E. Gradations in digital inclusion: Children, young people and the digital divide[J]. New Media & Society, 2007(4): 671-696; SANDVIG C. Unexpected outcomes in digital divide policy: What children really do in the public library[M]//COMPAINE B M, GREENSTEIN S. Communications Policy in Transition: The Internet and Beyond. Cambridge: MIT Press, 2001: 265-293.

② LIVINGSTONE S, HELSPER E. Gradations in digital inclusion: Children, young people and the digital divide[J]. New Media & Society, 2007(4): 671-696.

③ 韦路，余璐，方莉琳. "网络一代"的数字不均：大学生多模态网络使用、政治知识和社会参与 [J] 中国地质大学学报（社会科学版），2011（5）：90-96.

④ PARKS M. What will we study when the Internet disappears?[J]. Journal of Computer-Mediated Communication, 2009(3): 724-729.

⑤ BAYM N K. A call for grounding in the face of blurred boundaries[J]. Journal of Computer-Mediated Communication, 2009(3): 720-723.

　　不少学者已经认识到人类的互联网使用正变得越来越多模态化。[①]大学教授在讲台上滔滔不绝的时候，常常会看到笔记本电脑屏幕后面的学生在做着许多其他的事情：收发电子邮件，阅读新闻，更新微博和社交网站，线上聊天，玩游戏，欣赏或分享音频、视频或照片，以及在淘宝上买东西等。越来越多的人开始同时将多种媒体和应用融入他们的日常生活和交往。其实，这种社会生活的多模态特性在传统媒体时代就已经存在，人们会同时使用邮递、电报和电话来进行社会交往。[②]互联网的出现进一步强化了这种多模态特性，并使之变得更加复杂。[③]研究发现，当人们通过某种网络渠道结识他人之后，往往会采用更多其他的方式来进

① WALTHER J B, PARKS M. Cues filtered out, cues filtered in: Computer-mediated communication and relationships[M]// KNAPP M L, DALY J A, MILLER G R. The Handbook of Interpersonal Communication, Thousand Oaks: Sage, 2002: 529-563.

② BARON N S. Alphabet to Email: How Written English Evolved and Where it's Heading[M]. New York: Routledge, 2000; DANET B. Cyberplay: Communicating Online[M]. Oxford: Berg, 2001; FISCHER C S. America Calling: A Social History of the Telephone to 1940[M]. Berkeley: University of California, 1992; STANDAGE T. The Victorian Internet:The Remarkable Story of the Telegraph and the Nineteenth Century's Online Pioneers[M]. New York: Walker, 1998.

③ BAYM N K, ZHANG Y B, LIN M C. Social interactions across media: Interpersonal communication on the Internet, telephone and face-to-face[J]. New Media & Society, 2004(3): 299-318; CHEN W, BOASE J, WELLMAN B. The global villagers: Comparing Internet users and uses around the world[M]// WELLMAN B, HAYTHORNTHWAITE C. The Internet in Everyday Life. Oxford: Blackwell, 2002: 74-113; HAYTHORNTHWAITE C. Social networks and Internet connectivity effects[J]. Information, Communication and Society, 2005(2): 125-147; WELLMAN B, QUAN-HAASE A, BOASE J, et al. The social affordances of the Internet for networked individualism[J]. Journal of Computer-Mediated Communication, 2003(3).

一步交流。① 由于网络传播的不同模态具有不同的性质和效果 ②，仅仅探讨某些特定模态不利于呈现多模态网络使用的整体情况和效果。因此，除了要对单个网络应用进行研究之外，对多模态网络使用进行探索十分必要。③

然而，综观现有研究，大部分都聚焦于特定类型网络使用的前因后果。例如，霍华德（Howard）等就指出，某些有价值的网络应用与用户的教育水平呈正相关，这些应用包括发送邮件，搜索财经、政治或政府信息，以及网上理财等。④ 马登（Madden）则发现，高学历和高家庭收入的用户较少使用网络来下载音乐和收发消息，却更多使用网络来获取新闻、进行工作、安排旅行和搜索产品信息。⑤ 将经典的知识沟假说从知识获取延伸至知识生产，有研究发现，社会经济地位较高的用户比地位较低的用户更倾向于使用博客的信息功能，生产更多的政治知识，也具有更强的社会影响。⑥ 这些研究都集中探讨了特定种类网络使用的影响因素。

对于网络使用的后果来说，以往研究也以信息使用或娱乐使用的对比为中心。

① PARKS M R, FLOYD K. Making friends in cyberspace[J]. Journal of Communication, 1996(46): 80−97; SALEM D A, BOGAT G A, REID C. Mutual help goes online[J]. Journal of Community Psychology, 1997(25): 189−207; TURNER J W, GRUBE J A, MEYERS J. Developing an optimal match within online communities: An exploration of CMC support communities and traditional support[J]. Journal of Communication, 2001(2): 231−251.

② HERRING S C. Computer−mediated communication on the Internet[J]. Annual Review of Information Science and Technology, 2002(36): 109−168; LEDBETTER A M. Media use and relational closeness in long−term friendships: Interpreting patterns of multimodality[J]. New Media & Society, 2008(4): 547−564; SOUKUP C. Building a theory of multimedia CMC: An analysis, critique and integration of computer−mediated communication theory and research[J]. New Media & Society, 2000(4): 407−425; XIE B. Multimodal computer−mediated communication and social support among older Chinese Internet users[J]. Journal of Computer−Mediated Communication, 2008(13): 728−750.

③ XIE B. Multimodal computer−mediated communication and social support among older Chinese Internet users[J]. Journal of Computer−Mediated Communication, 2008(13): 728−750.

④ HOWARD P E N, RAINIE L, JONES S. Days and nights on the Internet: The impact of a diffusing technology[J]. American Behavioral Scientist, 2001(3): 383−404.

⑤ MADDEN M. America's online pursuits[R]. Washington: Pew Internet and American Life Project, 2003.

⑥ WEI L. Filter blogs vs. personal journals: Understanding the knowledge production gap on the Internet[J]. Journal of Computer−Mediated Communication, 2009(3): 532−558.

与传统媒体如报纸①和电视②等的有关发现相一致，多数对于互联网使用的效果研究也得出同样的结论：对于网络的信息使用有利于丰富用户的政治知识、政治参与和社会资本，而对网络的娱乐使用则会产生相反的效果③。

　　鲜有实证研究对于多模态网络使用的影响因素和后果进行探讨。利文斯通和赫尔斯珀在这个领域进行了一些可贵的探索。她们通过用户参与的网络活动的数量来对其范围进行测量，发现人们的网络活动范围不仅和年龄、性别、社会经济地位密切相关，还受到总体网络使用程度和网络技能的影响。④然而，她们的研究是以英国青少年为样本，其目的也主要限于探索多模态网络使用的影响因素，对于使用的效果还需更多研究予以关注。

# 第三节　第三道数字鸿沟

　　关于第三道数字鸿沟，学界众说纷纭。有人将其定义为知识沟，指接入沟、使用沟所导致的知识获取层面的鸿沟⑤；有人将其定义为智能鸿沟，即个体在能

---

① NEWTON K. Mass media effects: Mobilization or media malaise?[J]. British Journal of Political Science, 1999(29): 577-599.

② EVELAND W P, SCHEUFELE D A. Connecting news media use with gaps in knowledge and participation[J]. Political Communication, 2000(17): 215-237; PRIOR M. News vs. entertainment: How increasing media choice widens gaps in political knowledge and turnout[J]. American Journal of Political Science, 2005(49): 577-592; PUTNAM R D. Bowling Alone: The Collapse and Revival of American Community[M]. New York: Simon and Schuster, 2000.

③ DREW D, WEAVER D. Voter learning in the 2004 presidential election: Did the media matter?[J]. Journalism & Mass Communication Quarterly, 2006(83): 25-42; SHAH D V, CHO J, EVELAND W P, et al. Information and expression in a digital age: Modeling Internet effects on civic participation[J]. Communication Research, 2005(32): 531-565; SHAH D V, KWAK N, HOLBERT R L. "Connecting" and "disconnecting" with civic life: Patterns of Internet use and the production of social capital[J]. Political Communication, 2001(18): 141-162.

④ LIVINGSTONE S, HELSPER E. Gradations in digital inclusion: Children, young people and the digital divide[J]. New Media & Society, 2007(4): 671-696.

⑤ 韦路，张明新. 第三道数字鸿沟：互联网上的知识沟 [J] 新闻与传播研究，2006（4）：43-53，95.

否充分理解和适应智能时代的信息科技、培养相应关键技能方面的差距[1]；有人认为其核心为网络意识的个体差异，即用户判断信息是否有价值的能力[2]；效用沟（utility gap）[3]的概念应用最为广泛，与人们使用数字技术获得的不同离线结果有关，也包括"在数字驱动的市场中利用这些好处来改善个人生活的能力"[4]。

虽然效用沟的概念有助于我们将数字不平等重新纳入社会结构，避免将社会现实中的线上和线下维度截然分开[5]，但将第三道数字鸿沟概念化为效用沟也存在理论上的局限性，即存在将数字鸿沟的社会后果与数字鸿沟本身混为一谈的风险。线下的众多效应，无论是以经济资本、社会资本、文化资本，还是政治资本的形式呈现[6]，都是人们使用数字技术的后果。若效用沟的概念成立，那么几乎所有关于 ICT（information and communications technology，互联网信息通信技术）社会影响的研究都可以被贴上第三道数字鸿沟的标签。在对数字鸿沟进行理论建构时，有必要将数字排斥／不平等与社会排斥／不平等联系起来[7]，但结果应当是构建解释数字鸿沟前因后果的理论，而不是将其后果纳入数字鸿沟概念本身。

鉴于这一局限，本书试图从驯化的视角重思第三道数字鸿沟。随着人类社会进入深度数字化时代，单纯考察用户的技术接入与使用情况已经无法全面反映人与技术之间的复杂关系，第三道数字鸿沟所要关注的核心是人与技术更深层次的关系问题，即人类在与技术的互动中能体现出多大的能动性。除了探讨人们是否

---

① 冯仰存，任友群. 教育信息化 2.0 时代的教育扶智：消除三层鸿沟，阻断贫困传递——《教育信息化 2.0 行动计划》解读之三［J］远程教育杂志，2018（4）：20-26.

② 薛伟贤，王涛峰. "数字鸿沟"研究述评［J］科技进步与对策，2007（1）：190-193.

③ CALDERON G D. The three levels of the digital divide: Barriers in access, use and utility of Internet among young people in Spain[J]. Interações Sociedade e as novas modernidades, 2018(34): 64-91.

④ MASSIMO R. The Third Digital Divide: A Weberian Approach to Digital Inequalities[M]. New York: Routledge, 2017: 5.

⑤ CALDERON G D. The third digital divide and Bourdieu: Bidirectional conversion of economic, cultural, and social capital to (and from) digital capital among young people in Madrid[J] New Media & Society, 2021(9): 2534-2553.

⑥ CALDERON G. The third digital divide and Bourdieu: Bidirectional conversion of economic, cultural, and social capital to (and from) digital capital among young people in Madrid[J]. New Media & Society, 2021(9): 2534-2553.

⑦ ELLEN J. A corresponding fields model for the links between social and digital exclusion[J]. Communication Theory, 2012(4): 403-426.

拥有数字技术，以及使用数字技术从事什么活动之外，学界应该更多关注人类是否以及如何与技术形成更加理性的关系，并以此作为理解第三道数字鸿沟的关键。驯化理论诞生于 20 世纪 80 年代学界有关技术与社会之间关系的探讨，为理解人与技术之间的深层关系提供了有效的分析框架。[①] 该理论不再将受众视为被动的角色，而将技术采纳视为一个复杂而连续的过程，用户在这一过程中主动地、创造性地将技术融入他们的日常生活，从而使技术更好地为己所用。基于这一理论视角，本书将第三道数字鸿沟定义为驯化沟（domestication gap），关注那些擅于驯化数字技术为己所用、能够与数字技术保持理性关系的个体与其他个体之间的差距。

早期的媒介驯化研究主要集中于人们在家庭场域中对电视的采纳。塞文斯通（Silverstone）认为，新技术就如同野生动物，必须加以驯化，才能够使其归化为家庭的一部分，并将驯化的过程进一步划分为商品化、想象、挪用、客体化、整合与转化六个层面。[②] 驯化不仅是一个和家庭密切相关的过程，也广泛地与新技术用户在不同活动场所移动时的日常生活相关。[③] 正如哈顿（Haddon）所言，"驯化研究的优势在于为人们的 ICT 决策提供背景"[④]。

在数字技术日新月异的今天，互联网使用的时间、空间和语境都发生了颠覆式的变革，驯化研究也走出了私人化的家庭场域，拓展至更为广阔的空间。[⑤] 通过驯化，用户能够在与技术的协商、调配与接收的动态过程中赋予技术新的意义，并在实践中表达个人化特征。[⑥] 对数字技术的驯化研究主要关注用户如何将技术嵌入生活，如何改变技术。[⑦] 在驯化媒介技术的过程中，主体性与创造性是其鲜

---

① SILVERSTONE R. Television and Everyday Life[M]. New York: Routledge, 1994: 35.

② SILVERSTONE R. Television and Everyday Life[M]. New York: Routledge, 1994: 83, 123.

③ BAKARDJIEVA M. The Internet in everyday life: Exploring the tenets and contributions of diverse approaches[M]//CONSALVO M, ESS C. The Handbook of Internet Studies, Hoboken: Wiley, 2011: 59−82.

④ HADDON L. Domestication analysis, objects of study, and the centrality of technologies in everyday life[J]. Canadian Journal of Communication, 2011(2): 311−324.

⑤ HADDON L. The contribution of domestication research to in−home computing and media consumption[J]. The Information Society, 2006(4): 195−203.

⑥ 吕山，李熠，林颖. 远距离"做家庭"：留守儿童家庭的媒介驯化与亲职实践［J］. 新闻与写作，2022（11）：92−106.

⑦ 费中正. 信息传播技术驯化研究述评［J］. 学术论坛，2011（10）：73−78.

明特点。① 驯化媒介技术，就是人们策略性地将其纳入日常生活的创造性实践。通过创造性地运用媒介技术，人们得以重构自己与社会、公众、民族、国家等宏观力量之间的关系。如潘忠党所言，"生活在'媒介化'的社会并不意味着我们成为传媒技术的'臣民'，而是意味着传媒技术成为我们的随从和伴侣"②。经由驯化，人们不再一味顺从技术的力量，而是通过创造与改变，成为自己数字生活的主角。

虽然驯化沟探讨的也是数字技术的使用问题，但它与使用沟存在重要区别。使用沟关心的是人们会不会使用数字技术，以及使用数字技术干什么，而驯化沟聚焦的则是人们如何通过使用／不使用数字技术来与之维系一种理性的关系。关注使用沟的文献通常将新技术视为人们外部的工具或玩具，并调查人们如何按照既定的方式使用它们。人们是在技术划定的边界之内进行被动的选择。驯化沟的视角则认为数字技术是可配置和可适应的，更关注人们如何打破技术的既定边界，更加自主地对技术进行重构与再造，从而与之形成更和谐、更有益的关系。

本书进一步将驯化沟分为智连鸿沟（smart connection divide）与断连鸿沟（disconnection divide）。前者主要关注个体在如何更加智慧地连接数字技术方面的差异，后者主要关注个体在如何更加审慎地与数字技术断开连接方面的差异。这两个维度分别从使用和不使用的层面反映了人们在保持与数字技术理性关系方面的差异。

智连鸿沟方面，当人类社会进入深度数字化时代，人们对数字技术的使用也需要变得更加智慧。伴随着驯化理论的研究视野从家庭内部推广至更广泛的ICT使用，其研究对象也由实体媒介（电视）延伸至虚拟媒介（互联网、社交媒体）。数字技术并非完全中立的人工制品，个体在连接中会尽可能消除于己不利的部分、放大于己有利的部分，这是个体能动性与智慧的体现。因此，智连鸿沟的本质在于个体在连接数字技术时趋利避害的意识及能力的差异。

随着互联网接入设备的种类日益丰富，再驯化（re-domestication）的概念得以提出。格罗舍利（Grošelj）指出，驯化是一个持续的过程，新技术加入个人"技

① 曾薇. 从驯化到中介化：西尔弗斯通媒介技术观念的变迁［J］. 新闻知识，2021（1）：3-9.
② 潘忠党. "玩转我的iPhone，搞掂我的世界！"——探讨新传媒技术应用中的"中介化"和"驯化"［J］. 苏州大学学报（哲学社会科学版），2014（4）：153-162.

术库"的同时，原有技术在人们日常生活中扮演的角色也会发生改变。基于当下互联网接入设备多、移动性强、无处不在等特点，他总结出用户再驯化的三种形式。其一，当新设备从根本上颠覆了个体与现有设备的关系时，聚焦（spotlighting）会成为个体的再驯化策略。由于新设备质量更好、上网更便捷，个体会更多地"聚焦"使用新设备而冷落旧设备，或者仅仅在需要特定功能时才使用旧设备。其二，个体根据不同的使用环境及目的选择设备，给每个设备分配特定角色与意义，这种再驯化策略称为分配（distributing），如将笔记本电脑视为工作设备，将智能手机视为通信娱乐设备。其三，当个体缺乏理想的技术资源支持，如设备过时或损坏时，将就（making do）是一种迫不得已的再驯化策略，这种策略往往是权宜之计，因为受限的互联网连接会带来诸多不便。① 其中，分配的再驯化策略需要个体熟练掌握多种设备的操作技能并灵活切换，对个体的数字素养提出了较高的要求，是一种相对高级的再驯化策略。已有研究发现，社会经济地位较高的个体更有可能采用这一策略。如切奇（Tsetsi）和瑞恩斯（Rains）的研究发现，受教育程度较低、收入较低的群体更有可能单单依赖智能手机连接互联网，受教育程度较高、收入较高的群体连接互联网的设备则更为多样。②

断连鸿沟方面，对互联网技术的驯化不仅表现为个体对数字设备与应用的智慧使用，也包含个体在必要时限制甚或断开数字技术连接的能力。目前学界仍然主要聚焦于讨论连接的驯化。哈顿指出，驯化研究鲜少谈及成瘾或过度使用的情形，这可能是由于驯化研究主要聚焦于媒体技术被采用前或采用后不久的阶段。③

随着互联网使用向纵深发展，部分个体开始处于"永久在线、永久连接"（permanently online, permanently connected, POPC）的状态。④ 在 POPC 的语

---

① GROŠELJ D. Re-domestication of Internet technologies: Digital exclusion or digital choice?[J]. Journal of Computer-Mediated Communication, 2021(6): 422−440.

② TSETSI E, RAINS S A. Smartphone Internet access and use: Extending the digital divide and usage gap[J]. Mobile Media & Communication, 2017(3): 239−255.

③ HADDON L. Empirical studies using the domestication framework[M]// BERKER T, HARTMANN M, PUNIE Y, et al. Domestication of Media and Technology. London: Open University Press, 2005: 103−122.

④ VORDERER P, MATTHIAS K. Permanently online: A challenge for media and communication research[J]. International Journal of Communication, 2013(1): 188−196.

境下，大量信息的涌入会让用户产生错失恐惧（fear of missing out，FOMO），迫使用户更加频繁地使用互联网①，形成恶性循环，引发负面后果。例如熊慧和郭倩发现，长时间使用微信朋友圈会产生社交过载、信息过载、上行社会比较、个人隐私泄露等负面影响，从而产生厌倦心理。②除过载性因素外，过度连接互联网还会使用户面临技术侵入生活、网络信息沉溺等压力性因素，以及引发疲劳、焦虑、抑郁等困扰。③

　　比奇（Büchi）等将这种与互联网过度连接带来的负面感受定义为感知数字过度使用（perceived digital overuse，PDO）。PDO 并非一种关于过度使用的规范性观点，而是一种个人过度使用数字技术的感觉，其表现形式主要分为三个方面：其一，感觉自己在绝对意义上花了很多时间上网；其二，感觉互联网的使用占用了做其他更重要事情的时间；其三，对多个同步进行的现实活动和超负荷感的负面评价。④这种针对互联网的过度使用实质上是数字技术对人们日常生活的过度侵入所致，也意味着人的主体性缺失。为了摆脱负面后果，人们开始主动与互联网断连，如降低使用强度、短暂卸载应用、转换不同平台，甚至长期停止使用。⑤这类断连实践被学者们称为数字排毒或数字斋戒（digital detox），是人们驯化数字技术的另一种重要形式。通过数字排毒的断连实践，用户能够降低压力⑥与 PDO 水平，提升主观幸福感。⑦

①　PRZYBYLSKI A, MURAYAMA K, DEHAAN C R, et al. Motivational, emotional, and behavioral correlates of fear of missing out[J]. Computers in Human Behavior, 2013(4): 1841−1848.
②　熊慧，郭倩. 朋友圈中辍行为的影响因素研究［J］. 新闻界，2019（10）：36−45.
③　张敏，孟蝶，张艳. 逃离还是回归? ——用户社交网络间歇性中辍行为实证研究的影响因素综述［J］. 图书馆论坛，2019（6）：43−52.
④　BÜCHI M, FESTIC N, LATZER M. Digital overuse and subjective well−being in a digitized society[J]. Social Media+ Society, 2019(4): 1−12.
⑤　张敏，孟蝶，张艳. 逃离还是回归? ——用户社交网络间歇性中辍行为实证研究的影响因素综述［J］. 图书馆论坛，2019（6）：43−52.
⑥　ANRIJS S, BOMBEKE K, DURNEZ W, et al. Mobile DNA: Relating physiological stress measurements to smartphone usage to assess the effect of a digital detox[EB/OL]. (2018−07−15)[2022−04−15].https://www.semanticscholar.org/paper/MobileDNA%3A−Relating−Physiological−Stress−to−Usage−a−Anrijs−Bombeke/c7eb07636332a55425eebe9236ec8d9dc3631cd8..
⑦　SYVERTSEN T, ENLI G. Digital detox: Media resistance and the promise of authenticity[J]. Convergence, 2020(5−6): 1269−1283.

数字排毒的概念于 2006 年首次进入人们的视野。[1]牛津词典将其定义为："一个人在一段时间内不使用他的电子设备（如智能手机），被认为是一个减少压力或专注于物理世界社会互动的机会。"[2]赛弗特森（Syvertsen）和恩利（Enli）则将其定义为"在或长或短的时间内脱离网络或数字媒体的尝试，以及限制使用智能手机和数字工具的其他尝试"[3]。虽然数字排毒根植于对新媒体与新技术进行抵制的漫长传统，如限制媒体内容的政治运动，以及 20 世纪 90 年代和 21 世纪初针对负面内容而产生的"媒体禁食"（media fast）等，但它更多指涉个人责任与自我优化，是一种类似正念的平衡假设。这种暂时的休息被视为一种警惕过度使用的意识和自我调节的工具，以减少压力，增加此时此地的存在感[4]，以帮助个体在与技术的交互中重拾自身的主体性。与永久性的断连相比，数字排毒是一种较为中庸的弹性策略，用户可以基于自身需求制定何时何地不使用互联网的规则。美国的"全国断网日"（National Day of Unplugging）、英国的"无网九月"（Scroll-Free September）、风靡全球的"数字排毒假期"（Digital Detox Holidays）等社会运动和商业运营，使数字排毒日益成为人们驯化数字技术、抵御网络负面影响的常见策略。

综上，在前人研究的基础上，本书将数字鸿沟定义为：在个人、地区或国家层面存在的，在数字技术的不同发展阶段出现的数字技术接入、使用和驯化上的差异。本书从不断变化的信息技术环境出发，试图建构一个多维度、多层面、多阶段的数字鸿沟概念系统。多维度包括技术接入、技术使用、技术驯化等，多层面包括个人层面和国家（或地区）层面，多阶段包括电脑、手机、数字电视、互联网、智能设备等数字技术的不同发展阶段。

如图 2-1 所示，个人层面数字鸿沟的三个维度构成一个金字塔结构。底层是最基本的接入沟，因为技术接入是建立人机关系的第一步。没有接入，其他与技

---

① SYVERTSEN T. Digital Detox: The Politics of Disconnecting[M]. Bingley: Emerald Publishing, 2020: 3.

② Oxford Dictionaries. Meaning of digital detox in English[EB/OL]. (2019-01-30)[2022-04-15].https://www.lexico.com/definition/digital_detox.

③ SYVERTSEN T, ENLI G, Digital detox: Media resistance and the promise of authenticity[J]. Convergence, 2020(5-6): 1269-1283.

④ SYVERTSEN T, ENLI G, Digital detox: Media resistance and the promise of authenticity[J]. Convergence, 2020(5-6): 1269-1283.

术的各种互动都无从谈起。接入沟之上是使用沟，一方面意味着使用要以接入为基础，另一方面也说明使用差异比接入差异更加复杂，存在的影响因素更多，造成的社会影响更大。金字塔的顶层是驯化沟，因为驯化体现了一种更高层次的人机关系，一种更具主体性的人机互动，一种更加理性的数字生活。因此，不同群体在技术驯化方面的结构性差异，当属数字鸿沟各个维度中最难弥合的一个维度。

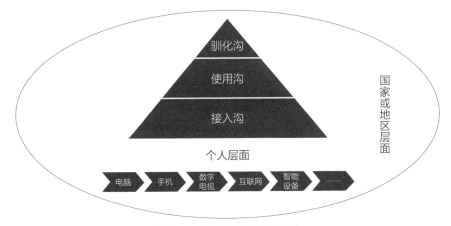

图 2-1　数字鸿沟的概念系统

　　个人层面的这种多维数字鸿沟出现在数字技术发展的不同阶段。从数字技术的开端电脑开始，到手机、数字电视、互联网，再到当前日新月异的智能设备，再到正在涌现和未来将会出现的新媒体技术，都会产生新的数字鸿沟。虽然都是数字技术，但不同的发展阶段所呈现出的影响因素和社会后果也会有所不同。数字鸿沟研究者既需要对每个阶段的情况进行单独研究，也需要将不同阶段联系起来进行比较研究。

　　个人层面的数字鸿沟集合起来，就形成了国家或地区层面的数字鸿沟。不论是国家内部的不同地区之间，如城市和乡村、发达和欠发达地区，还是国家和国家之间，如发达国家和发展中国家，都面临数字鸿沟的持续挑战。由于层面不同，数字鸿沟的成因和后果也各不相同。研究者需要同时对个人层面和国家或地区层面的数字鸿沟进行研究，才能更加全面系统地理解数字时代人类社会难以跨越的这一道鸿沟。

# 第三章

# 数字鸿沟的发展变迁

**DIGITAL**

**DIVIDE**

————

# 第一节　个人层面的数字鸿沟变迁

截至 2023 年 1 月，全球网民数量达 51.6 亿人，占总人口的 64.4%。[①]中国互联网络信息中心（CNNIC）2022 年 12 月的数据显示，我国网民规模达 10.7 亿人，互联网已经覆盖到 75.6% 的人口，互联网接入在个体层面的差异大大缩小。然而，数字鸿沟作为一个多维度的现象是否已经完全消弭，仍然缺乏足够的证据支撑肯定的答案。2021 年底，国家网信办发布的《"十四五"国家信息化规划》指出，我国信息化发展仍然存在一些突出短板，信息化发展不平衡不充分的问题较为明显[②]，更加凸显了对当今中国数字鸿沟的现存状况与发展趋势进行深入探讨的必要性。

从 1997 年 12 月开始，中国互联网络信息中心发布《中国互联网络发展状况统计报告》已有 25 年。站在这样的时间节点上，我们尝试对 51 份报告的数据进行统合，考察中国在数字技术的接入、使用、驯化三个层面的数字鸿沟，以期从微观的数据历时变化中揭示当今中国社会数字鸿沟的宏观特征。

---

① STATISTA. Internet and social media users in the world 2023 | Statista[EB/OL]. (2023-04-03)[2023-04-05]. https://www.statista.com/statistics/617136/digital-population-worldwide/.

② 中华人民共和国国家互联网信息办公室. "十四五"国家信息化规划［EB/OL］.（2021-12-27）［2022-04-16］. http://www.cac.gov.cn/2021-12/27/c_1642205314518676.htm.

# 一、逐渐消弭的接入沟

　　纵观 CNNIC 25 年来的统计数据，我们发现接入层面的数字鸿沟在中国逐渐消弭。从网民整体规模而言，我国目前网民规模已突破 10 亿人，互联网普及率也已超七成；从网民内部结构而言，除城乡接入鸿沟仍需进一步弥合以外，性别、教育、收入、年龄的接入鸿沟已经基本消弭；在接入技术层面，接入的方式、设备、地点和带宽都得到了极大的丰富与升级。

## （一）网民规模持续增长

　　自 1997 年以来，我国网民规模持续增长，增长率于 2002 年下半年达到顶峰（75.4%）。网民数量于 2005 年 6 月首次破亿，2008 年 6 月首次超越美国，跃居世界第一。2010 年后，网民规模增长速度逐步放缓，2011 年上半年网民增长率为 6.1%，为近年来最低水平。2015 年后，网民增长速度继续放缓。2021年 6 月，网民规模首次突破 10 亿人（见图 3-1）。

　　与此同时，我国互联网普及率稳步上升。21 世纪初，我国互联网普及率尚不足 5%，低于世界平均水平，至 2010 年已经达三成，高于世界平均水平，2015 年普及率过半，2022 年 12 月的最新数据已达 75.6%（见图 3-2）。从我国网民的整体规模来看，互联网接入层面的数字鸿沟在中国逐渐消弭。

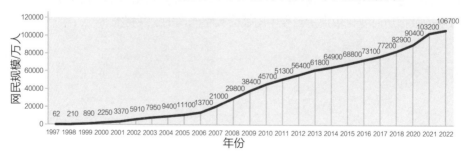

图 3-1　1997—2022 年中国网民规模 [①]

数据来源：CNNIC。

---

[①] 本节图表除特殊注明数据月份外，均为当年年末数据。受疫情影响，2019 年底无统计数据，故采用 2020 年 3 月的数据。

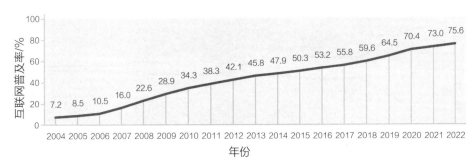

图 3-2　2004—2022 年中国互联网普及率

数据来源：CNNIC。

## （二）网民结构趋于均衡

### 1. 性别数字鸿沟日渐消弭

性别数字鸿沟是信息技术不均衡扩散所形成的性别差距，其产生既与社会经济地位的性别差距有关，亦与社会文化环境不无干系。职业、教育、收入等社会经济地位的性别差异是造成性别数字鸿沟的重要因素[①]，除此之外，性别角色社会化、性别歧视和刻板印象、机会不平等、信息技术的制度背景和男权文化氛围也是性别数字鸿沟的形成原因[②]。在这种社会文化氛围中，女性因低估了自身实际数字技能而缺乏自信，致使性别数字鸿沟产生。[③]

CNNIC 的历年报告显示，20 世纪末，网民性别结构呈现严重失衡的样态，近九成网民为男性。2007 年后，我国的网民性别结构已逐步趋于均衡，与同期全国人口性别结构基本相当，这说明目前我国在数字技术接入方面的性别差异逐渐消失（见图 3-3）。

① ONO H, ZAVODNY M. Digital inequality: A five country comparison using microdata[J]. Social Science Research, 2007(3): 1135–1155.

② 曲雯. 消除全球化背景下的性别"数字鸿沟"——读《e 时代的女性——中外比较研究》[J]. 妇女研究论丛, 2004（3）: 78–80.

③ Cooper J. The digital divide: The special case of gender[J]. Journal of Computer Assisted Learning, 2006(5): 320–334.

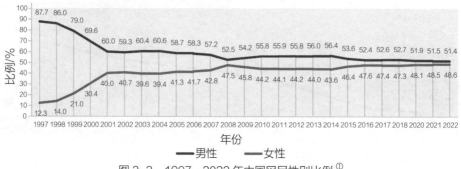

图 3-3 1997—2022 年中国网民性别比例[①]

数据来源：CNNIC。

经合组织（OECD）2018 年发布的《弥合数字性别鸿沟》报告指出，数字技术的普及为消弭数字性别鸿沟提供了新的机会，但技术上的解决方法并不能从根本上解决导致数字性别鸿沟的结构性问题，因此，需要制定促进女性充分参与和融入数字经济的相关政策，同时改变导致性别歧视的刻板印象与社会规范。[②]

### 2. 教育数字鸿沟逐步弥合

教育数字鸿沟指不同教育程度的群体在数字技术接入方面的差距。已有大量文献表明，教育程度是衡量数字技术经验和技能的最显著预测因子。[③] 互联网的接入需要一定的技术门槛，教育程度较高的人群能够更轻松地访问和使用互联网。[④]

在互联网进入我国的初期，高教育程度人群与低教育程度人群之间在互联网接入层面存在显著的鸿沟。2006 年之前，大专及以上学历的网民占比过半，其中又有一半以上网民为本科及以上学历，高中（中专）学历的网民占比不到 1/3。

2009 年开始，互联网用户在学历上呈现向下扩散的趋势，大量初中学历的

---

① 本图中数据均为当年上半年统计数据。

② Organisation for Economic Co-operation and Development. Bridging the digital gender divide: Include, upskill, innovate[R]. OECD, 2018.

③ 徐芳，马丽. 国外数字鸿沟研究综述 ［J］. 情报学报，2020（11）：1232-1244.

④ CHINN M D, FAIRLIE R W. The determinants of the global digital divide: A cross-country analysis of computer and Internet penetration[J]. Oxford Economic Papers, 2007(1): 16-44.

个体开始接触互联网，小学及以下学历网民的占比也逐步上升。2020年底，初中及以下学历网民占总体网民的近60%，已经成为中国网民的主要群体，教育鸿沟已经逐渐弥合（见图3-4）。

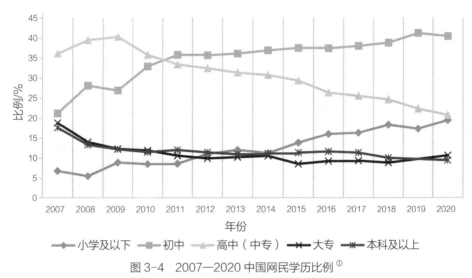

图3-4　2007—2020中国网民学历比例 [①]

数据来源：CNNIC。

### 3. 收入数字鸿沟趋于消弭

不同收入水平的群体在数字技术接入方面的差距即收入数字鸿沟。互联网的接入需要一定的成本。尤其是新数字技术进入市场的初期，昂贵的价格设置了一道无形的门槛，将经济水平较低的个体排除在外，收入更高的人群能够使用更先进的数字技术。[②] 随着我国互联网接入成本的降低和人均收入水平的提高，目前我国网民的收入鸿沟已经大大缩小，收入较低的群体也能接入互联网。

20世纪末，我国网民家庭月收入集中于501—2000元的区间，互联网对低收入群体的覆盖率较低。从2001年开始，互联网开始向月收入500元及以下的群体覆盖，这一群体的上网比例于2006年达到26.9%。

随着国民经济的发展，我国居民收入也日益提升。在这样的背景下，中高

---

① 2020年3月的数据未区分大专与本科及以上学历，大专及以上学历网民比例为19.5%。

② HSIEH J J, RAI A, KEIL M. Understanding digital inequality: Comparing continued use behavioral models of the socio-economically advantaged and disadvantaged[J]. MIS Quarterly, 2008(1): 97–126.

收入的网民占比也稳步提升。2001年，月收入1500元以上的群体仅占22.3%；至2011年，占比提升至52.1%。2010年，月收入3000元以上的群体仅占17.1%；2020年，这一比例提升至48.9%（见图3-5）。

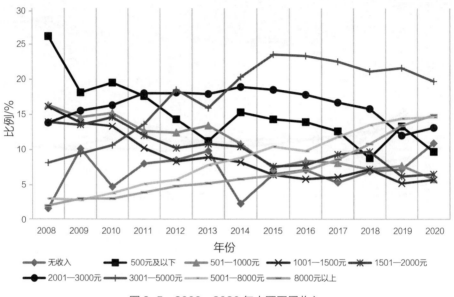

图3-5　2008—2020年中国网民收入

数据来源：CNNIC。

### 4. 年龄数字鸿沟趋于平缓

年龄数字鸿沟指不同年龄群体在数字技术接入方面的差距。老年人的数字接入是全世界面临的共同难题。布库尔（Bucur）等人指出，老年人倾向于不采纳更先进的数字技术工具，而这些工具在年轻人中得到广泛采纳。[①]

老年人和年轻人在数字技术接入水平上的差异与其成长环境密切相关。普伦斯基（Prensky）曾提出数字原住民（digital native）和数字移民（digital immigrant）的概念。[②]在我国，年轻人的成长历程与互联网的发展历程高度重

---

① BUCUR A, RENOLDIII C, HENKE M. How do older netcitizens compare with their younger counterparts[J]. Cyber Psychology & Behavior, 1999(6): 505–513.

② PRENSKY M. Digital natives, digital immigrants part 2: Do they really think differently?[J]. On the Horizon, 2001(6): 1–6.

合，这使得他们具备了数字原住民的条件，而中老年群体虽然也与互联网有接触，却需要面临从文本阅读到屏幕阅读的艰难转换[①]，这使得他们需要一定的时间来适应全新的网络化信息环境。

20 世纪末，21—30 岁的青年群体是网民的主力军。21 世纪以来，网民的年龄结构进一步呈现年轻化态势，18 岁以下的未成年网民所占比例迅速上升，30 岁以下的年轻群体占到总体网民的 2/3。在互联网的接入层面，中老年群体和年轻群体之间存在明显的数字鸿沟。

2009 年，互联网逐步向中年群体普及。30—39 岁人群占比由 10% 攀升至 20% 以上，40—49 岁人群占比也有上升趋势，但此时 50 岁以上的老年群体仍处于边缘地位，总占比不足 10%。

2017 年以来，50 岁以上的老年网民群体占比逐步提升，特别是从 2020 年开始，老年群体占比迅速上升。至 2022 年底，50—59 岁群体占比为 16.5%，高于 10—19 岁、20—29 岁群体；60 岁及以上群体也已占 14.3%。互联网逐步向老年群体渗透，年龄层面的数字鸿沟趋于平缓（见图 3-6）。

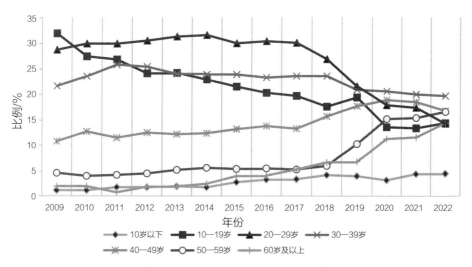

图 3-6　2009—2022 年中国网民年龄

数据来源：CNNIC。

① 曹培杰，余胜泉. 数字原住民的提出、研究现状及未来发展［J］. 电化教育研究，2012（4）：21−27.

### 5. 城乡数字鸿沟依然显著

城乡数字鸿沟是指城市与农村居民在数字技术接入方面的差距。城乡发展不均衡是当代中国面临的结构性难题。由于地理条件的限制、城乡二元体制的长期实行、经济发展水平的落后，以及农民受教育水平、生活习惯等诸多因素的影响，农村在信息基础设施和公共服务信息化水平等方面与城市都存在巨大差距。[①] 罗廷锦和茶洪旺指出，区域间的数字鸿沟不仅拉大贫富差距，还影响人们的财富创造能力，导致越是贫困的地区，数字鸿沟越大，区域间数字鸿沟越大的地区，贫困程度越高，形成数字鸿沟与贫困的恶性循环。[②] 打通农村信息技术"最后一公里"，提高农民的信息化水平，关乎乡村振兴的成效与数字中国的建设成果。

我国网民的城乡结构基本维持在 7∶3 的比例。近 10 多年来，互联网逐渐向农村覆盖，农村网民规模的增长十分迅速。2007 年，农村网民规模年增长率达到 127.7%，占到当年新增网民的四成。2012 年上半年，农村的新增网民占比首次超越城市，占总体新增网民的 51.8%，创造历史新高。

在互联网普及率上，城乡差异虽然呈现逐渐缩小的趋势，但依然存在进一步优化的空间。2007 年，城市互联网普及率为 21.6%，农村为 5.1%，后者仅为前者的 1/4 不到。10 年后的 2017 年，城市互联网普及率为 69.4%，农村为 35.4%，已达到前者的近一半。2019 年下半年开始，农村互联网普及率迎来快速提升，至 2022 年 12 月，已达到 61.9%，同期城市的普及率为 83.1%，城乡互联网普及率仍然存在不小的差距（见图 3-7）。

2019 年，中共中央办公厅、国务院办公厅印发《数字乡村发展战略纲要》，提出战略目标："到 2025 年，数字乡村建设取得重要进展"，"城乡'数字鸿沟'明显缩小"；"到 2035 年，数字乡村建设取得长足进展，城乡'数字鸿沟'大幅缩小，农民数字化素养显著提升"；"到本世纪中叶，全面建成数字乡村"。[③] 弥合城乡间的数字鸿沟任重而道远。

---

① 李健，邬晓鸥. 我国城乡数字鸿沟研究进展及思考 [J] 人民论坛·学术前沿，2017（17）：70-73.

② 罗廷锦，茶洪旺. "数字鸿沟"与反贫困研究——基于全国 31 个省份面板数据的实证分析 [J] 经济问题探索，2018（2）：11-18，74.

③ 中共中央办公厅 国务院办公厅印发《数字乡村发展战略纲要》[EB/OL]（2019-05-16）[2022-04-16] http://www.gov.cn/gongbao/content/2019/content_5395476.htm.

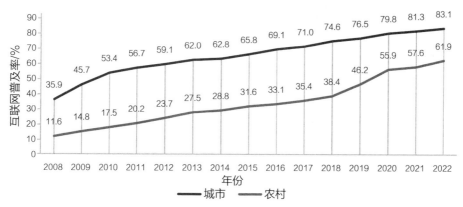

图 3-7　2008—2022 年中国城乡互联网普及率

数据来源：CNNIC。

## （三）技术接入发展迅猛

### 1. 接入方式历经迭代

近 25 年来，我国网民互联网的接入方式大致经历了三轮迭代。

1997—2001 年，我国网民主要通过专线或拨号的方式接入互联网，使用专线和拨号的网民数量约为 1∶3。2002 年开始，专线及拨号上网的用户数量均大幅增长，2004 年末分别达到 3050 万人和 5240 万人的顶峰，分别占网民总体的32.4％ 和 55.7％。此后，使用这两种接入方式的用户群体逐渐缩小，这两种接入方式被新的接入方式取代。

2002 年，通过 ISDN 和宽带接入互联网的方式被纳入调查范围，宽带上网因其网速快的优点迅速受到网民的欢迎。2002 年上半年，宽带上网用户数量仅为 200 万，短短 3 年后，用户数就已达到 5300 万，超过同期拨号上网 4950 万的用户数。2007 年上半年，宽带上网用户数首次破亿，达到 1.22 亿。2011 年上半年，家庭电脑宽带上网网民规模达到 3.90 亿人，占家庭电脑上网网民的98.8％，宽带上网已成为家庭电脑主要的接入方式。

2006 年，接入设备的革新进一步丰富了我国网民的互联网接入方式，手机上网首次被纳入调查报告。2008 年 12 月 31 日，国务院通过 3G 牌照发放工作启动决议，至 2012 年底，3G 手机用户数达 2.32 亿。2014 年，4G 商用进程全面启动，至 2016 年，手机网民中通过 3G/4G 上网的比例为 91.70%。2019 年，我国迈入 5G 元年。截至 2022 年 12 月，5G 手机用户达 5.61 亿户，占手机用户的 33.3%。

### 2. 接入设备转向移动

近 10 多年来，我国网民的互联网接入设备经历了由传统 PC（包括台式机和笔记本电脑）到手机的转变，并在近几年发展出平板电脑、电视等新的终端。

2007 年上半年，使用台式机、笔记本电脑和手机上网的网民比例分别为 96.0%、21.1%、27.3%，台式机在接入设备中占主流地位。此后，使用台式机的网民比例逐年下降，台式机被更为便携的电子设备所取代。至 2011 年，使用笔记本电脑上网的网民比例达到 46.8% 的最高点，同期台式机和手机的使用比例分别为 73.4% 和 69.3%。

此后，笔记本电脑的使用比例也逐年下降，手机逐渐取代传统 PC 成为网民上网的首要选择。2014 年上半年，通过手机上网的比例（83.4%）首次超过传统 PC 上网比例（80.9%），手机正式成为第一大上网终端设备。至 2022 年 12 月，网民使用手机上网的比例已达 99.8%（见图 3-8）。

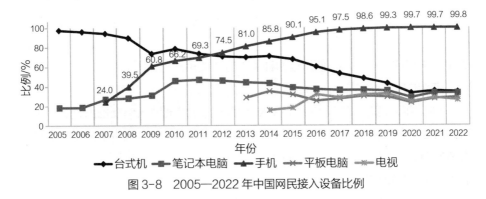

图 3-8　2005—2022 年中国网民接入设备比例

数据来源：CNNIC。

移动设备的出现为弥合数字鸿沟提供了可能。在农村，移动互联网的普及率比传统互联网更高，"千元智能机"的出现使得城乡之间的数字鸿沟呈现缩小的趋势。[①]一方面,移动设备的便携性使其能够适应多样化的使用场景,丰富了互联网接入的途径;另一方面,移动设备价格相对低廉,对经济水平较低的用户更为友好。但与此同时,移动设备特别是智能手机的操作门槛对教育水平较低、年龄较大的用户也提出了一定的挑战。

### 3. 接入地点:普及入户

我国网民的上网地点主要包括家中、单位、网吧、学校和公共场所,近25年以来的数据呈现出互联网向家庭与公共场所覆盖的趋势。

随着计算机在我国家庭中逐渐普及,网民在家中上网的比例持续攀升。1997年,这一比例仅有25.3%,到了2011年,已有超九成的网民在家中上网。网民在网吧上网的比例则大致经历了先升后降的趋势,网吧于2007—2009年成为网民的第二大上网地点,并于2008年达到42.4%的最高点,随后逐渐下降。

网民在单位和学校上网的比例变化与网吧的比例变化此消彼长。在网吧兴盛的年份中,网民在单位、学校上网的比例显著下降,之后又恢复了正常水平。1997年,网民在单位上网的比例为46.7%,但到了2008年,这一比例降至23.0%,此后又回升并稳定在了30%—40%。从2001年开始,网民在学校上网的比例维持在20%上下,在2008年降至11.3%,之后逐渐回升。

值得注意的是,在普及入户的同时,互联网对公共场所的覆盖也是近10多年中国互联网发展的一大趋势。2006年,仅有0.5%的网民在公共场所上网。2018年,这一比例已升至23.20%(见图3-9)。

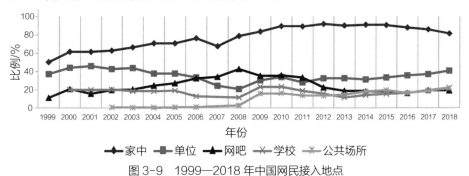

图3-9 1999—2018年中国网民接入地点

数据来源:CNNIC。

---

① 汤景泰,李兴丽. 消失的地域与碎片化族群的兴起——移动互联网中广州与连南瑶族自治县的 "数字鸿沟" 调查 [J]. 西南民族大学学报(人文社会科学版),2014(1):170-174.

### 4. 接入带宽大幅提升

2013 年，国务院发布《"宽带中国"战略及实施方案》，规划了具体的技术路线图与发展时间表，要求推进区域宽带网络协调发展，加快宽带网络优化升级，提高宽带网络应用水平，促进宽带网络产业链不断完善，增强宽带网络安全保障能力。[①] 在这一政策的推动下，2013 年以来，我国宽带建设实现跨越式发展，光纤宽带普及率大幅提高，高速宽带接入比例不断上升。

2013 年底，我国光纤用户为 4082 万户，占互联网宽带接入用户的 21.6%。此后，光纤宽带用户迅速增长，2015 年底达到 1.2 亿户，占互联网宽带接入用户的 57.1%。2018 年后，光纤宽带的占有率已在 90% 以上（见图 3-10）。截至 2022 年 6 月，已有 5.34 亿户用户使用光纤宽带，占有率达 94.9%。

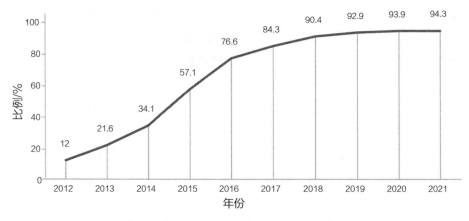

图 3-10  2012—2021 年中国光纤宽带用户占比

数据来源：CNNIC。

近年来，我国网民接入带宽提升迅猛。2013 年，仅有 22.6% 的网民接入 8M 以上宽带，4.5% 的网民接入 20M 以上宽带。2015 年开始，8M 以上宽带的接入比例迅速提升，于 2016 年超过 90%。随着我国宽带建设的发展，百兆宽带目前已基本实现全面覆盖，更有部分网民开始尝鲜千兆宽带。100M 以上宽带的

---

① 国务院办公厅. 国务院关于印发"宽带中国"战略及实施方案的通知［EB/OL］（2013-08-17）
［2022-04-16］. http://www.gov.cn/zwgk/2013-08/17/content_2468348.htm.

接入比例从 2016 年的 25.1%，迅速攀升至 2019 年底的 85.4%，据 2022 年 12 月的最新统计数据，已有 93.9% 的网民接入百兆宽带，千兆宽带的接入用户数也从 2020 年 12 月的 640 万户增长至 9175 万户，占总用户数的 15.6%，已经初具规模（见图 3-11）。

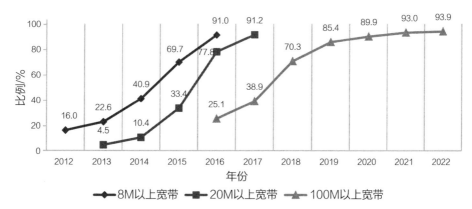

图 3-11　2012—2022 年中国网民 8M 以上 /20M 以上 /100M 以上宽带接入比例

数据来源：CNNIC。

## 二、日益凸显的使用沟

随着互联网接入和数字设备的普及，仅仅考察个体互联网的接入已经不能精确描绘数字不平等的全貌，数字鸿沟的话语出现"超越接入"（beyond access）的转向[1]，研究焦点从接入的不平等转向互联网使用的差异。[2]

①　SARKAR U, KARTER A J, LIU J Y, et al. Social disparities in Internet patient portal use in diabetes: evidence that the digital divide extends beyond access[J]. Journal of the American Medical Informatics Association, 2011(3): 318−321.

②　DIMAGGIO P, HARGITTAI E, CELESTE C, et al. Digital inequality: From unequal access to differentiated use[M]// Social Inequality. New York: Russell Sage Foundation, 2004: 355−400.

## （一）技能鸿沟有待弥合

　　莫斯伯格（Mossberger）等人将操作设备的技能差异分为数字技能和信息素养两个方面，前者指"操作硬件和软件所需的技能，如打字、使用鼠标和指示计算机以某种方式输入记录等"，后者指"识别信息何时可以解决问题或满足需求的能力，以及有效利用信息资源的能力"。[①] 本书将这种数字技能与信息素养在不同网民群体间的差异称为技能鸿沟。

　　在互联网不断向欠发达地区覆盖、数字设备价格门槛不断降低的今天，"当地无法连接互联网"、"没有电脑等上网设备"等硬件问题已经不再是人们上网的最大障碍。非网民不上网的原因中，有很大一部分是自身数字技能与文化水平的限制（见图 3-12）。2022 年 12 月的调查数据显示，有 58.2% 的非网民因为不懂电脑／网络而未能上网，还有 26.7% 的非网民则是由于不懂拼音等文化水平限制。

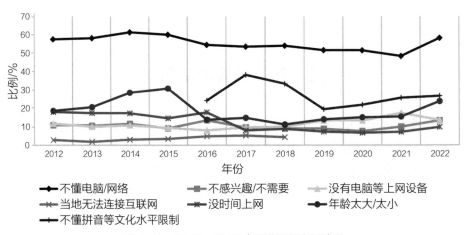

图 3-12　2012—2022 中国非网民上网障碍

*数据来源：CNNIC。*

---

① MOSSBERGER K, TOLBERT C J, STANSBURY M. Virtual Inequality: Beyond the Digital Divide[M]. Washington: Georgetown University Press, 2003.

老年网民群体与其他群体之间的技能鸿沟十分明显。CNNIC 2021 年底的调查数据显示，对于不会使用的智能设备或 App，55.7% 的老年网民选择"请家人或朋友帮忙使用"，21.1% 的老年网民选择"放弃使用"，仅有 20.0% 的老年网民选择"根据系统提示，自己学习使用"，体现出老年网民对外界帮助具有较大依赖性。林枫等人基于中国家庭亲子两代人微信使用的研究发现，在微信中发语音、视频聊天、转账、付款、购物、定位等功能的使用上，亲代的使用率显著低于子代。[①]

老年人与其他年龄群体间技能鸿沟的形成因素可以总结为两个方面。在个体层面，老年人自身面临着生理机能和认知能力的衰退[②]，对新媒介可能持抗拒态度[③]，难以在短时间内适应数字生活。而在社会层面，市场在开发新技术产品时忽视老年群体的需求，对老年人如何进行"数字融入"缺乏系统科学的引导，互联网应用开发理念与数字包容应用场景未能充分考虑老年人的需求[④]，这些客观原因也致使老年人数字技能与信息素养相对低下。

除了老年人与其他年龄群体之间的技能鸿沟之外，在老年人群体内部，也存在着一道老年技能鸿沟，社会经济地位是其重要影响因子。卡彭特（Carpenter）和布戴（Buday）的研究显示，年龄更小、受教育程度更高、功能障碍更少、社会资源更多的老年人更有可能使用计算机。[⑤]克雷西（Cresci）等人则发现，相比于享受 IT 技术与互联网的老年人（pro-nets），对互联网不感兴趣的老年人（no-nets）表现出年龄更大、受教育程度与收入水平更低、已退休、健康状况不佳、活跃程度较低等特征。[⑥]

① 林枫，周裕琼，李博. 同一个家庭不同的微信：大学生 VS 父母的数字代沟研究［J］. 新闻大学，2017（3）：99-106，151.

② 潘曙雅，邱月玲. "银色数字鸿沟"的形成及弥合——基于 2001—2019 年的文献梳理和理论透视［J］. 新闻春秋，2021（1）：27-33.

③ GILLY M C, ZEITHAML V A. The elderly consumer and adoption of technologies[J]. Journal of Consumer Research, 1985(3): 353-357.

④ 杜鹏，韩文婷. 互联网与老年生活：挑战与机遇［J］. 人口研究，2021（3）：3-16.

⑤ CARPENTER B D, BUDAY S. Computer use among older adults in a naturally occurring retirement community[J]. Computers in Human Behavior, 2007(6): 3012-3024.

⑥ CRESCI M K, YARANDI H N, MORRELL R W. Pro-nets versus no-nets: Differences in urban older adults' predilections for Internet use[J]. Educational Gerontology, 2010(6): 500-520.

弗里斯（Freese）等人指出，认知能力与社会支持正相关，有认知能力优势的老年人更有可能获得网络工具的潜在好处。[①]这提示我们，不论是针对在整体网民中处于相对弱势的老年群体，还是针对老年群体中社会经济地位较低的弱势老年人，都需要给予其足够的社会支持，以帮助提升他们的认知能力与数字技能，从而弥合技能鸿沟。加托（Gatto）和塔克（Tak）将老年人使用计算机的感知益处归纳为连接感、满意度、效用性和积极的学习经验，将感知障碍归纳为挫折感、身体或精神限制、不信任和时间问题。[②]因此，对数字技能弱势群体的社会支持可以从提升感知益处、消除感知障碍两方面共同着手，而这不仅需要弱势群体发挥其主观能动性，亦需要政策和市场的协力关怀。

## （二）模态鸿沟日渐扩大

利文斯通和赫尔斯珀认为，互联网的使用具有连续性，不能简单对网民和非网民进行二元划分，因为有些用户虽然能被归类为网民，但可能还没有完全获得使用互联网带来的收益。[③]过往研究发现，社会经济地位较高的群体更多使用互联网获取信息，而地位较低的群体更多使用互联网进行娱乐。例如，范·德森（Van Deursen）等人在2010—2013年对荷兰人口进行的调查显示，男性、较年轻、受教育程度较高、收入水平较高的群体会更多地进行增加个人资本的相关活动（如浏览时事新闻、寻找财务信息、进行自我提升等），而社交互动和游戏类活动则受到受教育程度和收入水平较低群体的欢迎。[④]美国学者切奇和瑞恩斯的研究发现，种族、年龄、收入与受教育程度均能预测人们对智能手机的使用差异，白人、年轻且高收入的用户更多使用智能手机获取新闻或信息，而年龄较大、

① FREESE J, RIVAS S, HARGITTAI E. Cognitive ability and Internet use among older adults[J]. Poetics, 2006(4-5): 236-249.

② GATTO S L, TAK S H. Computer, Internet, and e-mail use among older adults: Benefits and barriers[J]. Educational Gerontology, 2008(9): 800-811.

③ LIVINGSTONE S, HELSPER E. Gradations in digital inclusion: Children, young people and the digital divide[J]. New Media & Society, 2007(4): 671-696.

④ VAN DEURSEN A J A M, VAN DIJK J A G M, KLOOSTER P M. Increasing inequalities in what we do online: A longitudinal cross sectional analysis of Internet activities among the Dutch population (2010 to 2013) over gender, age, education, and income[J]. Telematics and Informatics, 2015(2): 259-272.

收入较低的用户则较少进行获取新闻及信息的活动。[①]

尽管"信息—娱乐"的使用沟有助于我们理解继接入沟之后的第二道数字鸿沟，但这一新的二元划分无疑是对复杂网络使用行为的一种过度简化。人们在真实世界中的网络活动往往既有信息，也有娱乐，远非"信息—娱乐"使用沟所描述的那种非此即彼的状态。基于此，韦路等提出多模态网络使用（multimodal Internet use）的概念，关注网络活动的范围和网络使用的广度，避免将复杂多样的网络使用行为简化成若干特定活动，因而能够更加真实地体现人们网络使用的现状和差异。[②]研究发现，人们网络活动的模态数量可以决定其活动的性质或者类型。个体使用网络的模态数量越多，其网络使用的层次就越高，有利于提升各种资本的活动就越多。更重要的是，不同社会经济地位的群体在网络使用模态方面存在显著差异。例如，美国数据显示，年龄较大、收入较低、受教育程度较低的网民使用网络的模态数量非常有限，网络活动的层级也非常基础。[③]中国调查表明，家庭经济地位较高、月均花费较多的学生，往往会从事更为丰富、高端的网络活动，对网络的利用也更加全面。[④]

本书将网民在多模态网络使用上的差异定义为模态鸿沟。25 年中国互联网发展调查数据显示，中国网民之间的模态鸿沟不容忽视（见图 3-13）。

首先，中国网民的互联网使用模态呈现出从单一到多元的发展趋势。在互联网进入我国的初期，网民上网的日常应用集中于信息获取类与交流沟通类，且应用种类较为单一。收发邮件、搜索引擎、获取信息和上传 / 下载文件是网民最常使用的应用。2004 年开始，网民日常应用的模态种类逐渐丰富，原先的信息获取类与交流沟通类应用类型得以扩展，网络娱乐类、商务交易类和公共服务类应用也逐步走进人们的日常生活。

信息获取类应用中，浏览新闻日渐在网民群体中流行，其使用率至今一直

---

① TSETSI E, RAINS S A. Smartphone Internet access and use: Extending the digital divide and usage gap[J]. Mobile Media & Communication, 2017(3): 239-255.

② 韦路，余璐，方莉琳. "网络一代"的数字不均：大学生多模态网络使用、政治知识和社会参与 [J]. 中国地质大学学报（社会科学版），2011（5）：90-96.

③ WEI L. Number matters: The multimodality of Internet use as an indicator of the digital inequalities[J]. Journal of Computer-Mediated Communication, 2012(3): 303-318.

④ 韦路，余璐，方莉琳. "网络一代"的数字不均：大学生多模态网络使用、政治知识和社会参与 [J]. 中国地质大学学报（社会科学版），2011（5）：90-96.

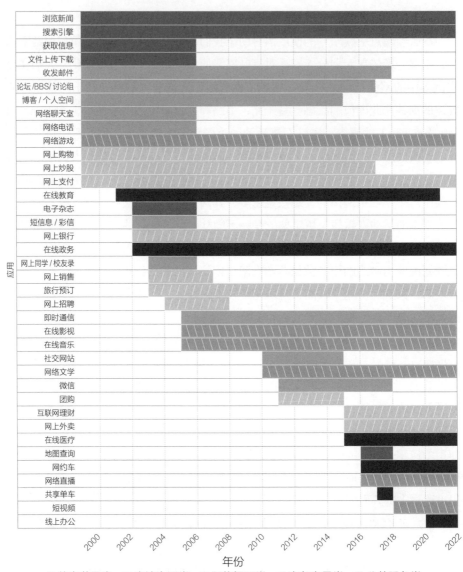

图 3-13　2000—2022 年中国网民常用应用统计 [①]

数据来源：CNNIC。

---

[①] 部分应用在不同年份报告中表述略有差异，已进行合并（如"电子政务"与"在线政务"、"网上教育"与"在线教育"等）。

维持在七至八成。搜索引擎的使用率也稳步提升，从五六成稳定增长至七八成。交流沟通类应用中，即时通信于 2005 年开始风靡，至 2022 年 12 月使用率达 97.2%，已经成为网民日常生活中不可或缺的应用。网络论坛、博客、微博等社交网站先后获得网民的青睐。

使用互联网满足娱乐需求开始成为网民的选择，网络影视、网络音乐、网络游戏、网络文学等都是网民常用的娱乐类型。随着互联网技术的发展，网络直播和短视频分别于 2016 年和 2018 年被纳入统计，进一步丰富了网民在线娱乐的选择。到 2022 年 12 月，已有 94.8% 的网民使用过短视频，70.3% 的网民使用过网络直播。

商务交易类应用的种类增加与使用率提升明显。从 2005 年开始，网上购物、网上银行的使用率稳步提升。至 2022 年 12 月，已有 79.2% 的网民使用过网上购物，有 85.4% 的网民使用过网上支付。2013 年以来，有越来越多的网民使用旅行预订应用，其使用率于 2019 年达到 48.9% 的顶峰。2015 年后，网络外卖等新兴应用开始受到网民的欢迎。

公共服务类应用于 2015 年前后逐步兴起。2016 年 6 月，在线政务服务的网民使用率仅为 24.8%。至 2022 年 12 月，已有 86.7% 的网民使用过此项服务。在线教育使用率在 2015 年为 16.0%，2020 年 3 月提升至 46.8%。至 2022 年底，网约车、在线医疗的使用率分别达到 40.9% 与 34.0%。

其次，不同年龄群体之间的模态鸿沟已然显露。CNNIC 2021 年底的数据显示，老年人的网络使用模态数量远低于年轻人。许多在年轻人看来稀松平常的应用，对老年人来说却是挑战。例如，在出示健康码 / 行程码成为生活必备技能的时期，大多中青年都能畅行无阻，但仍有超过 30% 的老年人无法独立完成此项活动。近年来新兴的网约车、网络订票、网络挂号、网上银行等服务为人们的日常生活带来极大的便利，但这些服务却令老年网民望而却步，仅有三成左右的老年网民能独立完成，低于网民总体水平。范·德森和赫尔斯珀在研究中发现：与 65—74 岁的老年人相比，75 岁及以上的老年人使用互联网的模态多样性更少；受过高等教育的老年网民比其他老年网民使用互联网的模态更多。[①]数字鸿沟的

---

① VAN DEURSEN A J A M, HELSPER E J. A nuanced understanding of Internet use and non-use among the elderly[J]. European Journal of Communication, 2015(2): 171-187.

形成根植于社会结构的差异，亦会催生新的不平等。[①]在网络使用模态日益丰富的趋势之下，新兴应用给弱势群体带来的是便利还是挑战，不同群体如何弥合数字时代的模态鸿沟，还需更加深入系统的探究。

# 三、悄悄涌现的驯化沟

## （一）智连鸿沟初现端倪

并非所有用户都能批判、理性地连接数字技术。席尔德（Scheerder）等人发现，教育程度较高的成员采用"勤奋地休闲"（studious leisure）的立场与习惯，并会有意识地探索互联网提供的可能性和好处。他们对互联网的挪用可被概括为主动、反思和批判。教育程度较低的成员则选择"随大流"（keeping up with the crowd）。这些差异在驯化的早期阶段就已形成，并在驯化的后续阶段中得到强化。[②]

不同群体在使用数字技术的过程中也存在自我保护意识、能力与策略上的鸿沟。在享受平台带来便利的同时，仅有部分个体能够反思平台采集个人隐私数据存在的隐患。布兰德扎克（Brandtzæg）等人在对不同年龄段 Facebook 用户的研究中发现，年轻用户能够在无人帮助的情况下熟练完成隐私设置任务，而老年用户此前并不知道隐私设置，也无法完成任务。[③]这表明在面临平台可能存在的隐私风险时，人们的自我保护意识与能力存在显著代沟。无独有偶，卡拉哈萨诺维奇（Karahasanović）等人的研究发现，当在 Flickr 等社交平台上分享照片时，年轻人选择使用平台所提供的隐私管理工具保护隐私，中老年人则依靠更传统也

---

① 刘淼，喻国明. 中国面临的第二道数字鸿沟：影响因素研究——基于社会资本视角的实证分析［J］现代传播（中国传媒大学学报），2020（12）：1-8.

② SCHEERDER A J, VAN DEURSEN A J, VAN DIJK J A. Internet use in the home: Digital inequality from a domestication perspective[J]. New Media & Society, 2019(10): 2099-2118.

③ BRANDTZÆG P B, LÜDERS M, SKJETNE J H. Too many Facebook 'friends'? Content sharing and sociability versus the need for privacy in social network sites[J]. International Journal of Human Computer Interaction, 2010(11-12): 1006-1030.

更彻底的方式，直接选择了放弃在社交平台上发布照片。[1] 年轻人能够更轻松地理解社交平台的功能结构，通过个性化地修改平台隐私设置来实现智慧连接；中老年人则难以适应这些平台，通常被动地接受平台的规则，任其摆布，或干脆被迫停止对该平台的使用。于是，一条不同年龄群体之间的智连鸿沟逐渐浮现。

梅登（Madden）等人的研究发现，边缘化群体更易受到网络隐私攻击[2]，这些群体的网络安全保护意识与能力也相对较弱。根据 CNNIC 发布的第 49 次《中国互联网络发展状况统计报告》，截至 2021 年 12 月，仍有 38% 的网民在过去半年中遭遇过网络安全问题，其中遭遇个人信息泄露的网民比例最高，达22.1%。未成年人是网民中网络安全体验较好、维权意识较高的群体，其遭遇网络安全问题的比例为 27.2%，低于整体网民 10 余个百分点。未成年网民对于网络权益维护的认知比例高达 74.1%，远高于老年人群体。

当人类社会进入智能媒体时代，人们与数字技术的连接需要变得更加智慧。算法推荐已经成为智能媒体的主要分发方式。有国外学者指出，Twitter、Facebook、YouTube、Instagram 等数字平台已经成为全球性的公共领域，它们对于注意力的社会分配拥有近乎垄断的权力，而平台上的公共辩论与知识传播都取决于社交平台中推荐算法的隐秘中介。[3] 对数字不平等的传统理解已经不足以解释与解决数据革命中不平等现象的原因、形式和后果[4]，数据不平等（data inequality）成为数字鸿沟的新维度[5]。推荐算法在受到众多平台青睐的同时，其诸多负面效应如信息茧房、算法歧视、算法偏见、数据安全、隐私侵犯等逐渐浮现。在智能算法开始深刻嵌入人们的日常生活之际，并非所有人都明白什么是智能算法，智能算法背后是什么样的运作机制，以及应该如何自主地"玩转"智能算法。

算法的不透明性致使"算法黑箱"（algorithm black box）得以产生，用户

①　KARAHASANOVIC A, BRANDTZÆG P B, VANATTENHOVEN J, et al. Ensuring trust, privacy, and etiquette in web 2.0 applications[J]. Computer, 2009(6): 42-49.

②　MADDEN M, GILMAN M, LEVY K, et al. Privacy, poverty, and big data: A matrix of vulnerabilities for poor Americans[J]. Washington University Law Review, 2017(1): 53.

③　BURRELL J, MARION F. The Society of Algorithms[J]. Annual Review of Sociology, 2021(1): 213-237.

④　CINNAMON J. Data inequalities and why they matter for development[J]. Information Technology for Development, 2020(2): 214-233.

⑤　LYTHREATIS S, SINGH S K, EL-KASSAR A-N. The digital divide: A review and future research agenda[J]. Technological Forecasting and Social Change, 2022(175): 121359.

仅能根据其输入、输出进行分析①，却对"算法黑箱"内的运作机制知之甚少。信息的不公开与不对称可能滋生新的自动化不平等（automating inequality）②，算法意识的个体差异便是这种不平等的表征之一。格兰（Gran）等人将算法意识（algorithm awareness）定义为"了解算法对平台、服务和搜索引擎的功能和影响，并能够有意识地（尽可能）批判性地与它们进行互动"。他们在挪威调查发现，仅有13%的受访者有较高或非常高的算法意识水平，且算法意识水平存在明显的人口统计学差异，年龄较大、受教育程度较低及女性用户的算法意识水平更低。③黄忻渊针对今日头条、腾讯新闻等算法推荐信息平台资讯使用者的调查显示，虽然有67%的受访者认为自己能感知到平台存在个性化推荐算法，但只有30%的受访者认为自己非常了解其运行机制，教育背景和媒介素养较好的受访者对于算法的认知更为充分全面。④

当感知到智能算法的存在后，用户并非完全被动地接受算法，而是发挥其主观能动性去驯化算法。⑤面对"算法黑箱"，用户会依据自身的使用体验，试图诠释算法的内在规则与运行机制。布赫（Bucher）将这种诠释行为概念化为算法想象（algorithmic imaginary），即"一种思考算法是什么、应该是什么、如何运作，以及这些想象反之如何成为可能的方式"。⑥通过构建算法想象，用户能够有针对性地采取"隔绝算法产品、重组算法规则、反向控制算法、重塑算法身份"⑦等多元化的算法驯化策略。针对 Facebook 的过滤性信息流推送（News Feeds）

① PASQUALE F. The Black Box Society: The Secret Algorithms That Control Money and Information[M]. London: Harvard University Press, 2015: 3.

② EUBANKS V. Automating inequality: How High-tech Tools Profile, Police, and Punish the Poor[M]. NewYork: St. Martin's Press, 2018: 39.

③ GRAN A, BOOTH P, BUCHER T. To be or not to be algorithm aware: a question of a new digital divide?[J]. Information, Communication & Society, 2021(12): 1779-1796.

④ 黄忻渊. 用户对于算法新闻的认知与态度研究——基于 1075 名算法推荐资讯平台使用者的实证调查［J］. 编辑之友，2019（6）：63-68.

⑤ 师文，陈昌凤. 驯化、人机传播与算法善用：2019 年智能媒体研究［J］. 新闻界，2020（1）：19-24，45.

⑥ BUCHER T. The algorithmic imaginary: exploring the ordinary affects of Facebook algorithms[J]. Information, Communication & Society, 2017(1): 30-44.

⑦ 洪杰文，陈嵘伟. 意识激发与规则想象：用户抵抗算法的战术依归和实践路径［J］. 新闻与传播研究，2022（8）：38-56，126-127.

算法，部分用户认为与朋友互动的情况会影响推送朋友动态的数量。基于这样的算法想象，他们反向操纵算法来达成优化首页推送内容的目标，如故意不与某些朋友互动以降低看到他们动态的频率。也有用户相信评论和点赞较多的动态会被推送到更多人的账号上，因此他们会评论并点赞自己的动态以提高可见性，让更多的朋友看到自己的动态。还有部分用户直接试图跳过算法，如避免使用"头条新闻"（topstory）方式浏览经过筛选的动态，转而通过"最新消息"（most recent）查看未经过滤的动态，或是直接访问好友主页以免遗漏其动态。也有对过滤算法感到失望的用户逐渐降低了 Facebook 的使用频率，甚至停止使用。[1]

虽然目前对于用户如何理解与改造算法已有一些研究，却鲜有研究关注用户驯化算法实践中的群体差异。已有研究证实，社会经济地位较高的群体具备更多的算法知识，这种算法知识沟（algorithmic knowledge gap）是数字不平等的新维度，也是智连鸿沟的重要体现。[2]

## （二）断连鸿沟逐渐显现

关于个体如何更加克制地使用数字技术，不同群体也存在差异。在数字化社会的语境下，数字不平等正在从稀缺的不平等转变为过剩的不平等[3]，不同用户群体在断连实践上的差异已经悄然显现。2016 年 12 月，腾讯研究院举办了一场大型社交斋戒社会实验，报名参与实验的 85 位志愿者年龄高度集中于 20—29 岁这一区间（80%），40 岁及以上的被试仅占 2.4%，被试的最大年龄为 44 岁。[4] 中老年群体在社交斋戒实践中的缺席在一定程度上体现了不同年龄群体断连意识与意愿的差异。全球网络指数（global web index，GWI）公司 2018 年对英美

① MOTAHHARE E, et al. I always assumed that I wasn't really that close to [her]: Reasoning about invisible algorithms in the news feed[R]. Proceedings of the 33rd Annual ACM Conference on Human Factors in Computing Systems. New York: Association for Computing Machinery, 2015: 153-162.

② KELLEY C, REISDORF B C. Algorithmic knowledge gaps: A new horizon of (digital) inequality[J]. International Journal of Communication, 2020(14): 745-765.

③ MORITZ B, FESTIC N, LATZER M. Digital overuse and subjective well-being in a digitized society[J]. Social Media+ Society, 2019(4): 1-12.

④ S-Tech. SNF 倒计时·3 | 我们是如何完成这场名叫"斋戒"的牛掰实验的?［EB/OL］.（2017-06-28）［2022-05-01］. https://mp.weixin.qq.com/s/u6QoM-B8oOqWkptzUVyanw.

两国的调查数据显示，参与数字排毒实践的多为年龄较小、社会经济地位较高、受教育程度较高的用户[①]，也初步证实了断连鸿沟的存在。对断连鸿沟为何存在的一种解释是，只有部分用户承担得起断连的后果。一项美国的研究指出，一些非用户（non-user）是精英群体，因为他们可以在断连时将在线任务委托给他人。[②]中产阶级还将数字排毒行为视为一种阶级的象征。[③]

　　在 CNNIC 的上网时长数据中，我们可以找到一些数字排毒的蛛丝马迹。2020 年 3 月，我国网民人均每周上网时长创造新高，达到 30.8 小时，这意味着网民平均每天花 4.4 个小时沉浸于网络世界。在此之前的 20 年中，网民上网时长始终维持增长的态势。但从 2020 年 6 月开始，网民上网时长不再增长，甚至出现减少的趋势。2020 年 12 月的统计数据中，网民每周上网时长减至 26.2 小时，与 2015 年 12 月的时长相当。此后，数据虽然在 2021—2022 年有所回升，但都未曾超过 30 小时，2022 年 12 月的最新统计数据为 26.7 小时，再次回到低点（见图 3-14 ）。这或许说明，网民已经开始有意识地控制自己的上网时长，以重新掌控对技术的主导权。

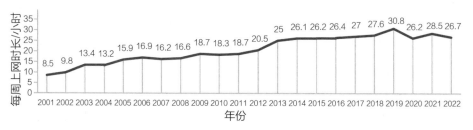

图 3-14　2001—2022 年中国网民每周上网时长

数据来源：CNNIC。

　　随着人类社会迈进"加速社会"阶段[④]，越来越多的年轻网民通过社交斋戒应

① PAISLEY E W. 1 in 5 consumers are taking a digital detox[EB/OL]. (2018-09-05)[2022-05-02].https://blog.gwi.com/chart-of-the-week/1-in-5-consumers-are-taking-a-digital-detox/.

② BRENNEN B. Opting out of Digital Media[M]. London: Routledge, 2019: 12.

③ BOWLES N. Human contact is now a luxury good[EB/OL]. (2019-03-23)[2023-05-06]. https:// www.nytimes.com/2019/03/23/sunday-review/humancontact-luxury-screens.html.

④ HARTMUT R. Social Acceleration: A New Theory of Modernity[M]. New York: Columbia University Press, 2013: 51.

对自己面临的各种挑战。在 POPC 的环境之下，"个体遵循着'在线警觉'与'在线期待'的游戏规则，践行随时待命、即时回复的完美要求，否则就会受到错过信息或人际排斥的惩罚"。[①] 为了摆脱完全可及（omni-accessibility）的困境[②]，一方面，个体通过在社交媒体上延迟或拒绝回复寻求自己对时间的掌控，另一方面，个体在转向离线之后不断增加在单位时间内能够完成的任务，以应对不断加剧的竞争。[③] 然而，对于刚刚学会使用智能手机的老年群体与社会经济地位较低的数字弱势群体来说，是否有足够的数字素养形成与数字技术的理性互动，从而掌控自己的在线和离线人生，仍需要更多研究予以探索。

# 四、研究结论

通过对 CNNIC 过去 25 年报告数据的整合分析，我们总结出我国数字鸿沟在接入沟、使用沟和驯化沟三个层面的发展趋势。

在接入层面，随着我国网民规模的迅速扩大和互联网普及率的大幅提升，除城乡之间的数字鸿沟依然显著之外，性别、年龄、教育、收入等方面的数字鸿沟日渐弥合。在技术接入上，我国网民互联网的接入方式历经专线/拨号、宽带和手机上网的三轮迭代，接入设备完成了从传统 PC 向以手机为代表的移动终端的转变，接入地点向家庭和公共场所覆盖，光纤宽带逐步普及，接入带宽大幅提升，网民在技术接入方面的鸿沟已经基本消弭。

在使用层面，和其他网民群体相比，非网民和老年网民仍然面临技能鸿沟。老年网民对外界帮助依赖性强，难以独立使用新兴的网络应用。在网络使用模态上，网民日常应用呈现出种类日益丰富的特点，从简单的信息获取类和交流沟通类应用逐渐拓展至网络娱乐类和商务交易类应用，不同群体在多模态网络使用方面仍然存在较大的差距。

在驯化层面，一方面，智连鸿沟悄然浮现，个体在如何更加智慧地连接数字

---

① 赵舒成. 离线加速：微信斋戒者之延迟战术与时间操演［D］. 杭州：浙江大学，2020：11.

② PAUL L. Cellphone: The story of the world's most mobile medium and how it has transformed everything[J]. Technology and Culture, 2006(3): 687–688.

③ 赵舒成. 离线加速：微信斋戒者之延迟战术与时间操演［D］. 杭州：浙江大学，2020：73.

技术方面的差异值得关注，不同社会经济地位的个体在驯化、再造数字技术趋利避害、为己所用方面存在差异；另一方面，断连鸿沟日益凸显，随着用户与互联网的连接从稀缺转向过剩，个体在如何更加克制地连接数字技术、防止过度连接方面也存在差异。

作为第三道数字鸿沟的驯化沟使数字鸿沟的三个层次成为一种等级结构。接入是人与技术互动的基础。在接入的基础上，第二个层次是使用。金字塔的顶端则是驯化。每一个较低的层次都是更高层次的条件。为了使用数字技术，人们首先需要获得技术的接入权限。只有当人们开始使用技术，他们才能在日常生活中与技术形成一定的关系。在这三个层次之间存在着一种递进的关系，其复杂性、多样性和人的主体性不断增强。如果说在接入和使用层面，人们是数字设备的所有者（owner）和使用者（user），那么进入驯化层面，人们就变成了数字技术的主人（master）。

整体而言，接入沟虽然逐渐消弭，但使用沟和驯化沟的浮现警示我们消除数字不平等仍然任重道远。究其根本，使用沟和驯化沟体现的是数字时代的人机关系问题和人的主体性问题，意味着数字鸿沟研究要从最初对人们是否拥有数字技术的关注，转向对人们如何与技术互动、与技术形成何种关系的思考。从接入沟到使用沟，再到驯化沟的层层递进，也表明数字鸿沟概念背后的价值判断正在发生变化。在互联网连接稀缺的年代，接入沟的存在说明只要拥有数字技术就是好的，弥合数字鸿沟的目标是实现全民接入，大家都要连到互联网。当接入沟逐渐弥合，互联网连接进入过剩时代，使用沟和驯化沟的出现则警醒我们，并非拥有和使用数字技术就是好的，数字技术也可能带来负面后果，关键在于如何使用。因此，弥合数字鸿沟的更高目标是实现理性和谐的人机关系，要让互联网为己所用，而不是为其所困。

要实现这一目标，需要技术、社会、个体三方的共同努力。在技术层面，开发者需要加强智能终端与数字应用的易用性、透明性、安全性和人文性，尽可能降低使用门槛，满足多元需求，减少安全风险，提供优质信息，从而消除受教育程度较低、年龄较大人群的使用障碍。在社会层面，物质上要进一步推动数字基础设施的建设与迭代，为弥合三道数字鸿沟提供技术保障；精神上要构建完善的社会支持网络，通过更有效的方式和途径对弱势群体进行数字技能和素养的培训，帮助他们积极理性地融入数字生活；制度上要加强互联网治理，充分利用立法、政策和伦理手段规范数字技术及其产业和实践的健康发展。在个体层面，网民需要彰显自身的主体性，努力提升数字素养，强化权利保护意识，追求理性使用行为，反抗过度连接，避免网络沉溺，形成更加理性克制的人机关系，利用数字技术更好地服务个人的全面发展，避免在技术中迷失自我。

　　2023年2月，中共中央、国务院印发的《数字中国建设整体布局规划》指出："建设数字中国是数字时代推进中国式现代化的重要引擎，是构筑国家竞争新优势的有力支撑。"[1]数字中国建设的一个重要目标是构建普惠便捷的数字社会，使数字化改革成果惠及全体人民。因此，弥合三道数字鸿沟对于数字中国建设具有重要意义。弥合第一道数字鸿沟接入沟，就是要夯实数字中国建设基础，通过建设数字基础设施和数据资源体系，提升数字技术的普惠性和可及性，尤其要加强数字乡村建设，解决欠发达地区"用网难"问题，缩小城乡数字鸿沟。[2]弥合第二道数字鸿沟使用沟，就是要推动数字公共服务均衡发展，创新数字公共服务多元供给机制，特别要针对老年人、残疾人、低收入人群等弱势群体进行适老化、无障碍、零门槛改造，更好提供医疗卫生、交通出行、金融财务、就业养老等重要服务，提升数字时代基本民生保障水平。[3]弥合第三道数字鸿沟驯化沟，就是要坚持以人民为中心的数字中国建设宗旨，从人民立场、人民利益和人民需求出发，使数字技术真正服务于人民，警惕技术至上、技术依赖、技术沉溺，"将技术的速度、制度的效度和人本的温度有机统一，实现数字中国建设的技术性、制度性和人民性的整体性融合与发展"。[4]

　　新一代信息科技革命和产业革命使人类社会迈入数字文明时代。数字文明是继农业文明、工业文明之后出现的更高阶段的人类文明新形态。"数字技术正以新理念、新业态、新模式全面融入人类经济、政治、文化、社会、生态文明建设

①　新华社. 中共中央　国务院印发《数字中国建设整体布局规划》[EB/OL].（2023-02-27）[2023-04-17]. http://www.gov.cn/zhengce/2023-02/27/content_5743484.htm.
②　翟云，程主，何哲，等. 统筹推进数字中国建设　全面引领数智新时代——《数字中国建设整体布局规划》笔谈 [J]. 电子政务，2023（6）：2-22.
③　翟云，程主，何哲，等. 统筹推进数字中国建设　全面引领数智新时代——《数字中国建设整体布局规划》笔谈 [J]. 电子政务，2023（6）：2-22.
④　翟云，程主，何哲，等. 统筹推进数字中国建设　全面引领数智新时代——《数字中国建设整体布局规划》笔谈 [J]. 电子政务，2023（6）：2-22.

各领域和全过程，给人类生产生活带来广泛而深刻的影响。"[1]数字化本身并非最终目标，满足人民对美好生活的向往才是数字文明的根本发展方向。[2]数字技术为人类实现更加美好的未来带来希望，但这种希望不会因为科技的进步而自动变为现实。[3]中国 25 年数字鸿沟的发展变迁体现了连接、开放、包容的数字文明发展理念，走出了一条不同于西方资本主义数字文明的发展道路。面对深度数字化的挑战，中国需要发挥以人为本、天下为公的文化优势和中国全过程人民民主的制度优势，坚持以人民为中心建设数字中国，建构互联互通、共享共治的网络空间命运共同体。

## 第二节　国家层面的数字鸿沟变迁

新信息传播技术在世界范围内的蓬勃发展并未掩盖全球信息传播格局的不平衡，国家层面的数字鸿沟问题在世界范围内仍然十分严重。如何描述全球网络信息传播格局的变迁过程，如何解读全球数字鸿沟的分布现状，如何看待中国在全球网络传播格局中的地位，并寻求未来努力的方向，成为当前亟待解决的问题。本节基于多个国际组织提供的数据，通过考察互联网、固定宽带、手机、数字图书馆和数字媒体在世界范围的发展与分布情况，力图呈现全球数字鸿沟的历史变迁及其分布现状。

## 一、全球网络鸿沟

1980 年，联合国教科文组织（UNESCO）的国际交流问题研究委员会发布

---

① 　新华社. 习近平向 2021 年世界互联网大会乌镇峰会致贺信［EB/OL］.（2021-09-26）［2023-04-17］. http://www.gov.cn/xinwen/2021-09/26/content_5639378.htm.

② 　刘卓红，刘艺. 中国式数字文明的形成、特质与意义——基于历史唯物主义的视角［J］. 学习与探索，2022（7）：1-8，182.

③ 　郑永年. 我看数字文明时代的中国抉择［J］. 博览群书，2022（10）：122-127.

了《多种声音，一个世界》，这份报告基于对世界信息基础组织结构和传播资源的调查研究，提出了全球范围内的信息传播不平等现象，认为个别传播大国对世界信息传播系统的支配是推行文化帝国主义的过程，而发展中国家的牵制和反抗是抵制文化侵略的过程，并强烈呼吁建立国际信息传播新秩序。[①]经过 40 多年的发展，信息传播技术日新月异，互联网在全球范围内迅猛发展，是否促成了国际信息传播新秩序的建立？互联网会使欠发达国家打破国际强弱秩序而获得相对平等的地位吗？或者恰恰相反，它会使西方与东方、南方与北方、中心与边缘、经济发达与经济落后、信息富有者（information haves）与信息匮乏者（information have-nots）之间的鸿沟越来越大吗？

数字鸿沟问题自提出以来，一直是学界研究的热点。互联网经历了快速的发展，从 Web 1.0 到 Web 3.0，从固定宽带到移动互联网，数字鸿沟的研究也从接入沟拓展到使用沟和知识沟。[②]一些学者认为，互联网会改变现有的信息传播格局，使边缘得到强化[③]，创造出不受霸权政治或经济权力制约的全球社会[④]。另外一些学者则认为这种想法太过乐观，指出互联网将会维持现存的全球媒介体系，甚至进一步增强西方在国际信息传播中的主导地位。[⑤]这些理论思辨的主要弱点在于，它们并不是建立在证据的基础之上，而是源于对互联网技术特征的推断和演绎。[⑥]综观现有研究，关于全球数字鸿沟的探讨多为观点的交锋，或者囿于部分国家或地区的比较，基于全球范围宏观数据的实证研究较为缺乏。因此，本节试图通过对世界各国数据和指标的分析，呈现全球网络信息传播格局的变迁及其成因。研究涵盖全球 200 多个国家或地区，并截取了多个时间点来展现全球数字鸿沟的

---

① 联合国教科文组织. 多种声音，一个世界 [M]. 中国对外翻译出版公司第二编译室，译. 北京：中国对外翻译出版公司，1981：47.

② 韦路，张明新. 第三道数字鸿沟：互联网上的知识沟 [J]. 新闻与传播研究，2006（4）：43-53, 95.

③ TEHRANIAN M. Where is the new world order: At the end of history or clash of civilisation?[J]. Journal of International Communication, 2012(2): 209-236.

④ THUSSU D K . Electronic Empires: Global Media and Local Resistance[M]. New York: Arnold, 1998.

⑤ MURDOCK G. The new media empires: Media concentration and control in the age of convergence[J]. Media Development, 1994(4): 4-6; MCCHESNEY R W. The Internet and U. S. communication policy-making in historical and critical perspective[J]. Journal of Communication, 1996(1): 98-124; BURTON D F. The brave new wired world[J]. Foreign Policy, 1997(106): 23-37.

⑥ 柯兰，芬顿，弗里德曼. 互联网的误读 [M]. 何道宽，译. 北京：中国人民大学出版社，2014：9.

动态变迁及其影响因素。

　　基于世界银行和 Gapminder.org① 提供的指标和数据，每隔 5 年截取一个时间点。本节分析了 1990—2020 年全球网络信息传播格局的发展与变迁，通过中国同美国和世界平均水平的比较，展现中国在全球信息传播格局中的地位。同时，本节也考察了经济发展、国民发展、城乡结构和开放程度等社会结构化因素对网络传播技术采纳的影响，试图对全球网络信息传播格局的形成和变迁做出解释。

## （一）全球网络信息传播格局的变迁

　　网络信息传播以互联网技术为核心，互联网用户总数及其比例、固定宽带用户数及其比例是常用的衡量国家与地区互联网发展程度的指标，也是展现全球数字鸿沟的关键因素。② 近年来，移动互联网的飞速发展使之成为另一个衡量网络信息传播能力的重要指标，但是尚没有权威机构提供世界各国的移动互联网网民数据。鉴于手机是接入移动互联网的主要终端，手机拥有量很大程度上体现了移动互联网的发展潜力，本节采用手机用户这一指标来衡量移动网络信息传播的发展情况。因此，基于现有全球数据，互联网用户（每百人）、固定宽带用户（每百人）、手机用户（每百人）成为衡量全球网络信息传播格局的三个指标，分别代表了互联网普及率、宽带普及率和移动互联网普及率。

### 1. 互联网用户比例

　　虽然互联网技术的前身可以追溯至 1969 年问世的阿帕网（ARPAnet），但直至 20 世纪 90 年代初，互联网才走出军事领域、政府部门、研究机构和大学

---

① Gapminder.org 包含世界各国的免费官方数据和指标，并开发了 Trendalyzer 软件，将国际统计数据转换成动态的、交互的和有趣的图表，目的是通过对公共统计数据的自由访问、使用和理解，促进以事实为基础的世界观察。

② 韦路，谢点. 全球网络信息传播格局透视——基于世界各国宏观数据的实证分析 [C] // 2014 中国传播论坛. "国际话语体系与国际传播能力建设"研讨会会议论文集. 北京：中国传媒大学广播电视研究中心，2014：67-85；韦路，谢点. 全球数字鸿沟变迁及其影响因素研究——基于 1990—2010 世界宏观数据的实证分析 [J]. 新闻与传播研究，2015（9）：36-54，126-127；谢点. 社交媒体空间的国际传播格局及其影响因素 [D]. 杭州：浙江大学，2017.

的范围，向商业网络发展，从而奠定了互联网在全球范围内扩散的基础。数据显示，美国、加拿大、澳大利亚、北欧各国、西欧部分国家、日本、韩国等是世界上最早发展互联网的国家，亚洲、非洲、南美洲和东欧等世界大部分地区在20世纪90年代初还处于互联网的"空白"状态。发达国家基于其经济实力和技术创新，率先跨过互联网发展的起跑线，为日后取得网络信息传播的领先地位奠定了基础。作为互联网的发源地，1990年美国互联网用户（每百人）为0.80，居世界第一位。经过5年的发展，除大部分非洲国家和少数亚洲国家外，世界大部分国家和地区开始发展互联网。此时美国的互联网普及率达到9.24%，而芬兰、冰岛已赶超美国，互联网普及率分别为13.90%和11.22%，大洋洲、西欧等的发达国家则紧随其后。南非、俄罗斯、南美属于发展中国家或地区中的"领头羊"，而包括中国在内的大部分亚非国家互联网普及率不到0.005%，不足发达国家的1/2000，鸿沟显而易见。

1995—2000年，中国互联网发展迅速。其间，互联网普及率的世界相对格局并没有发生太大的变化，主要表现为发达国家和发展中国家的鸿沟，但是中国、智利、阿根廷、乌拉圭等国进步较快。2000年北美、北欧、日韩、澳大利亚互联网普及率达到50%左右，西欧各国从10%到30%不等，智利、阿根廷、乌拉圭、南非在10%左右，东欧在5%左右，中国达到1.79%，接近俄罗斯。到了2005年，大部分非洲国家也起步了，几乎全世界都被互联网覆盖。这时候埃塞俄比亚、尼日尔、马里等非洲国家的互联网普及率只有不到0.5%，不及15年前美国起步时的水平，而北欧、北美、大洋洲达到80%上下。从差值来看，鸿沟进一步扩大。2005—2010年，全世界都经历了高速发展期，北欧几近饱和，超过90%的人使用互联网，北美、西欧、大洋洲、日韩在80%左右，东欧为20%—60%，中国、俄罗斯、南美、沙特阿拉伯则为30%—40%。

2010—2020年，全球发展速度及发展阶段分化。瑞士等北欧国家互联网普及率接近95%，扩散速度缓慢；中低等收入国家增长速度大幅提升，互联网普及率达到40%—50%；中高等收入国家增长速度与上一阶段持平，采纳率接近80%，其中中国的互联网用户比例约为70%；发达国家在此阶段已进入接近饱和点的慢增长阶段，而中、俄、南美、沙特等的互联网采纳率翻倍，增速相对稳定。中低收入国家在此阶段增长速度最快，进入互联网扩散的起飞（take-off）阶段。

经过30年的发展，以北美、北欧、西欧国家及澳大利亚为代表的发达国家维持了领先地位。发展中国家起步晚，2010 年后发展速度提升。中国、俄罗斯、南美成为"后起之秀"，非洲和部分亚洲国家仍是最为落后的地区。这种全球范围内互联网普及率的鸿沟与世界经济格局基本一致。

### 2. 固定宽带用户比例

固定宽带用户指使用宽带互联网线路、电缆调制解调器或高速网络技术的宽带用户。由于固定宽带起步较晚，因而本节选取 2000 年为起点对全球发展状况进行描述。数据表明，固定宽带的全球格局发展与互联网用户全球格局发展没有太大差别，南北、东西、发达国家与发展中国家的鸿沟依然存在，只是鸿沟相对较小。2000 年，北美处于绝对领先地位，加拿大、美国的固定宽带用户比例分别为 4.59% 和 2.51%，中国此时还不足 0.002%。到 2005 年，中非以外的世界其他地区都开始发展，北欧也赶超北美成为最领先的地区，如瑞典固定宽带普及率达到 27.93%，西欧、澳大利亚、日韩紧随其后。中国、俄罗斯、南美的发展超过了某些东欧国家，如乌克兰、波兰，在 2% 左右。接下来 5 年的发展进一步缩小了中、俄、南美洲国家同北美等地的发达国家的差距，美国普及率为 27.71%，中国、俄罗斯分别达到 9.44%、11.08%。而非洲有大部分地区仍然处于比较落后的状态。2010 年后，全球进入高速发展时期，经过 10 年的发展，欧洲部分国家固定宽带普及率超过了 40%；中国反超俄罗斯，两者分别达到 33%、23%；与之相对应，低收入国家的固定宽带普及率在 2020 年才刚达到 0.4%。

相比互联网的普及，固定宽带的扩散还有很大的空间，且全球鸿沟相对较小。截至 2020 年，丹麦作为北欧代表性国家有 44.46% 的人接入了固定宽带，而其互联网用户已几近饱和。以差值来衡量的话，中国、俄罗斯等发展中国家与发达国家的宽带普及率差距只有 10%—20%，而互联网普及率相差较大，超过 20%。

### 3. 手机用户比例

目前，移动互联网在全球高速发展，大有超过固定宽带的趋势，也成为未来网络信息传播最有潜力的接入方式。特别在发展中国家，随着资费的下调，移动互联网在某种程度上甚至减缓了固定宽带的发展速度。截至 2013 年，全球移动互联网用户规模接近 24 亿。尼尔森（Nielsen）发布的 2008 年世界移动互联网网民渗透率数据显示，排名前十位的国家为美国、英国、意大利、俄罗斯、西班牙、泰国、法国、德国、中国、菲律宾。前十名中有四个发展中国家和三个亚洲国家，这与互联网和固定宽带的排名非常不同。本书用手机用户（每百人）这一指标来衡量移动网络技术的发展。

全球宏观数据显示，手机拥有量（每百人）的发展与互联网用户（每百人）和固定宽带用户（每百人）的发展有显著差异。1990 年，北美、北欧、西欧、日韩仍然是手机拥有量（每百人）最高的地区，此时阿根廷、智利、沙特也已起步，而中国的手机拥有量（每百人）还不足 0.002 部。经过 5 年的发展，除了非洲（主要为中非）的一些国家之外，其他地区都已开始发展。此时北欧的手机拥有量（每百人）在 20 部上下，北美和大洋洲在 10 部左右，西欧在 5 部上下。中国、俄罗斯、巴西、印度这四个大国的手机拥有量（每百人）分别为 0.30 部、0.06 部、0.79 部、0.01 部。2000 年的格局较 1995 年没有太大变化。但是到了 2005 年，俄罗斯惊人地超越了北美和某些西欧国家，达到 83.42 部，南美与北美的差距也几乎消弭。此时，北欧的手机拥有量（每百人）已超过 100 部，南非和北非的发展也令人瞩目。到了 2010 年，发达国家在手机拥有量上基本失去优势，沙特阿拉伯、利比亚、俄罗斯、阿根廷、苏里南等国家成为世界上手机拥有量（每百人）最多的国家，均超过 130 部。除非洲中部部分国家因动乱常年不稳定外，其他国家的手机拥有量（每百个）均得到了较大发展，世界平均水平逼近 100 部，南北差距、东西差距逐渐缩小，发达国家的绝对优势逐渐消失，许多发展中国家迎头赶上。2010 年以后，欧洲大部分国家及其他高收入国家进入饱和期，手机拥有量（每百人）在 120—125 部浮动，不再增长，中国也达到了 120 部。经过 10 年的发展，中低收入国家的手机拥有量（每百人）也达到了 100—120 部。

作为移动互联网最重要的终端硬件，手机的独特发展历程让我们就重建世界信息传播新秩序看到了一丝希望。相对于互联网、固定宽带在全球的扩散，手机的普及已在某种程度上弥合了发展中国家与发达国家、南方与北方、东方与西方之间的鸿沟。近年来，发展中国家积极推进 3G、4G 网络的覆盖以及智能手机的普及，这将进一步缩小其与发达国家的差距。

## （二）中国在全球网络信息传播格局中的地位

中国信息网络虽然起步较晚，但发展较快。根据中国互联网络信息中心发布的报告，截至 2022 年 12 月，中国网民规模已达 10.67 亿，互联网普及率为 75.6%，手机网民规模达 10.65 亿，占全体网民的 99.8%。中国域名总数达 3440 万个，其中，".cn"域名数量为 2010 万个。[①] 在中国已经成为名副其实的网络大国之际，有必要回顾一下中国网络发展的历史轨迹，以揭示中国在全球网络信息传播格局中的地位变化，为预测中国未来的信息化发展趋势提供参考。

表 3-1 展现了 1990 年、2010 年和 2020 年主要的互联网基础设施与传播资源指标的中美排名。美国作为互联网技术的发源地，除了 2010 年手机拥有量（每百人）外，各指标均处于世界前列。1990 年，世界很多国家在各项指标上还处于空白，如互联网用户，只有 19 个国家已经起步，其他国家数据全为 0，中国此时也尚未起步。这时，除了安全服务器数量，中国在其他总量指标和每百人指标上都排在 62 名以前，属于世界前 1/3 的国家。到 2010 年，经过 20 年的发展，中国互联网用户总数、固定宽带用户总数、手机拥有量（总数）均居世界第一位，而安全服务器总数仍然比较落后，居第 152 位。作为占世界人口 1/5 的人口大国，庞大的总量并不能掩盖比例的不足，中国每百人的指标较 30 年前的排名并没有提升，有些甚至有所下降。安全服务器作为信息流的安全屏障，是网络信息传播实力的重要方面，而中国在这方面仍然十分落后。

表 3-1　1990 年、2010 年、2020 年中国、美国互联网相关指标的世界排名 [②]

| 指标 | 中国 | | | 美国 | | |
|---|---|---|---|---|---|---|
| | 1990 年 | 2010 年 | 2020 年 | 1990 年 | 2010 年 | 2020 年 |
| 互联网用户数（每百人） | -/19 | 91/194 | 91/172 | 1/204 | 27/194 | 26/172 |
| 互联网用户总数 | -/19 | 1/194 | 1/172 | 1/204 | 2/194 | 3/172 |
| 固定宽带用户数（每百人） | 39/67 | 71/196 | 41/248 | 5/67 | 25/196 | 31/248 |

---

① 中国互联网络信息中心. 第 51 次中国互联网络发展状况统计报告［EB/OL］.（2023-03-02）［2023-08-15］. https://www.cnnic.net.cn/n4/2023/0303/c88-10757.html.

② 由于固定宽带发展较晚，没有 20 世纪 90 年代相关数据，固定宽带用户的起始点来源于世界银行 2000 年的数据。世界银行公布的安全服务器数据最早为 2001 年，所以安全服务器的起始点是 2001 年的数据。

续表

| 指标 | 中国 | | | 美国 | | |
|---|---|---|---|---|---|---|
| | 1990 年 | 2010 年 | 2020 年 | 1990 年 | 2010 年 | 2020 年 |
| 固定宽带用户总数 | 22/67 | 1/196 | 11/248 | 1/67 | 2/196 | 21/248 |
| 手机拥有量（每百人） | 62/202 | 142/200 | 86/256 | 8/202 | 106/200 | 143/256 |
| 手机拥有量（总数） | 30/202 | 1/200 | 13/256 | 1/202 | 3/200 | 47/256 |
| 安全服务器数量（每百万人） | 129/146 | 152/202 | 11/215 | 4/146 | 12/152 | 2/215 |

注：排名依据的是已知数据，根据世界银行和 Gapminder.org 公布的数据，每个变量的样本数不同。

为了进一步在全球背景下厘清中国的发展过程，我们比较了各项指标的中国、美国和世界平均水平。由于起步时间不同，各指标的时间跨度略有差异，但均以每年为单位。图 3-15 呈现了 1990—2020 年中国、美国、世界平均水平在互联网用户（每百人）方面的发展。可以看出，1995—2002 年，美国互联网高速发展，世界平均水平从 1996 年开始平稳提升，而中国的高速发展则晚于 2006 年。中国起步晚，前期发展缓慢，但从 21 世纪开始发力，并已于 2010 年赶上世界平均水平。

根据罗杰斯的创新扩散 S 形曲线，某项创新达到饱和点（saturated point，通常从 84％ 的采纳率开始）时其扩散速度将会减慢。[①] 从图 3-15 中的曲线可以看出，美国从 1995 年开始进入起飞阶段（通常从 13.5％ 的采纳率开始），到 2007 年接近 80％ 即开始放缓。中国则于 2006 年引爆点以后进入起飞阶段，并保持较高的增长速度。当然，依据时间的预测忽视了世界宏观环境以及各国内部经济、政策、社会等因素的影响。下文会具体探讨各种社会因素如何影响互联网采纳率，这将比时间预测更有说服力。

---

① ROGERS E M. Diffusion of Innovations[M]. New York: Free Press, 1962.

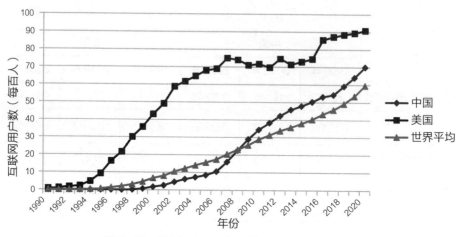

图 3-15　1990—2020 年互联网用户数（每百人）

注：世界平均水平是 204 个国家和地区的统计平均值。

图 3-16 展现了 1998—2020 年固定宽带用户数（每百人）在中国、美国和世界的发展情况。可以看到，中国在整个过程中，和世界平均水平十分接近，并于 2010 年赶上世界平均水平，2014 年后高速增长，2020 年已经接近美国水平。

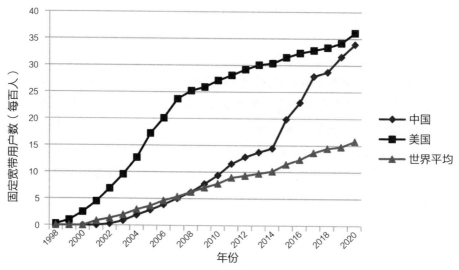

图 3-16　1998—2020 年固定宽带用户数（每百人）

注：世界平均水平是 196 个国家和地区的统计平均值。

美国的高速增长期为 1998—2008 年。值得注意的是，中美在固定宽带扩散方面的差距要小于互联网扩散的差距。图 3-15 中，当美国的互联网采纳率达到 30% 时，中国才刚刚起步，离起飞点还差近 10 年时间。而美国固定宽带扩散率接近 30% 时，中国也达到了 10% 的水平。整体而言，固定宽带的发展速度低于互联网，这或许与移动互联网的高速发展有关。

前文提到，手机的发展突破了互联网、固定宽带的数字鸿沟。但如图 3-17 所示，从 20 世纪 90 年代开始，手机在世界范围内的扩散速度极快，直至约 2016 年，中国、美国和世界平均水平交汇，鸿沟弥合。

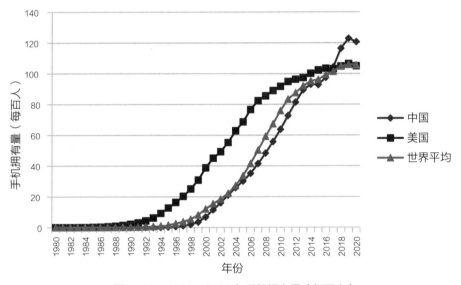

图 3-17  1980—2020 年手机拥有量（每百人）

注：世界平均水平是 206 个国家和地区的统计平均值。

从互联网、固定宽带、手机的发展轨迹来看，中国相对美国起步较晚，落后 6—10 年的时间。进入 21 世纪以来，中国网络技术迎来高速发展时期，努力靠近世界平均水平。其中，互联网、固定宽带均在 2010 年赶上世界平均水平。虽然尼尔森 2008 年发布的数据就已显示，中国移动互联网渗透率居世界前十名，但是落后的人均手机拥有量可能成为未来发展的瓶颈。以总量来衡量，中国在世界网络信息传播格局中处于领先地位，多个指标达到世界第一。以扩散比例衡量，中国从落后水平发展为中等水平，与发达国家的差距逐渐缩小，并保持了较高的增长率。

通过考察互联网、固定宽带和手机在世界范围的发展蔓延及其影响因素，本书呈现了全球数字鸿沟的历史变迁及其背后的演变机制。借助历史宏观数据，我们不仅描述了网络传播格局的世界演变，而且揭示了社会发展和技术变迁之间的因果关系。总体来说，本书有以下重要结论。

第一，全球数字鸿沟逐渐缩小。数据显示，不论是互联网、固定宽带，还是手机，发展中国家和发达国家之间的差距正逐渐缩小。虽然在1990年除了北美、西欧和大洋洲之外，网络技术在其他地方还是一片空白，但是经过30年的发展，这个空白已经基本被填补。可以说，在信息基础设施方面，全球数字鸿沟已经从1990年的"有—无"之分，演变为2020年的渐变差异。虽然欧美依然具有优势，但已逐渐失去压倒性的统治地位。可见，发展中国家已经认识到网络信息技术对社会发展的重要作用，纷纷奋起直追，以求在新的全球信息经济格局中占据更加有利的位置。

第二，手机展现独特潜力。与欧美发达国家长期领先的互联网和固定宽带全球格局不同，手机呈现出与众不同的扩散路径。俄罗斯、中国等发展中国家后来居上，出现在了手机拥有率的前十名，而俄罗斯的手机拥有率则高居榜首。究其原因，主要在于手机成本更加低廉，使用更加便利，特别是廉价智能手机，使用户只需花费较少资费就能随时随地享受移动互联网的优势，因而迅速成为工人、农民等"信息中下层"在信息时代的主要传播工具。① 由此可见，发展中国家应该以智能手机为突破口，大力发展移动互联网，尽快扭转自己在全球信息传播格局中的落后地位。

第三，中国接近世界平均水平。过去的30年也是中国接入国际互联网的30年。在这30年中，中国的互联网从无到有，从弱到强，发展速度受到全世界瞩目。数据显示，中国的互联网普及率已在2010年赶上世界平均水平，并有望逐渐缩小与美国的差距。虽然在总量上，中国多项指标已经是世界第一，但人均指标仍然落后于发达国家，处于中游水平。中国要从网络大国变成真正的网络强国，依然任重道远。稳增长，调结构，缩小城乡差距，降低使用成本，应该成为未来中国信息化发展的主要方向。

---

① 邱林川. 信息时代的世界工厂［M］. 桂林：广西师范大学出版社，2013：11-28.

## 二、数字图书馆鸿沟

纸基传统、机械化、数字化是图书馆技术变革历史的三个重要节点。[①] 所谓数字图书馆并非单指一种计算机化和虚拟化的简单实体，而是涉及数字信息加工、存储、检索、传输和利用全过程的知识网络系统，不同载体、形态、位置的信息资源依托数字化技术进行分布式的存贮、共建与共享。其中，作为信息服务集成和用户跨时空联结的关键技术支撑，ICT 的拥有和应用程度直接制约着数字图书馆的知识生产力水平。纵观数字图书馆的发展轨迹，无论是从基于资源（resource-based）到基于服务（service-based），再到基于用户信息活动（work-based）的范式转化[②]，还是人工智能时代追求信息感知和体验的智慧化[③]，数字图书馆均试图借由 ICT 的延展，持续更新其人机交互机制和结构化文本的嵌入深度。然而，国际图书馆协会和机构联合会（简称国际图联）最新报告显示，不同地区、阶层、族群间 ICT 获得机会的不平等严重制约着全球数字图书馆的均衡发展。[④] 由信息技术扩散不均引发的社会排斥和知识阻隔也体现在数字图书馆领域，甚至形成一种暗含于信息鸿沟的数字图书馆鸿沟（digital library divide）。尤其是作为用户接入数字图书馆前序条件的互联网技术基础设施，其在享有机会和有效使用层面的分化不仅反向影响用户通过数字图书馆实现有意义的知识获取，更严重掣肘人类社会数字包容和可持续发展目标的实现。因此，如何从数字技术接入和使用出发，消弭数字图书馆鸿沟所导致的信息获取和知识分配不平衡，将是全球图书馆学界和业界亟须解决的命题。

用户与数字图书馆的有效连接是后者为前者提供高品质信息资源的基本前提，也是保障跨时空信息服务集成的先行条件。但受限于软硬件配套设施的整体建设水平，用户使用不同数字图书馆的可及性、易用性和便利性可能存在不同程

---

① 汪冰. 数字图书馆：定义、影响和相关问题［J］. 中国图书馆学报，1998（6）：9-17.

② 张晓林. 数字图书馆机制的范式演变及其挑战［J］. 中国图书馆学报，2001（6）：3-8，17.

③ 董晓霞，龚向阳，张若林，等. 智慧图书馆的定义、设计以及实现［J］. 现代图书情报技术，2011（2）：76-80.

④ International Federation of Library Associations and Institutions. IFLA annual report 2019[EB/OL]. (2020-12-09) [2021-08-01]. https://www.ifla.org/WP-content/uploads/2019/05/assets/hq/annual-reports/2019.pdf.

度的差异，由此引发的数字图书馆鸿沟本质上是数字鸿沟的一种体现。当探讨国家之间的信息贫富悬殊时，互联网接入和使用的差距同样成为全球数字图书馆鸿沟的首要表征，并且延展至数据、信息和知识处理过程中的各种不平等及其社会影响。当前，数字图书馆鸿沟应该如何定义，全球数字图书馆鸿沟的现状如何，呈现哪些特征，中国在其中的地位如何，是我们考察全球数字图书馆发展时首先需要解决的问题。

## （一）数字图书馆鸿沟的概念界定

图书馆作为现代社会主要的信息供给主体和信息交互枢纽，能够依托在线信息的可及性和公共网络的普适性，推动用户有效获取不同领域的聚合内容。数字图书馆能够最大限度激活图书馆信息集散传播的社会功能，同时帮助信息弱者以较低的成本学习和提高 ICT 技能。也正因如此，诸多学者都将数字图书馆视为信息扶贫的关键着力点。[1] 但是，数字图书馆的信息服务质量依赖于互联网环境和基础设施条件，源于信息技术接入和使用不平等的数字鸿沟同样出现在数字图书馆领域。数字鸿沟在数字图书馆领域的突出表现包括：不同数字图书馆在互联网终端、网络带宽、服务器等方面的接入差距，数字资源供应、整合、描述、加工、展示等基础能力差异引发的用户使用差距，数字图书馆嵌入个人信息世界后可能导致的一系列不同文化和社会后果，等等。[2] 基于此，本节将数字图书馆鸿沟界定为图书馆在网络接入程度和用户线上使用程度上的差异。这一概念不仅折射出不同图书馆网络化、数字化、集成化服务的真实水平，更直接指向信息资源和信息服务两个核心层级的相对差距。[3] 数字图书馆鸿沟存在于国家、地区和个体图书馆之间。由于目前学界对全球范围数字图书馆鸿沟研究较少，本节将重点关注全球数字图书馆鸿沟的现状、特征和影响因素。

---

① 于海霞. 图书馆社会责任视角下的数字鸿沟问题［J］. 大学图书情报学刊，2014（1）：5-9；饶权，麦肯齐，莱特纳，等. 弥合数字鸿沟 促进数字包容：信息社会中图书馆的新使命［J］. 图书馆杂志，2021（2）：4-19.

② 杨海亚. 国内图书情报界信息不平等研究观点评述［J］. 图书馆学刊，2014（10）：139-143.

③ 韦路，陈俊鹏. 全球数字图书馆鸿沟的现状、归因与弥合路径［J］. 现代出版，2021（5）：11-18.

## （二）全球数字图书馆鸿沟的多维表征

全球数字图书馆鸿沟强调不同国家（地区）之间在图书馆网络接入和在线使用上的差距。原本处于信息贫困状态的多数发展中国家由于数字图书馆技术推广和资源投入的相对滞后，日益面临被边缘化的危险。本节从数字图书馆接入和使用差距出发，选取国际图联 135 个成员，通过比较不同成员在数字图书馆的互联网接入（Internet access）和注册用户（registered user）两个接入与使用测量指标上的异同，试图展现全球数字图书馆鸿沟的多维表征。国际图联将图书馆类型分为学术类（academic）、社区类（community）、国家类（national）、大众类（public）、高校类（school）、其他（other）。在其数据库中，由于部分成员的数据存在缺失，为了保证样本数据的完整性和统计指标的代表性，本节将大众类图书馆作为核心样本进行描述性分析。

从图 3-18 和图 3-19 可以看出，在大众类图书馆的互联网接入方面，不同国家（地区）具有显著的差异化表现。发达国家（地区）大众类图书馆的网络接入水平明显高于发展中国家（地区）。欧洲整体水平较高，非洲则普遍较低。每个大洲内部的贫富分化都较为显著，这与全球数字鸿沟的格局基本一致。其中，在欧洲，俄罗斯大众类图书馆的互联网接入水平最高，高达 27060 个，而非洲的几内亚为 0 个。在北美洲、拉丁美洲及加勒比海地区，不同国家（地区）大众类图书馆的互联网接入差距巨大，美国接入互联网的大众类图书馆多达 16568 个，而安提瓜和巴布达仅为 1 个。亚洲和大洋洲的整体水平同样落后于欧洲，区域内部也存在明显的接入差距。作为新兴发展中国家的中国，大众类图书馆的互联网接入总量最高，有 2767 个，而尼泊尔仅为 7 个。发达国家（地区）基于自身经济实力、政策保障和技术创新优势，迅速提升图书馆的互联网接入水平，而发展中国家（地区）的信息化水平较低，图书馆配套的信息基础设施建设相对落后，这直接限制了用户获取和利用数字化信息的机会，由此造成的接入沟也成为全球数字图书馆鸿沟的首要表征。

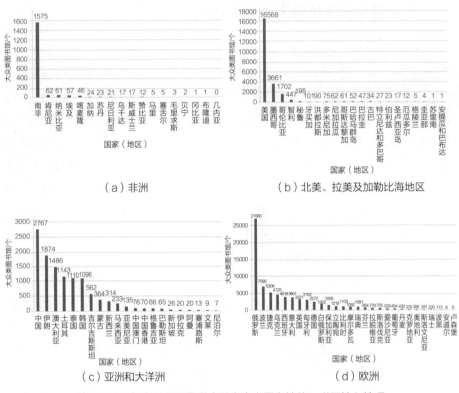

图 3-18　各大洲国际图联成员大众类图书馆的互联网接入情况

　　作为一种与服务相关的信息管理系统，数字图书馆的最终目标是服务用户。用户访问的实践活动涉及连接、注册、搜索、响应、完成、评价等多个维度，其中，注册用户数成为数字图书馆系统易用性、可获得性和实效性的最直观指标。如图 3-20 和图 3-21 所示，美国大众类数字图书馆的注册用户数最高，达 171800 千人，但在北美、拉美与加勒比海地区，除墨西哥（36256 千人）、加拿大（13166 千人）之外，其他国家的注册用户数普遍较低。在亚洲和大洋洲，中国的注册用户数最高，有 96254 千人，日本、韩国、澳大利亚等发达国家（地区）的注册用户数同样较高，但其他发展中国家（地区）普遍较低。在非洲，除南非和肯尼亚之外，其他南方国家的注册用户数都很低，与其他各洲的整体水平差距悬殊，远远落后于北方国家。在数字信息资源极其有限的前提下，这些国家内部数字图书馆的注册用户规模却很小，反映出用户对数字图书馆的实际利用率较低，说明全

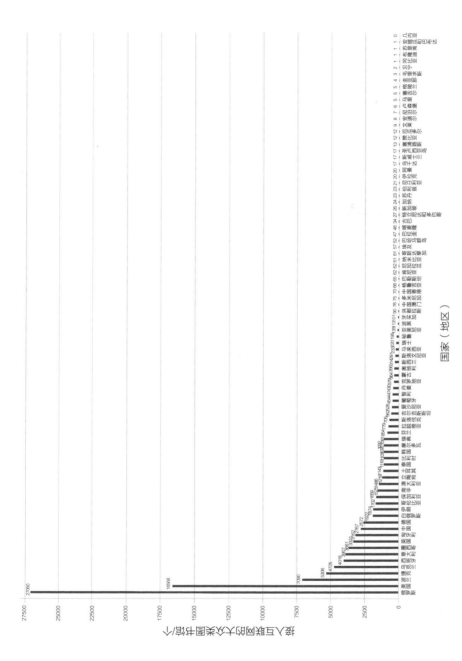

图 3-19　国际图联成员大众类图书馆的互联网接入情况

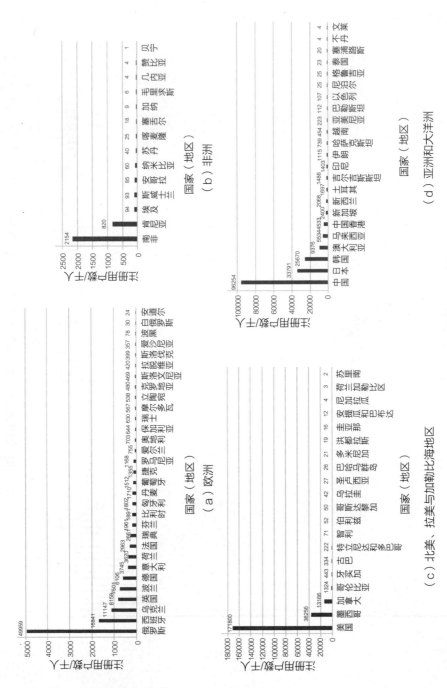

图 3-20　各大洲国际图联成员大众类图书馆的注册用户情况

图 3-21　国际图联成员大众类图书馆的注册用户数

球数字图书馆用户之间的使用沟也非常大。

## （三）中国在全球数字图书馆鸿沟中的地位

　　自 20 世纪 90 年代起，中国的数字图书馆建设开始起步，之后的 30 余年间，其关注焦点逐步从高速推进的数字图书馆基础设施转向更加精细化、个性化、智能化的深度信息服务。其间，先后经历数字资源的初始积累、关键技术的攻关研究、数字服务的集成应用三个主要阶段。[①]尤其需要指出，中国数字图书馆推广工程由国家图书馆牵头，279 家省、市级图书馆共同参与，最终目标是打造一个覆盖全国、联通"国家—省—地市"各级各类数字图书馆的信息系统与数字化资源的共建共享和联合保障体系。进入人工智能时代，人与物的互联互通又推动中国的数字图书馆建设进入智慧化的信息服务阶段。[②]目前，在互联网、固定宽带、手机、个人电脑等数字图书馆相关信息基础设施领域，中国已经取得长足进步。[③]全民数字阅读趋势的兴起，公共图书馆数字化建设的稳步推进，高校数字图书馆的数量和规模不断扩大，使得中国数字图书馆发展呈现出巨大潜力，其在全球数字图书馆鸿沟中的地位变化也越来越明显。

　　在全球数字图书馆鸿沟所涉及的接入和使用层级，中国在部分指标上已处于国际前列。首先，全国实施数字图书馆推广工程的 31 个省份内各地图书馆的网络带宽不断提升，省级馆平均接入带宽达 472.65Mb/s，市级馆平均接入带宽为 100.91Mb/s。[④]同期美国图书馆协会（American Library Association，ALA）的报告显示，美国只有 27% 的城市图书馆宽带接入速度为 100Mb/s 或以上，尚未实现美国国家宽带计划（National Broadband Plan）中 2% 的图书馆达到 1Gb/s 的宽带接入愿景。[⑤]而美国联邦通信委员会（Federal Communications

---

① 邵燕. 数字图书馆推广理论与实务［M］. 北京：国家图书馆出版社，2020：1-2.

② 张海波. 智慧图书馆技术及应用［M］. 石家庄：河北科学技术出版社，2020：4-5.

③ 韦路，谢点. 全球数字鸿沟变迁及其影响因素研究——基于 1990—2010 世界宏观数据的实证分析［J］. 新闻与传播研究，2015（9）：36-54，126-127.

④ 邵燕. 数字图书馆推广理论与实务［M］. 北京：国家图书馆出版社，2020：99.

⑤ American Library Association. Broadband quality in public libraries[EB/OL]. (2015-04-16)[2021-08-20]. http://www.ala.org/aboutala/sites/ala.org.aboutala/files/content/Speed_Test_FINAL_0.pdf.

Commission，FCC）设定的图书馆宽带接入目标，即小型图书馆 100Mb/s，大型图书馆 1Gb/s，诸多图书馆均难以达到，甚至有 40% 的公共图书馆的接入带宽未超过 10Mb/s。[①]

其次，已完成数字图书馆硬件配置的有 33 家省级图书馆，占已实施省级馆的 82.5%，另有 341 家市级图书馆完成硬件配置，占已实施市级馆的 71.3%。省级馆的平均存储空间为 377.94TB，安全服务器平均数量为 54.94 台；市级馆的平均存储空间为 50.73TB，安全服务器平均数量为 8.98 台。截至 2016 年底，各省、市级图书馆的数字资源建设总量达到 12311.7TB。[②]据前瞻产业研究院推算，到 2022 年，我国数字图书馆信息资源建设总量已超 1.9 万 TB。[③]这些数据表明，我国数字图书馆建设的网络带宽、存储空间、安全服务器等硬件配套设施建设取得显著进步。

同时，我们也需要看到，中国在数字图书馆接入和使用方面与美国等发达国家相比还存在较大差距。中国数字图书馆（大众类）互联网接入量虽在亚洲和大洋洲地区位居第一（2767 个），但与美国（16568 个）、俄罗斯（27060 个）相比仍然差距悬殊。而在注册用户数方面，中国为 96254 千人，美国却高达 171800 千人，绝对数量几乎是中国的两倍，且尚未考虑在总人口的占比问题。因此，面对全球数字图书馆鸿沟，中国仍存在诸多亟待解决的问题。随着数字图书馆推广工程等代表性数字图书馆项目的稳步推进，中国需要进一步扩大信息基础设施规模和增强数字内容资源竞争力，为发展中国家突破全球数字图书馆鸿沟提供中国方案。

---

① American Library Association. America's libraries: Powering broadband adoption, access, and use[EB/OL]. (2016-11-08)[2021-08-20]. http://www.ala.org/news/sites/ala.org.news/files/content/Broadband_11-08-16_0.pdf.

② 邵燕. 数字图书馆推广理论与实务［M］北京：国家图书馆出版社，2020：99.

③ 吴明，胡乐明. 担负新的文化使命 着力推动文化产业繁荣发展［N］光明日报，2023-10-23（6）.

# 三、全球数字媒体鸿沟

传播研究的根本是对不同社会权力主体间传播关系的研究。[①] 那么，在全球化持续深化、社交媒体日益兴起的当今世界，全球传播格局呈现出怎样的图景？全球数字媒体鸿沟有何变迁？换言之，在国际传播研究的语境中，置身于全球权力网络中的各国或各文化间的传播关系发生了怎样的变迁？传统上占据主导的发达国家是否仍处于全球传播格局的中心位置？对新信息传播技术的创新使用是否使得更多发展中国家获得了传播赋权，从而改变其在固有全球传播格局中的边缘化地位？人类关于一个自由、平等、多元的全球传播图景的梦想是否真的能够实现？

对此，学界主要存在两种观点。一种认为，互联网促使社会关系从彼此互动的地域性关联中进一步脱嵌，从而极大地扩展了关系延伸的时空范围，以前所未有的方式将地方性和全球性因素连接起来，帮助个体、群体、机构和国家跨越地域化情境，建构更为去中心化的社会关系。[②] 卡斯特将这种建立在信息、传播技术与社会整体间互动基础上的社会结构称为网络社会（networked society），其中各类社会权力主体都处于全球性的相互依赖中，地理意义上的边界逐渐淡化，私域和公域的界限也变得模糊，而传播场域正是形塑这种权力关系变迁的关键场域。[③] 由此，互联网时代的全球传播将有助于扩大多元文化交流的基础，减少不同国家之间的分歧，赋予发展中国家以信息平权，从而促进国际相互理解。[④] 换言之，这类观点认为国际传播关系将趋向去中心化和扁平化，发展中国家将在全球传播格局中扮演更重要的角色。

另一种更审慎的观点则认为，互联网时代的传播场域仍然是结构化的，因为信息传播技术不可能独立于社会情境之外，而是嵌入更广阔的社会结构，受到已

① 赵月枝. 国家、市场与社会：从全球视野和批判角度审视中国传播与权力的关系 [J]. 传播与社会学刊，2007（2）：23—50.

② GIDDENS A. The Consequences of Modernity[M]. Palo Alto: Stanford University Press, 1990.

③ CASTELLS M. The Rise of the Network Society[M]. Oxford: Blackwell Publishers, 1996.

④ CURRAN J, PARK M J. Beyond globalization theory[M]//CURRAN J, PARK M J. De-Westernizing Media Studies. New York: Routledge, 2000: 3—18.

有政治、经济、社会、文化力量的结构化制约。[1]互联网这一传播场域中仍充斥着各种不平等的信息传播活动，信息富有者与信息贫穷者之间始终存在难以逾越的鸿沟，发达国家，特别是美国，依然垄断着全球文化生产的资源与信息传播的管道。[2]这正是数字鸿沟理论所强调的，社会经济地位不同的国家在互联网的接入、采纳和使用上均存在差异，这种差异尤其体现在发达国家与发展中国家之间。[3]因此，要理解互联网时代的全球传播格局，就要理解固有社会条件对传播场域的形塑作用，将各国的传播实践置于更广阔的全球化情境中，理解不同国家和文化背景的传播主体何以在公共性的传播场域中策略性地重构传播关系与权力关系。[4]

据此，本书选取社交媒体 Twitter 作为研究全球传播格局的公共性传播场域[5]，以各国媒体机构在 Twitter 上开设的认证账号作为研究对象，采用社会网络分析和可视化的方法，考察并呈现各国媒介机构在 Twitter 上形成的社会网络关系及其结构，探讨其社会资本及彼此间的双向链接关系受到哪些因素的影响。以此为基础，本书将通过基于 Twitter 的各国媒介机构关系透视当下的全球传播格局，揭示中国在这一格局中所处的位置，并为社交媒体语境中的国际传播实践提供政策参考。

## （一）国际传播研究的范式转换

国际传播研究从诞生伊始就是与国家、权力、意识形态联系在一起的[6]，体现出各国之间的政治角力。从 20 世纪 70 年代至今，国际传播研究主要经历了国

---

① HILL K A, HUGHES J E. Cyberpolitics: Citizen Activism in the Age of the Internet[M]. Lanham: Rowman & Littlefield Publishers, 1998.
② THUSSU D K. Media on the Move: Global Flow and Contra-Flow[M]. London: Routledge, 2006.
③ NORRIS P. Digital Divide: Civic Engagement, Information Poverty, and the Internet Worldwide[M]. Cambridge: Cambridge University Press, 2001.
④ DAHLGREN P. Media and Political Engagement[M]. Cambridge: Cambridge University Press, 2009.
⑤ 韦路，丁方舟. 社会化媒体时代的全球传播图景：基于 Twitter 媒介机构账号的社会网络分析 [J]. 浙江大学学报（人文社会科学版），2015（6）：91-105.
⑥ 李金铨. 国际传播的国际化——反思以后的新起点 [J]. 开放时代，2015（1）：211-223.

际化、全球化与跨国化三个阶段的范式转换。[1]

在国际化阶段，占据国际传播研究核心的是媒介帝国主义理论和依附理论（dependency theory）。这两个理论都旨在批判冷战局势中全球文化生产与信息传播的不平等。[2]其中，媒介帝国主义理论强调，美国及少数第一世界国家在媒介与传播领域占据主导性地位，其目的在于借助不平等的国际传播网络实施外交影响与殖民统治。[3]在这一阶段，各国政府扮演着主要的传播主体角色，传播权力也被视作一种策略性的政治优势。[4]依附理论则强调，文化依附性建立在经济依附性的基础上，第三世界国家在接受发达工业国家的资本、科技、商品输入的同时，也不可避免地接受其文化灌输与意识形态支配。[5]这两个理论很快由于其局限性而遭到批判，因为它们都忽视了第三世界国家的自主性及对文化霸权的抵抗，更忽视了个体在文化消费过程中的创造性解读。

由此，20世纪80年代，全球化替代国际化，成为国际传播研究的新范式。更多学者开始强调国际传播并非只有线性的单向模式，而是采用更为多元化的多向模式。[6]卫星电视及光缆技术的成熟使得全球范围内的远距离即时传播成为可能，推动更多地方性文化通过全球传播网络达至更广范围的全球消费者。麦克卢汉提出的地球村概念日益凸显。[7]与此同时，美国政府放宽了海外市场管制政策，众多合并或重组后的跨国媒介集团迅速成长为全球媒介市场的垄断者。[8]无怪乎有学者称，所谓的媒介全球化几乎就是媒介美国化。[9]因此在全球化阶段，国际

---

① CHALABY J K. From internationalization to transnationalization[J]. Global Media and Communication, 2005(1): 28-33.

② STRAUBHAAR J D. Beyond media imperialism: Assymetrical interdependence and cultural proximity[J]. Critical Studies in Media Communication, 1991(1): 39-59.

③ THUSSU D K. International Communication: Continuity and Change[M]. London: Arnold, 2000.

④ CHALABY J K. From internationalization to transnationalization[J]. Global Media and Communication, 2005(1): 28-33.

⑤ STRAUBHAAR J D. Beyond media imperialism: Assymetrical interdependence and cultural proximity[J]. Critical Studies in Media Communication, 1991(1): 39-59.

⑥ CURRAN J, PARK M J. Beyond globalization theory[M]//CURRAN J, PARK M J. De-Westernizing Media Studies. New York: Routledge, 2000: 3-18.

⑦ MCLUHAN M. Understanding Media: The Extensions of Man[M]. New York: McGraw-Hill, 1964.

⑧ TUNSTALL J. Communications Deregulation: The Unleashing of America's Communications Industry[M]. Oxford: Blackwell, 1986.

⑨ 李金铨. 国际传播的国际化——反思以后的新起点[J]. 开放时代, 2015（1）：211-223.

传播的主要动力不再是国家，而是媒介机构。有研究显示，20 世纪末的时候，10 个跨国媒介集团控制着全球近 80％ 的媒介市场。① 但其中仍然不乏来自第三世界国家的行动者，如巴西的本土电视台以其制作的本土性节目对抗外来的跨国媒介集团，而本土消费者由于文化接近性的关系，也会更倾向于选择本地的电视节目。② 由此，全球化阶段的国际传播研究更倾向于关注各个媒介机构在全球媒介市场中相互依赖、相互角力的关系。

　　进入 21 世纪以来，国际传播研究迈入跨国化阶段。跨国性的电视频道在这一阶段得到长足发展，其中包括许多来自发展中国家的小型媒介公司。③ 这些节目不仅服务于本土消费者，也跨越国家界限，成为移民他国族群的文化消费品，使之在文化上依然保持与本乡文化的接近性。④ 美英等强势国家的跨国媒介集团也开始更多采用本土化策略，在海外开设分支机构，雇用当地员工，制作符合当地消费者口味的节目，以更好地回应跨国市场的需求。⑤ 更不必说，互联网等新信息传播技术大规模发展以来，个体化的数字传播成为推动国际传播演进的主要动力。这些新的实践都在不断重构地方、国家、区域和全球等多个维度上的传播关系⑥，使全球传播格局走向杂糅化（hybridization）⑦。因此，有学者提出，国际传播研究应"以多元文化世界主义为新起点"⑧，采用更加网络化的视角考察各类传播主体之间的多元共存及其策略性的传播实践⑨。这就意味着，国际传播研究

①　THARP M, JEONG J. Executive insights: The global network communications agency[J]. Journal of International Marketing, 2001(4): 111-131.

②　STRAUBHAAR J D. Beyond media imperialism: Assymetrical interdependence and cultural proximity[J]. Critical Studies in Media Communication, 1991(1): 39-59.

③　THUSSU D K. The transnationalization of television: The indian experience[M]// CHALABY J K. Transnational Television Worldwide: Towards A new Media Order. London: I. B. Tauris, 2005: 156-172.

④　ROBINS K, AKSOY A. Whoever looks always finds: Transnational viewing and knowledge-experience[M]// CHALABY J K. Transnational Television Worldwide: Towards A New Media Order. London: I. B. Tauris, 2005: 14-42.

⑤　CHALABY J K. From internationalization to transnationalization[J]. Global Media and Communication, 2005(1): 28-33.

⑥　CHALABY J K. From internationalization to transnationalization[J]. Global Media and Communication, 2005(1): 28-33.

⑦　STRAUBHAAR J D. World Television: From Global to Local[M]. Los Angeles: Sage, 2007.

⑧　李金铨. 国际传播的国际化——反思以后的新起点［J］. 开放时代, 2015（1）: 211-223.

⑨　KRAIDY M M. Hybridity in cultural globalization[J]. Communication Theory, 2002(3): 316-339.

需要在新的社会情境中，以更开阔的全球比较研究视野，重新审视国家、媒介机构、个体等多个层面上复杂多变的国际传播关系。

## （二）社会网络分析视角下的全球数字媒体鸿沟研究

为此，本书将采用社会网络分析考察这些变化中的国际传播关系。过往的国际传播研究主要专注于各国媒介体制的比较分析，忽略了作为行动者的全球媒介机构之间的社会网络关系分析。因此，本书将焦点对准当前仍处于全球传播格局核心的各国媒介机构，考察这些机构在 Twitter 上所开设认证账号的社会网络关系、结构及其影响因素，以此透视社交媒体时代的全球传播图景。

首先明确一点，Twitter 作为一个诞生于美国的社交媒体，其场域结构本身必定是结构化的。换言之，在 Twitter 这一场域中，作为行动者的各国媒介机构之间的传播关系本身就是不平等的。但 Twitter 仍然可以作为我们考察全球传播格局的最好平台，原因主要有：其一，国际传播发生在多个场域，而 Twitter 作为一个公共性的传播场域，容纳了作为行动者的各国媒介机构，使之形成相互连接的线上社会网络，因而可以提供用于比较研究的经验数据；其二，Twitter 是当前全球各国用户使用频率最高的社交媒体之一，对于想要在全球传播格局中获取更广影响力的国家及其媒介机构来说，Twitter 都是必争之地；其三，Twitter 上超过 85% 的话题是由媒介机构生产的新闻，可见，其中最重要的传播主体就是媒介机构[①]，正好契合本书的研究主旨；其四，国际传播领域的主流语言仍然是英语，在 Twitter 上开设英文认证账号本身就体现了各国媒介机构在变动的场域结构中建构有利于己方的国际传播关系的一种努力。

为此，本书选择在 Twitter 上开设英文认证账号的媒介机构作为研究对象，并以社会网络分析的视角展开对社交媒体时代国际传播关系和全球传播图景的考察。换言之，我们将在 Twitter 上开设英文认证账号的各国媒介机构视作具有自主性的行动者，而 Twitter 就是这些行动者展开传播实践的行动场域，其实践的

---

① KWAK H, LEE C, PARK H, et al. What is Twitter, a social network, or a news media? [C] // Proceedings of the 19th International Conference on World Wide Web, April 26-30, 2010, Raleigh North Carolina, United States. New York: Association for Computing Machinery, 2010: 591-600.

目的是在变动的社交媒体场域中争夺优势地位。因此，对各个行动者之间构成的传播关系的考察就可以具体化为探讨它们在场域中所处的位置和彼此之间的力量关系对比。[①] 在社会网络分析的框架中，这意味着每一个媒介机构账号都是社会网络中的一个节点，它们彼此之间单向或双向的链接关系就是社会网络分析中的连线，由这些节点的位置和连线构成的社会网络结构就是 Twitter 上以各国媒介机构的关系网络为基础的全球传播图景。社会网络的规模指网络中包含的行动者数量，网络规模大小影响着行动者关系；社会网络的密度指行动者之间的联系程度，密度越大，代表行动者之间的关系越密切。[②] 据此，本书试图考察并可视化地呈现 Twitter 上各国媒介机构组成的社会网络结构及其相互连接的紧密程度，以描绘全球数字媒体网络的整体分布。

　　行动者在社会网络中所处的位置与社会资本密切相关。所谓社会资本，是借助所占有的持续性社会关系网络而把握的社会资源或财富。一个社会行动者所掌握的社会资本容量，取决于可以有效运用的社会关联网规模以及网络中每个成员占有的资源比例。[③] 社会关联网规模可以由内外节点度（nodal degree）来测量，内节点度（indegree）是指向某一节点的连线数目，而外节点度（outdegree）是由某个节点所关联的节点数目。[④] 行动者在网络中占有的资源比例可以通过紧密中心度（closeness centrality）和间距中心度（betweenness centrality）来测量。前者表明一个行动者与其他行动者之间的密切程度，该指数越高，代表该行动者越是处于网络的中心位置；后者是指网络中某一节点与其他节点之间间隔的程度，代表一个行动者在多大程度上是网络中其他节点的中介点，该指数越高，说明该行动者在网络中越具有沟通桥梁的作用。[⑤] 由此，本书希望探讨 Twitter 上全球媒介机构网络内各个行动者的社会资本分布如何，受到哪些因素影响。

① BOURDIEU P. Distinction: A Social Critique of the Judgement of Taste[M]. Cambridge: Harvard University Press, 1984.
② 林聚任. 社会网络分析：理论、方法与应用［M］. 北京：北京师范大学出版社，2009.
③ BOURDIEU P. Practical Reason: On the Theory of Action[M]. Palo Alto: Stanford University Press, 1998.
④ 林聚任. 社会网络分析：理论、方法与应用［M］. 北京：北京师范大学出版社，2009.
⑤ 林聚任. 社会网络分析：理论、方法与应用［M］. 北京：北京师范大学出版社，2009.

有学者指出，国家因素仍在国际传播关系中扮演重要角色[①]，发达国家与发展中国家之间依然存在数字鸿沟[②]，再加上 Twitter 本身就是结构化的，来自发达地区的媒介机构更有可能在 Twitter 全球媒介机构网络中占据优势地位，因此我们希望弄清媒介机构所在大洲的发达程度和所在国家的发达程度是否能够正向预测其在 Twitter 全球媒介机构网络中的社会资本。

现有研究表明，社交媒体使用程度是预测行动者社会资本的重要变量。[③]这就意味着，在 Twitter 这一行动场域中，积极参与传播实践并策略性运用社交媒体的媒介机构更有可能在全球媒介机构网络中占据优势地位。由此，我们试图探讨媒介机构的社交媒体使用程度是否会对其社会资本产生影响。

要考察基于 Twitter 的全球传播格局，除了探讨各媒介机构共同构成的线上社会网络的规模与它们在网络中各自所处的位置以外，更重要的是探讨各个行动者之间的力量关系对比。对此，可以通过媒介机构之间的双向链接关系来加以测量。因此，在行动者关系层面上，我们关注的是哪些因素能够显著预测 Twitter 上全球媒介机构之间的双向链接关系。

在社会网络分析中，弱关联意味着两个节点之间存在单向链接关系，强关联意味着两个节点之间存在双向链接关系。[④]影响强关联建立的主要因素是同质性与接近性。[⑤]对媒介机构来说，同质性主要指向其所属媒介类型的相似程度，例如，同为电视的媒介机构之间更有可能建立双向链接。接近性有两层含义：地理接近性与文化接近性。这也就意味着来自相同国家或区域的媒介机构之间，更有可能建立双向链接。据此，我们试图回答这一问题：是否来自同一大洲、同一国家和相同类型的媒介机构之间更有可能建立双向链接关系？

① CURRAN J, PARK M J. Beyond globalization theory[M]//CURRAN J, PARK M J. De-Westernizing Media Studies. New York: Routledge, 2000: 3-18.

② NORRIS P. Digital Divide: Civic Engagement, Information Poverty, and the Internet Worldwide[M]. Cambridge: Cambridge University Press, 2001.

③ GIL DE ZÚÑIGA H, JUNG N, VALENZUELA S. Social media use for news and individuals' social capital, civic engagement, and political participation[J]. Journal of Computer-Mediated Communication, 2012(3): 319-336.

④ 林聚任. 社会网络分析：理论、方法与应用 [M]. 北京：北京师范大学出版社，2009.

⑤ MONGE P R, CONTRACTOR N S, CONTRACTOR P S, et al. Theories of Communication Networks[M]. New York: Oxford University Press, 2003.

此外，本书还将重点关注来自中国的媒介机构在 Twitter 全球媒介机构网络中处于何种位置，其社会资本在与其他媒介机构的对比中呈现出哪些优势和劣势。

本书采用社会网络分析和可视化相结合的研究方法。观察对象是在 Twitter 上开设英文账号的各国媒介机构形成的线上社会网络、各个机构在该网络中所处的位置，以及它们之间的链接关系。为此，我们首先运用目的性抽样的方法，在 wordpress.org 和 britannica.com 网站提供的全球媒介机构列表基础上，逐一搜索这些机构在 Twitter 上开设的英文账号，并运用 Twitter 的同类账号推荐功能来完善抽样样本，由此形成包含 157 个全球媒介机构在内的社会网络样本。对于开设多个 Twitter 账号的媒介机构，我们只选择其被关注数最高的一个账号。在该网络内，总共有来自 43 个国家的媒介机构。从大洲分布来说，包括 45 个来自亚洲的媒介机构、44 个北美洲媒介机构、36 个欧洲媒介机构、2 个南美洲媒介机构、20 个非洲媒介机构、10 个大洋洲媒介机构。然后，我们利用人工方式对这些账号之间的相互链接关系进行了抓取，数据抓取时间为 2023 年 5 月 9—17 日。再者，将数据输入 UCINET 软件形成矩阵，计算该网络全部节点的内节点数、外节点数、紧密中心度和间距中心度，再将数据导入 NodeXL，对这一社会网络进行可视化呈现。量化统计方面，为探讨影响媒介机构社会资本的因素，我们建构了以下变量：

①社会资本。包括内节点数、外节点数、紧密中心度与间距中心度等 4 个变量，全部通过 UCINET 软件直接计算得出。

②社交媒体使用。包括 3 个变量，分别为关注数、被关注数以及发表 Twitter 总量，全部通过人工进行数据录入。

③所在大洲发达程度。以国际货币基金组织 2023 年的报告 [①] 为参照，将各大洲按照国内生产总值（GDP）水平由低至高依次编码为：1＝大洋洲，2＝非洲，3＝南美洲，4＝欧洲，5＝北美洲，6＝亚洲。数值越大，其发达程度越高。

④所在国家发达程度。现有研究表明，人均收入而非 GDP 是预测互联网采

---

① International Monetary Fund. GDP, current prices(Billions of U.S. dollars)[EB/OL]. [2023-05-09]. https://www.imf.org/external/datamapper/NGDPD@WEO/OEMDC/ADVEC/WEOWORLD/AUS.

纳的重要变量。因此，我们以国际货币基金组织 2023 年的数据[①]为参照，将各国按照人均 GDP 水平由低至高依次编码为：1＝苏丹，2＝乌干达，3＝缅甸，4＝埃塞俄比亚，5＝赞比亚，6＝津巴布韦，7＝肯尼亚，8＝尼日利亚，9＝印度，10＝埃及，11＝菲律宾，12＝伊朗，13＝乌克兰，14＝南非，15＝利比亚，16＝博茨瓦纳，17＝巴西，18＝土耳其，19＝中国，20＝俄罗斯，21＝哥斯达黎加，22＝波兰，23＝阿曼，24＝拉脱维亚，25＝巴林，26＝沙特阿拉伯，27＝韩国，28＝科威特，29＝日本，30＝马耳他，31＝法国，32＝英国，33＝阿联酋，34＝德国，35＝加拿大，36＝比利时，37＝以色列，38＝澳大利亚，39＝冰岛，40＝美国，41＝卡塔尔，42＝新加坡，43＝爱尔兰。同样，数值越大，其发达程度越高。

⑤媒介类型。按照机构主营的媒介类型分别编码：1＝通讯社；2＝报纸；3＝电视；4＝杂志；5＝广播；6＝网络。由两位编码员各自人工编码而成，编码员间信度为 0.992。[②]

## （三）Twitter 全球媒介机构网络的整体结构

我们首先利用 NodeXL 自带的 Twitter 数据抓取功能，获取 Twitter 全球媒介机构网络关键性数据。结果显示，该网络的规模为 157，意味着其中包括 157 个作为行动者的各国媒介机构。网络密度为 0.078，表明网络中行动者之间具有一定的关联程度。网络中各节点间总共存在 1914 条连线，节点之间的最长距离为 6，即任意 2 个节点之间最长相隔 6 条连线。换言之，在 Twitter 上，各国媒介机构之间最多通过 5 个节点就可以彼此关联，符合六度分隔理论强调的全球任意 2 个节点之间平均只相隔 5 个节点。距离反映的是行动者之间的间隔长度，间隔距离越小，意味着彼此联系越紧密。[③]加上该网络节点间的平均距离为 2.659，说明任意两个媒介机构之间平均只需经过 1 到 2 个节点的中介，即可成为流动的

---

①　International Monetary Fund. GDP, current prices(Billions of U.S. dollars)[EB/OL]. [2023-05-09]. https://www.imf.org/external/datamapper/NGDPDPC@WEO/OEMDC/ADVEC/WEOWORLD.

②　KRIPPENDORFF K. Reliability in content analysis some common misconceptions and recommendations[J]. Human Communication Research, 2010(3): 411-433.

③　林聚任. 社会网络分析：理论、方法与应用［M］. 北京：北京师范大学出版社，2009.

全球信息传播网络中相互连接的节点，参与到全球信息传播的整体格局中。据此，全球媒介机构在 Twitter 上的确存在紧密连接的社会网络关系。接下来，我们运用 NodeXL 的可视化功能，制作呈现 Twitter 全球媒介机构网络总体结构的图片（见图 3-22）。

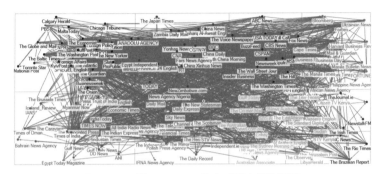

图 3-22　基于 Twitter 的全球媒介机构网络

在图 3-22 中，我们利用 NodeXL 的团聚子群分类功能将基于 Twitter 的全球媒介机构网络分成 10 个子群，分别置于图中不同位置。在社会网络分析中，团聚子群是指相对独立而又内部紧密关联的群体。[①] 我们使用 NodeXL 自带的克劳塞特－纽曼－摩尔（Clauset-Newman-Moore）指数来对该网络进行子群分类，根据这一指数计算出来的团聚子群之间连线较少，但子群内部却联系紧密，这一联系既包括单向链接，也包括双向链接。[②] 结果显示，来自南美洲的 *The Brazilian Report*（《巴西报告》）和 *The Rio Times*（《里约时报》）自成一个子群，位于图中右下角。网络中的其他子群也都表现出一定的同质性倾向，如：包含 16 个节点的上方右二子群和包含 29 个节点的左上角子群，其中多为来自美国的媒介机构；下方左二子群包含 18 个节点，多为来自欧洲尤其是英国的媒介机构；来自中国的媒介机构全部分布在上方左二子群中，该子群包含 22 个媒介机构，以亚洲媒介机构为主，如 RT（今日俄罗斯电视台）和 CNA（新加坡亚洲新闻台），同时包含 CNN、BBC 等英美媒介机构；下方右三子群包含 12 个媒介机

---

① COLLINS R. Theóretical Sociology[M]. San Diego: Harcourt Brace Jovanovich, 1988.

② CLAUSET A, NEWMAN M E J, MOORE C. Finding community structure in very large networks[J]. Physical Review E, 2004(6): 66–111.

构，多为来自大洋洲的媒介机构；下方右二子群包含 11 个媒介机构，主要为来自中东地区的媒介机构，如 Al Jazeera（半岛电视台）、Al Arabiya（阿拉伯卫星电视台）等；右侧中间子群包含 4 个媒介机构，主要为来自爱尔兰的媒介机构；左下角子群则呈现出多样性，包含来自欧洲、亚洲、非洲、北美洲等多个地区的 25 个媒介机构，AP（美联社）也在这个子群中。此外，美国和英国的媒介机构分布在多个子群中，这主要是由于美国和英国媒介机构的全球化与跨国化程度较高，故而在多个子群中均有分布。

那么，基于 Twitter 的全球传播图景究竟呈现出何种面貌？从大洲分布来说，北美洲和亚洲拥有绝对优势，欧洲、非洲和大洋洲紧随其后，南美洲分布最少。从国家角度来说，美国、英国、印度、澳大利亚是在 Twitter 上开设最多媒介机构账号的国家，分别开设了 38 个、18 个、13 个和 10 个。美、英、澳的上榜并不令人意外，而来自亚洲的印度紧随美、英之后，则是值得关注的有趣现象。这一方面是由于印度同样将英语作为官方语言，另一方面也体现出印度近年来在国际传播领域逐渐上升的实力，如印度的 Zee News（择一新闻）等已经成为跨国化媒体的代表。<sup>①</sup>同时，中国在 Twitter 上开设的媒介机构账号数量为 6 个，排名已上升至全球第五，与过往排名相比有了显著提升，彰显出我国在提升国际传播影响力方面的努力。其中一个重要的变化就是 2016 年我国成立了 CGTN（中国环球电视网），作为对外宣传的主要视频媒介，故而 CGTN 的账号也取代了过往 CCTV 的账号，成为 Twitter 上的国家官方账号。

非英语国家媒介机构在 Twitter 这一全球性传播场域中的表现，无疑体现出这些国家的媒介机构突破语言和文化界限参与国际传播的积极行动，这些媒介机构账号在 Twitter 中的位置也体现出全球传播格局的新特征。研究发现：法国除了全球三大通讯社之一的 AFP News Agency（法新社）之外，专门报道国际新闻的电视台 France 24（法兰西 24 小时电视台）和 RFI（法国国际广播电台）也都开设了英文账号；俄罗斯的表现也颇为抢眼，除了 RT（今日俄罗斯电视台），Sputnik（俄罗斯卫星通讯社）是俄罗斯政府于 2014 年开始运营的官方通讯社；德国只有 *Spiegel*（《明镜》）1 家开设了认证账号；此外，乌克兰有 2 家媒介机

---

① CHALABY J K. From internationalization to transnationalization[J]. Global Media and Communication, 2005(1): 28–33.

构在 Twitter 上开设了账号，波罗的海的拉脱维亚也有 1 家。非洲地区的南非有 5 家，肯尼亚有 4 家，埃及有 2 家，津巴布韦有 2 家，尼日利亚有 1 家，赞比亚有 1 家，苏丹有 1 家，乌干达有 1 家，埃塞俄比亚有 1 家。亚洲国家中，中东地区国家也都在积极利用社交媒体发出多元化声音，其中，伊朗有 4 家，沙特有 3 家，阿联酋有 2 家，卡塔尔有 1 家，以色列有 1 家，利比亚有 1 家，科威特有 1 家；其他的亚洲国家中，菲律宾有 3 家，日本有 2 家，新加坡有 2 家，韩国有 1 家。

我们利用 NodeXL 的可视化功能，分别以内节点度和紧密中心度为指标，呈现 Twitter 全球媒介机构网络内最具影响力的节点及中心点。首先，我们以内节点度为指标，绘制呈现网络内 15 个最具影响力节点的图片（为了更好的显示效果，我们在子群视图中展现这些节点）。

根据图 3-23 所示，Twitter 全球媒介机构网络中最具影响力的 15 个节点依次为：美联社、BBC、路透社、《纽约时报》《华盛顿邮报》、CNN、《华尔街日报》《经济学人》、《时代》周刊、《卫报》、法新社、半岛电视台、《纽约客》、《金融时报》以及赫芬顿邮报。其中，8 个是来自美国的媒介机构，5 个来自英国，法国的法新社和卡塔尔的半岛电视台成为前 15 名中仅有的非美英国家媒介机构。在 157 个作为行动者的全球媒介机构中，有 41 个都链接了半岛电视台，可见其全球影响力。此外，上述机构中的 14 个都是传统媒体，赫芬顿邮报的上榜则表明网络媒体正在成长为国际传播领域强有力的竞争者。

图 3-23　Twitter 全球媒介机构网络中最具影响力的节点

我们以紧密中心度为指标，形成了呈现网络中心点的图 3-24。由该图可知，Twitter 全球媒介机构网络中处于最中心位置的 15 个媒介机构分别是：路透社、美联社、BBC、《华盛顿邮报》、《纽约时报》、《金融时报》、CNN、《卫报》、《时代》

周刊、赫芬顿邮报、《华尔街日报》、韩国联合通讯社、《经济学人》、今日俄罗斯电视台、澳大利亚新闻网。其中包括美国媒体 7 家，英国媒体 5 家，韩国媒体 1 家，俄罗斯媒体 1 家，澳大利亚媒体 1 家。韩国联合通讯社上榜的原因主要是其外节点度较高，也就是对外关注的节点数量较多；今日俄罗斯电视台上榜的原因主要是其内节点度较高，也就是被其他节点关注数较高。

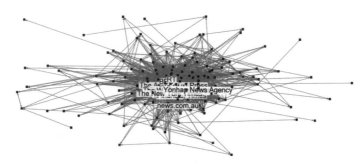

图 3-24　Twitter 全球媒介机构网络的中心点

以上结果说明，一方面，Twitter 本身就是一个结构化的场域，固有的权力关系在此并没有消亡殆尽，而是继续得以巩固；另一方面，对社交媒体的创造性使用也能够使本来处于边缘位置的媒介机构在变动的场域结构中重构国际传播关系。虽然在 Twitter 全球媒介机构网络中，大多数中心点仍是来自英、美、澳的媒介机构，但也有少数国家的媒介机构，如韩国和俄罗斯的媒体，得以通过策略性的社交媒体实践，突破地理和文化的界限，在全球传播格局中占据一席之地，这体现了社交媒体时代国际传播关系的杂糅化特征。

## （四）中国在 Twitter 全球媒介机构网络中的位置

在这里，我们重点关注中国在 Twitter 这一全球性传播场域中所处的位置。除了香港的《南华早报》以外，中国在 Twitter 上开设的英文媒介机构账号包括新华社、《人民日报》、CGTN、《中国日报》以及中国新闻网。来自内地的 5 家媒介机构全部属于中国的官方媒体。以紧密中心度作为指标，我们将包括《南华早报》在内的 6 个媒介机构账号在 Twitter 全球媒介机构网络中所处的位置标示出来见图 3-25。

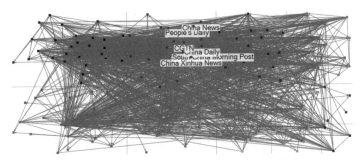

图 3-25　中国媒介机构在 Twitter 全球媒介机构网络中的位置

　　从整体分布来看,新华社、CGTN、《中国日报》以及《南华早报》都处在 Twitter 全球媒介机构网络中相对中心的位置,《人民日报》和中国新闻网则处在相对边缘的位置,但它们都属于团聚子群中的上方左二子群。该子群虽然以亚洲媒介机构为主,但也呈现出多样性特征,不仅包含 2 家日本媒体、2 家新加坡媒体、1 家俄罗斯媒体、1 家韩国媒体、1 家沙特媒体、3 家非洲国家媒体,同时包含法新社、France 24、CNN、BBC 等西方国家媒介机构。由于团聚子群既包括单向链接,也包括双向链接,因此上述结果说明中国的跨国化媒介机构目前采用的国际传播策略的确能够吸引到来自全球多个国家和地区媒介机构的关注,从而使得来自中国的声音得以传播至全球更广范围。

　　社会资本方面,表 3-2 显示了中国媒介机构在内节点度、紧密中心度和被关注数上的全球排名。在这 6 个中国媒介机构账号中,表现最好的是新华社和 CGTN,其在 Twitter 上的内节点度排名分别达到第 43 名和第 52 名,整体被关注数分别达到第 15 名和第 14 名。《人民日报》在被关注数上表现较好,排名达到第 31 名,但在紧密中心度方面表现不佳。但即使是表现最好的新华社,在 Twitter 全球媒介机构网络中也只获得来自 14 个媒介机构的链接,而排名第一的美联社则获得全球 81 个媒介机构的链接。在关注新华社的媒介机构中,除了来自中国的媒介机构外,还有来自俄罗斯、新加坡、阿联酋、韩国、南非、赞比亚、尼日利亚等亚非国家的媒介机构,以及来自欧洲的法新社、波兰通讯社和乌克兰新闻网,但没有来自英美的媒体关注新华社。关注 CGTN 的媒体也类似,同时 CGTN 还获得了 1 家巴西媒体的关注;《南华早报》同时获得了 2 家美国媒体的关注,分别为《外交》杂志和 Politico(《政客》);《中国日报》同时获得了《外交》杂志和澳大利亚新闻网的关注。简言之,中国媒介机构获得了少量来自发达国家媒介机构的链接，但在社会资本上仍然处于弱势地位。

表3-2　中国媒介机构在Twitter全球媒介机构网络中的排名

| 中国媒介机构 | 内节点度排名（数值） | 紧密中心度排名（数值） | 被关注数排名（数值） |
| --- | --- | --- | --- |
| 新华社 | 43（14） | 68（0.253） | 15（12044000） |
| CGTN | 52（11） | 86（0.224） | 14（13057000） |
| 《中国日报》 | 58（9） | 78（0.243） | 44（4168000） |
| 《人民日报》 | 59（9） | 83（0.230） | 31（6697000） |
| 《南华早报》 | 65（7） | 65（0.255） | 77（973000） |
| 中国新闻网 | 123（1） | 109（0.196） | 91（630000） |

　　虽然如此，但中国确实在利用Twitter展开跨国传播方面做出了较大努力，如在美国当地开设分支机构，并在Twitter上建立相应的英文账号。全球只有5个国家的29个媒介机构尝试了跨国化的社交媒体运营。其中，中国和卡塔尔都只在美国尝试了跨国传播，沙特则在英国开设分支机构。英国和美国仍然是跨国传播程度最高的国家，英国有14家媒介机构在6个国家开设了分支，美国则有8家媒介机构在5个国家进行了跨国传播。从全球范围而言，中国媒介机构的跨国化程度已位列第三。

　　本书旨在探讨社交媒体时代的国际传播关系与全球传播图景。以Twitter这一全球性传播场域内各国媒介机构开设的英文账号为研究对象，本书采用社会网络分析和可视化的方法，考察并可视化地呈现了各国媒介机构在Twitter上形成的社会网络结构及其分布，探讨了影响各媒介机构社会资本以及彼此间双向链接关系的因素，并揭示了中国在这一社会网络中所处的位置。由于我们获取的社会网络样本本身就是结构化的，因此本书无意提供归并性的结论，而是想要展现全球传播格局的一个侧面，也就是各国媒介机构在Twitter上形成的国际传播关系。

　　研究发现，全球各国媒介机构在Twitter上形成了紧密连接的社会网络关系。其中，美国、英国等西方国家占据着社会资本和影响力上的优势，但发展中国家的媒介机构也在凭借策略性的社交媒体实践力图改变这一固有的传播关系与权力格局，如印度的媒介机构账号数量已经位列全球第三，俄罗斯的今日俄罗斯电视台成为该网络中处在最中心位置的15个节点之一，中国等发展中国家的媒介机构也表现不俗，媒介机构账号数量方面排名全球第五，在跨国化程度方面跻身全球第三。从媒介类型来说，赫芬顿邮报和澳大利亚新闻网成为网络中心点，代表网络媒体正在成长为全球传播格局中强有力的竞争者。

在预测各国媒介机构社会资本的因素方面，大洲发达程度没有显著影响，但来自发达国家的媒介机构更有可能在 Twitter 全球媒介机构网络中获得来自其他媒介机构的链接，并成为各行动者间的中介点。社交媒体使用程度，尤其是被关注数和发表推文总量，也能够显著预测媒介机构的社会资本。此外，体现地理接近性和文化接近性的所在国家变量对网络中各行动者之间的双向链接关系具有显著的正向影响。

中国媒介机构在 Twitter 上共开设 6 个英文账号，体现出中国积极提升国际传播影响力的努力。但这些机构更多与亚洲或非洲媒介机构形成双向链接，仅获得少量西方媒体的关注，在整体的社会资本上仍处于弱势地位，可见中国的国际传播影响力依然有待加强。但可喜的是，在过往多年的努力之后，CGTN 和新华社这 2 家国际媒介机构的被关注数已分别排名全球第 14 位和第 15 位，这 2 家机构在全球媒介机构网络中的位置也变得更为中心了。

虽然当前全球的地缘政治冲突不断加剧，以美、英为核心的全球传播格局也尚难突破，但在数字传播成为主流的当今世界，中国若想提升国际传播影响力，仍需将创造性运用 Twitter 等社交媒体开展国际传播作为值得考量的策略之一。基于本书的成果，中国可以考虑在以下方面寻求突破：一是继续增加中国媒体在 Twitter 等社交媒体平台的英文账号数量，以提升中国媒体在全球媒介机构网络中的显示度；二是加大重大国际新闻事件的报道和推送力度，采用西方受众易于接受的新闻专业主义风格，以增强中国媒体在国际新闻传播中的声音；三是通过各种方式增加中国媒体账号在 Twitter 上的被关注数，从而增强中国媒介机构在全球 Twitter 用户中的影响力；四是巩固与亚非国家媒介机构的紧密联系，积极拓展与发达国家媒介机构间的双向链接关系，增强中国媒介机构在 Twitter 全球媒介机构网络中的社会资本；五是自主开发能够容纳国际传播实践的开放式社交媒体平台，或将现有的中国社交媒体平台国际化，从而在数字时代的全球媒介舞台抢占有利地位。

综上，国际传播格局并未在社交媒体时代发生质的变化，美、英主流媒体仍然控制着全球新闻信息的流动。同时，互联网的确为发展中国家的媒介赋权提供了契机，使得以俄罗斯、中国和印度为代表的发展中国家媒体能够突破西方垄断，朝着更加平等的国际信息传播秩序迈进。虽然现有 Twitter 全球媒介机构网络仍然是高度结构化的，由发达国家主导，但发展中国家也在通过策略性的社交媒体实践来重构国际传播领域的权力关系，突破固有的全球信息传播格局。因此，当前的国际传播关系依旧体现出杂糅化的特征，各国媒介机构在 Twitter 这一全球性传播场域内的权力关系博弈也有待更多的历时性研究予以厘清。

CHAPTER 4

| 第四章 |

# 数字鸿沟的影响因素

DIGITAL

DIVIDE

————

# 第一节　个人层面的数字鸿沟成因

社会科学研究者们开发了许多解释与预测新媒体技术采用与扩散的模型。基于以往的研究，个体采用新媒体技术的理论模型主要有 8 种，包括理性行为理论[①]、技术接受模型[②]、动机模型[③]、计划行为理论[④]、个人电脑使用模型[⑤]、创新扩散理论[⑥]、社会认知理论[⑦]和权衡需求理论[⑧]。这 8 个理论模型的来源、核心概念及其定义详见表 4-1。

---

① SHEPPARD B H, HARTWICK J, WARSHAW P R. The theory of reasoned action: A meta-analysis of past research with recommendations for modifications and future research[J]. Journal of Consumer Research, 1988(3): 325-343.

② VENKATESH V, DAVIS F D. A theoretical extension of the technology acceptance model: Four longitudinal field studies[J]. Management Science, 2000(2): 186-204.

③ VALLERAND R J. Toward a hierarchical model of intrinsic and extrinsic motivation[M]//ZANNA M. Advances in Experimental Social Psychology. New York: Academic Press, 1997: 271-360.

④ AJZEN I. The theory of planned behavior[J]. Organizational Behavior and Human Decision Processes, 1991(2): 179-211.

⑤ TRIANDIS H C. Interpersonal Behavior[M]. Monterey: Brooke/Cole, 1977.

⑥ ROGERS E M. Diffusion of Innovations[M]. New York: Free Press, 1962.

⑦ BANDURA A. Social Foundations of Thought and Action: A Social Cognitive Theory[M]. Englewood Cliffs: Prentice Hall, 1986.

⑧ ZHU J H, HE Z. Perceived characteristics, perceived needs, and perceived popularity: Adoption and use of the Internet in China[J]. Communication Research, 2002(4): 466-495.

表 4-1　新媒体的个体采用理论模型

| 理论 | 简介 | 核心概念 | 定义 |
|---|---|---|---|
| 理性行为理论（theory of reasoned action，TRA） | 来自社会心理学；是人类行为理论中最基本和最有影响的理论，被用来预测一系列的行为。戴维斯（Davis）等将理性行为理论用于解释个体对技术的接受行为，其解释的方差基本与该理论在解释其他行为时的方差相等[1] | 对某行为的态度（attitude toward behavior） | 个体对于某一行为的肯定或否定的情感（评价性的感受）[2] |
| | | 主观规范（subjective norm） | 人们对他们认为最重要的人如何看待其行为的感知 |
| 技术接受模型（technology acceptance model，TAM） | 被修改后用于解释信息系统背景下的个体对信息技术的接受与使用 | 感知有用性（perceived usefulness） | 个体相信使用某系统将提高其工作业绩的程度 |
| | | 感知易用性（perceived ease of use） | 个体认为使用某系统不费力的程度 |
| | | 主观规范（subjective norm） | 人们对他们认为最重要的人如何看待其行为的感知 |
| 动机模型（motivational model，MM） | 源自心理学中用于解释行为的一般动机理论 | 外在动机（extrinsic motivation） | 用户认为某行为能达成某种有价值的结果，如工作绩效、报酬的提升，而不是行为本身 |
| | | 内在动机（intrinsic motivation） | 用户对某行为过程本身的意愿 |

① DAVIS F D, BAGOZZI R P, WARSHAW P R. User acceptance of computer technology: A comparison of two theoretical models[J]. Management Science, 1989(8): 982−1002.

② FISHBEIN M, AJZEN I. Belief, Attitude, Intention and Behavior: An Introduction to Theory and Research[M]. Reading: Addison−Wesley, 1975.

续表

| 理论 | 简介 | 核心概念 | 定义 |
|---|---|---|---|
| 计划行为理论<br>（theory of<br>planned<br>behavior,<br>TPB） | 在理性行为理论的<br>基础上增加了行为<br>控制感知的概念 ① | 对某行为的态度<br>（attitude toward behavior） | 个体对于某一行为的肯<br>定或否定的情感（评价<br>性的感受） |
| | | 主观规范<br>（subjective norm） | 人们对他们认为最重要<br>的人如何看待其行为的<br>感知 |
| | | 行为控制感知<br>（perceived behavioral<br>control） | 对某行为的难易程度的<br>感知、对某行为的内在<br>和外在制约的感知 |
| 个人电脑<br>使用模型<br>（model of PC<br>utilization,<br>MPCU） | 源自特里安迪斯<br>（Triandis）的人类<br>行为理论 ②，特别适<br>合用于预测信息技<br>术的采用 | 工作适合度<br>（job-fit） | 个体相信某种技术能改<br>进工作绩效的程度 ③ |
| | | 复杂性<br>（complexity） | 源自罗杰斯扩散模型，<br>指创新技术学习和使用<br>的困难程度 |
| | | 长期效果<br>（long-term<br>consequence） | 未来的收益 |
| | | 对使用的情感<br>（affect toward use） | 某行为过程所带来的愉<br>悦感或沮丧、不快感 |
| | | 社会因素<br>（social factor） | 个体对客观文化、人际<br>交往中的参考群体的价<br>值观的认可 |
| | | 便利情形<br>（facilitating condition） | 环境中使某行为易于实<br>施的程度 |

---

① HARRISON D A, MYKYTYN P P, RIEMENSCHNEIDER C K. Executive decisions about adoption of information technology in small business: Theory and empirical tests[J]. Information Systems Research, 1997(2): 171-195.

② TRIANDIS H C. Interpersonal Behavior[M]. Monterey: Brooke/Cole, 1977.

③ THOMPSON R L, HIGGINS C A, HOWELL J M. Personal computing: Toward a conceptual model of utilization[J]. MIS Quarterly, 1991(1): 124-143.

续表

| 理论 | 简介 | 核心概念 | 定义 |
|---|---|---|---|
| 创新扩散理论[①]（innovation diffusion theory,IDT） | 被普遍认为是创新技术扩散研究最重要的理论基础，其普遍适用性已被世界各地的实证研究反复验证 | 相对优势（relative advantage） | 某创新技术比原技术好的程度 |
| | | 使用的容易程度（ease of use） | 使用创新技术的容易程度 |
| | | 形象（image） | 使用创新技术能提高个体在社会系统中的地位的程度 |
| | | 可观察性（visibility） | 在组织中使用新技术能被别人观察的程度 |
| | | 兼容性（compatibility） | 创新与现有价值观、需要和潜在用户过去经历一致的程度 |
| | | 结果可展示性（results demonstrability） | 使用创新技术的结果被观察或交流的程度 |
| | | 使用的自愿性（voluntariness of use） | 是否自愿使用 |
| 社会认知理论[②]（social cognitive theory,SCT） | 社会心理学的重要理论之一，是一种用来解释社会学习过程的理论 | 工作绩效的结果期待（outcome expectations-performance） | 个体对行为的与绩效有关的后果，尤其是指与工作有关的期待 |
| | | 个人结果的期待（outcome expectations-personal） | 个体对行为的个人结果，如个人尊严、成就感的期待 |
| | | 自效率（self-efficacy） | 个体对自己能使用某技术完成特定任务的能力的判断 |
| | | 情感（affect） | 个体对某特定行为的情感体验 |
| | | 焦虑（anxiety） | 个体在实践某行为之前的焦虑感 |

---

① ROGERS E M. Diffusion of Innovations[M]. New York: Free Press, 1962.

② BANDURA A. Self-efficacy: Toward a unifying theory of behavioral change[J]. Psychological Review, 1977(2): 191-215.

续表

| 理论 | 简介 | 核心概念 | 定义 |
|------|------|----------|------|
| 权衡需求理论①<br>（ perceived needs theory, PNT ） | 以使用与满足理论为起点,整合了"问题—解决"理论和"期望—价值"理论,强调个体心理要素在新媒体技术采纳过程中的重要作用 | 感知特征<br>（ perceived characteristics ） | 包括了创新扩散理论中对相对优势、兼容性、使用的容易程度、结果可展示性、形象这几种特点的感知 |
| | | 权衡需求<br>（ perceived needs ） | 当且仅当受众发觉其生活中某一重要需求已经无法被传统媒体满足,而又估计某一新媒体能满足这种需求时,对新媒体的需求 |
| | | 感知流行<br>（ perceived popularity ） | 对创新扩散理论的社会系统的扩展,尤其适合中国国情 |

注：本表在 Venkatesh et al.（2003）② 的基础上根据现有研究改编。

以上 8 种理论并非相互排斥，而是在某些方面重叠在一起。我们可以将这些模型所涵盖的影响因素大致分为三类：技术特征、社会规范和个体心理。技术特征主要包括创新扩散理论所总结的创新技术的各种特点、个人电脑使用模型中的前三个要素、技术接受模型中的感知有用性和易用性，以及权衡需求理论中个体对技术特征的感知特征。这类要素直接关系到技术的实际功用，其影响在扩散研究中已被广泛证实，所以本书不再对其进行验证。相比而言，社会规范和个体心理在传播技术的扩散研究中尚未引起足够的重视，因此也是本书重点考察的对象。具体来说，社会规范主要包括理性行为理论、技术接受模型和计划行为理论中的主观规范，个人电脑使用模型中的社会因素，以及权衡需求理论中的感知流行。对于个体心理要素，理性行为理论和计划行为理论中的对某行为的态度、动机模型中的两种动机、个人电脑使用模型中的对使用的情感、社会认知理论的诸要素，以及权衡需求理论中的权衡需求都可归入这一范畴。

① ZHU J H, HE Z. Perceived characteristics, perceived needs, and perceived popularity: Adoption and use of the Internet in China[J]. Communication Research, 2002(4): 466-495.

② VENKATESH V, MORRIS M G, DAVIS G B, et al. User acceptance of information technology: Toward a unified view[J]. MIS Quarterly, 2003(3): 425-478.

本节重点对技术接受模型和权衡需求理论这两种解释个人层面新技术采纳的代表性理论进行探讨，并通过综合权衡需求理论和创新扩散理论，提出了综合采用模型。本节以互联网在大学生中的采纳为例，在感知易用性和感知有用性这两种行为信念的基础上，纳入了网络知识、网络经历、网络自我效能感和感知乐趣，对技术接受模型进行了拓展。对于权衡需求理论，本节以数字电视为例，探讨了用户一般心理特性（如生活方式），以及与产品有关的用户心理特性（如感知流行、权衡需求）和数字电视采纳之间的关系，对其进行了延伸。本节以手机在我国农村地区的扩散与使用为例，建构了新技术的综合采用模型，同时考察人口变量、行为变量和心理变量如何影响农村居民的手机采纳与使用。

# 一、技术接受模型：以互联网为例

技术接受模型从理性行为理论[①]发展而来，其精髓在于解释了用户接受某一技术乃是基于自己对这种技术的态度[②]。技术接受模型揭示了个体所处的环境影响着个人的认知信念，而信念影响着个人对该技术的态度和接受行为。技术接受模型特别强调了两种行为信念，即感知易用性（perceived ease of use，PEOU）和感知有用性（perceived usefulness，PU）决定了个人对技术的使用意向。其中，感知易用性被定义为"个人认为使用某系统不费力的程度"，而感知有用性是"个人相信使用某系统将提高其工作业绩的程度"。[③]感知易用性强调个人对过程的期望，而感知有用性看重对结果的期望。感知易用性对个人使用某一技术的意向的影响，通过两条因果路径而实现，但这两种因果关系都直接或间接地与感知有

---

① AJZEN I，FISHBEIN M. Understanding Attitudes and Predicting Social Behavior[M]. New Jersey: Prentice-Hall, 1980.

② DAVIS F D, BAGOZZI R P, WARSHAW P R. User acceptance of computer technology: A comparison of two theoretical models[J]. Management Science, 1989(8): 982-1003; DAVIS F D, BAGOZZI R P, WARSHAW P R. Extrinsic and intrinsic motivation to use computers in the workplace[J]. Journal of Applied Social Psychology, 1992(14): 1111-1132.

③ DAVIS F D. Perceived usefulness, perceived ease of use, and user acceptance of information technology[J]. MIS Quarterly, 1989(3): 319-340.

用性有关。大量过往研究通过对企业信息技术接受的研究，证实了这一模型的适用性。

## （一）理论模型

从动机的角度看，感知有用性仅仅是个人使用特定技术的多种动机中的一个。戴维斯发现，不论是内在的还是外在的动机，皆是个人对计算机使用意向的重要动因。[①] 内在动机强调个人从特定活动中获取的乐趣和内在满足，而外在动机注重个人从使用行为中达成特定目标，诸如获得奖励等。换言之，内在动机关注个人从使用行为本身中所获得的纯粹的乐趣，外在动机指个人实施某一行为的根本原因在于个人相信自己可从该行为中获益，而该获益与行为本身是没有关联的。此前的研究发现，不论是内在动机（感知乐趣）还是外在动机（感知有用性），对于个人使用特定信息技术都有着正面的影响。[②]

除了感知乐趣（perceived enjoyment，PE）之外，自我效能感亦被作为一个关键性的认知因素纳入技术接受模型中。班杜拉（Bandura）将自我效能感定义为个人所拥有的一种"生发性能力，依靠这种能力，个体可将自我的认知、社会和行为技能有效整合，并运用于各种行为以实现不同的目的"。[③] 与此类似，马托基奥（Martocchio）和杜勒博恩（Dulebohn）将其定义为"执行一项任务时，个体对将自己的动机、认知、行动方案等加以整合协调以完成该任务的个人能力的判断"。[④] 这种定义方法强调自我效能感的三个关键特征。其一，自我效能感是

① DAVIS F D, BAGOZZI R P, WARSHAW P R. Extrinsic and intrinsic motivation to use computers in the workplace[J]. Journal of Applied Social Psychology, 1992, 22(14): 1111−1132.

② ATKINSON M A, KYDD C T. Individual characteristics associated with World Wide Web use: An empirical study of playfulness and motivation[J]. Data Base for Advances in Information Systems, 1997(2): 53−62; IGBARIA M. User acceptance of microcomputer technology: An empirical test[J]. Omega, 1993(93): 73−90; VANKATESH V. Creation of favorable user perceptions: Exploring the role of intrinsic motivation[J]. MIS Quarterly, 1999(2): 239−260.

③ BANDURA A. Social foundations of thought and action: A social cognitive theory[M]. Englewood Cliffs: Prentice Hall, 1986.

④ MARTOCCHIO J J, DULEBOHN J. Performance feedback effects in training: The role of perceived controllability[J]. Personnel Psychology, 1994(2): 357−373.

个人对自己能力的一种信念，而这种能力所关乎的是个人能否做出某种行为，而不是对这种行为的后果的评价。其二，自我效能感关注的是整体结果，而不是达致这种整体结果的某个组成部分的技巧或技巧层面。其三，自我效能感是个人对自己未来将能做什么的评价，而不是关注自己在过去曾经做过什么。与之相对，知识是人们对于某种特定技术的了解，以及人们可通过这种技术完成什么事情的认知。知识是一种"了解的状态"（the state of knowing），而自我效能感是个体认为"自己在未来能做什么的期望状态"（the state of believing what one can do in the future）。因此，直观而言，知识和自我效能感之间的关系应该是：个人对一种技术所拥有的知识愈多，便对其拥有愈高的自我效能感。此前的研究发现，知识不仅是实现更高层面学习（higher order learning）的一个必要条件[①]，也是人们对技术产生一定自我效能感的一个先决因素[②]。在计算机自我效能感研究领域，波托斯基（Potosky）也发现受访者的计算机知识显著提升了其在后续培训项目中的自我效能感。[③]

　　"鉴于自我效能感在预测和提升工作绩效中的重要影响"[④]，研究者从认知心理学领域借用了自我效能感这一概念并发展了计算机效能感（computer-efficacy）的概念，后者指个人对于自己使用计算机能力的总体信念[⑤]。既有文献表明，计

① ACKERMAN P L. Individual differences in skill learning: An integration of psychometric and information processing perspectives[J]. Psychological Bulletin, 1987(1): 3–27; ANDERSON J R. Acquisition and cognitive skill[J]. Psychological Review, 1982(4): 369–406.

② MARTOCCHIO J J, DULEBOHN J. Performance feedback effects in training: The role of perceived controllability[J]. Personnel Psychology, 1994(2): 357–373.

③ POTOSKY D. A field study of computer efficacy beliefs as an outcome of training: The role of computer playfulness, computer knowledge, and performance during training[J]. Computers in Human Behavior, 2002(3): 241–255.

④ IGBARIA M, IIVARI J. The effects of self–efficacy on computer usage[J]. Omega, 1995(6): 587–605.

⑤ COMPEAU D R, Higgins C A. Application of social cognitive theory to training for computer skills[J]. Information Systems Research, 1995(2): 118–143; VENKATESH V, DAVIS F D. A model of the antecedents of perceived ease of use: Development and test[J]. Decision Sciences, 1996(3): 451–481.

算机效能感是用户使用计算机行为的显著预测变量。<sup>①</sup> 此外，不少研究成功地将自我效能感整合进技术接受模型，用于增进人们关于用户计算机接受的理解。<sup>②</sup>

此外，还有一个极为重要的认知因素——知识——未能得到足够的关注。知识是社会科学研究中的一个关键概念。譬如有关知识沟（knowledge gap）的文献表明，拥有较高社会经济地位（socioeconomic status，SES）的人会比拥有较低社会经济地位的人更快地获取政治和科技知识。<sup>③</sup> 这一理论的基本假定是知识会直接影响人们的各种社会参与行为，而这一假定亦得到众多实证研究的支持<sup>④</sup>。

网络知识（Internet knowledge）可以反映人们对互联网的了解程度以及对互联网各种用途的认知程度。<sup>⑤</sup> 网络知识包括与互联网的日常使用密切相关的两个面向：关于网络是什么的认识和通过网络可以做什么的认识。<sup>⑥</sup> 这两个维度

① FENECH T. Using perceived ease of use and perceived usefulness to predict acceptance of the World Wide Web[J]. Computer Networks & ISDN Systems, 1998(1−7): 629−630; HARRIS M M, HOYE G V, LIEVENS F. Privacy and attitudes towards Internet−based selection systems: A cross−cultural comparison[J]. International Journal of Selection and Assessment, 2003(2−3): 230−236; IGBARIA M, IIVARI J. The effects of self−efficacy on computer usage[J]. Omega, 1995(6): 587−605; VENKATESH V, DAVIS F D. A model of the antecedents of perceived ease of use: Development and test[J]. Decision Sciences, 1996(3): 451−481.

② LIAW S S. Understanding user perceptions of world−wide web environments[J]. Journal of Computer Assisted Learning, 2002(2): 137−148; LIAW S S, CHANG W C, HUNG W H, et al. Attitudes toward search engines as a learning assisted tool: Approach of Liaw and Huang's research model[J]. Computers in Human Behavior, 2006(2): 177−190; MCFARLAND D J, HAMILTON D. Adding contextual specificity to the technology acceptance model[J]. Computers in Human Behavior, 2006(3): 427−447.

③ TICHENOR P J, DONOHUE G A, OLIEN C N. Mass media flow and differential growth in knowledge[J]. Public Opinion Quarterly, 1970(2): 159−170.

④ DELLI CARPINI M X, KEETER S. What Americans Know about Politics and Why It Matters[M]. New Haven: Yale University Press, 1996; ROSENSTONE S J, HANSEN J M. Mobilization, Participation, and Democracy in America[M]. New York: Macmillan, 1993; VERBA S, BURNS N, SCHLOZMAN K L. Knowing and caring about politics: Gender and political engagement[J]. The Journal of Politics, 1997(4): 1051−1072.

⑤ POTOSKY D. The Internet knowledge (iknow) measure[J]. Computers in Human Behavior, 2007(6): 2760−2777.

⑥ PAGE K, UNCLES M. Consumer knowledge of the world wide web: Conceptualization and measurement[J]. Psychology & Marketing, 2004(8): 573−591.

又可被称为陈述性知识（declarative knowledge）和程序性知识（procedural knowledge）。[1] 陈述性知识指人们对网络相关的特定术语如储存在用户本地终端上的数据（cookies）、浏览器（browser）的理解等，而程序性知识是人们对如何通过网络执行相关操作和任务的理解。

尽管网络知识本身是一个相对独立的概念，但在过往研究中，它与网络经历（Internet experience）和网络自我效能感（Internet self-efficacy）之间的界限却较为模糊。[2] 在将网络知识作为一个独立的、兼备足够信度和效度的概念并检验其对网络接受（Internet acceptance）的可能影响这一点上，学者们的努力甚微。[3] 而根据我们的观察及部分学者的论述，与网络相关的知识可能是影响人们接受和使用网络的重要变量。[4] 对于欠发达尤其是落后的乡村地区而言，人们对于网络的了解甚至是其采纳互联网与否的决定性因素。[5] 过往研究一般认为网络经历应该有着如下含义：用户对于网络这种自己感兴趣的技术，愈是熟悉则知道得就愈多。[6] 但对于如何测量这一概念，不同的研究所采用的方法不同。一般

---

[1] BEST J B. Cognitive Psychology[M]. 2nd ed. New York: West Publishing, 1989; PAGE K, UNCLES M. Consumer knowledge of the world wide web: Conceptualization and measurement[J]. Psychology & Marketing, 2004(8): 573-591.

[2] BOZIONELOS N. Socio-economic background and computer use: The role of computer anxiety and computer experience in their relationship[J]. International Journal of Human-Computer Studies, 2004(5): 725-746; BRADLOW E T, HOCH S J, HUTCHINSON J W. An assessment of basic computer proficiency among active Internet users: Test construction, calibration, antecedents, and consequences[J]. Journal of Educational and Behavioral Statistics, 2002(3): 237-253; EASTIN M S, LAROSE R. Internet self-efficacy and the psychology of the digital divide[J]. Journal of Computer Mediated Communication, 2000(1): 611; PACE S A. Grounded theory of the flow experiences of web users[J]. International Journal of Human Computer Studies, 2003(3): 327-363; HARTZEL K. How self-efficacy and gender issues affect software adoption and use[J]. Communications of the ACM, 2003(9): 167-171.

[3] POTOSKY D. The Internet knowledge (iKnow) measure[J]. Computers in Human Behavior, 2007(6): 2760-2777.

[4] 韦路，张明新. 网络知识对网络使用意向的影响：以大学生为例 [J]. 新闻与传播研究，2008（1）：71-80，97；黄艾华. 网络传播加剧知识沟扩散 [J]. 现代传播，2002（4）：54-55.

[5] 张明新. 我国农村居民的互联网采纳的探索性研究 [J]. 科普研究，2006（2）：8-18.

[6] SUN H, ZHANG P. The role of moderating factors in user technology acceptance[J]. International Journal of Human-Computer Studies, 2006(2): 53-78.

而言，网络经历要么以用户使用网络的年限来测量 ①，要么以用户对不断发展的网络技术的了解水平这一定序量表的方式来测量 ②。此前也有一些研究从知识的角度来测量网络经历。③譬如，一个研究中的计算机体验量表要求受访者将网络浏览器的名称与相应的网络术语相配对，并询问受访者网站是如何"知道"第一次访问自己的用户。④

　　然而，网络知识与网络经历毕竟是不同的概念。前者指用户知道什么（ what one knows ），而后者指用户曾经做过什么（ what one has done ）。拥有同样多的网络经历的用户，可能有着不同水平的网络知识。其他的因素，如人口统计学变量、个人特质等，也可能影响人们的网络知识。网络知识与网络经历之间的关系是明确的：个人所拥有的网络经历越多，其所获取的网络知识越多；但网络经历应该仅仅是影响网络知识的一个因素。

　　基于上文的文献综述，本节试图探讨：网络知识对网络感知易用性有何影响？网络自我效能感对网络感知易用性、网络感知有用性和网络感知乐趣有何影响？网络感知易用性对网络感知有用性和网络感知乐趣有何影响？网络感知有用性、网络感知易用性和网络感知乐趣对网络使用意向有何影响（见图 4-1 ）？

①　VENKATESH V, MORRIS M G. Why don't men ever stop to ask for directions? Gender, social influence, and their role in technology acceptance and usage behavior[J]. MIS Quarterly, 2000(1): 115-139.

②　VANKATESH V, MORRIS M G, DAVIS G B, et al. User acceptance of information technology: Toward a unified view[J]. MIS Quarterly, 2003(3): 425-478.

③　BOZIONELOS N. Socio-economic background and computer use: The role of computer anxiety and computer experience in their relationship[J]. International Journal of Human-Computer Studies, 2004(5): 725-746; BRADLOW E T, HOCH S J, HUTCHINSON J W. An assessment of basic computer proficiency among active Internet Users: Test construction, calibration, antecedents, and consequences[J]. Journal of Educational and Behavioral Statistics, 2002(3): 237-253

④　BRADLOW E T, HOCH S J, HUTCHINSON J W. An assessment of basic computer proficiency among active Internet Users: Test construction, calibration, antecedents, and consequences[J]. Journal of Educational and Behavioral Statistics, 2002(3): 237-253

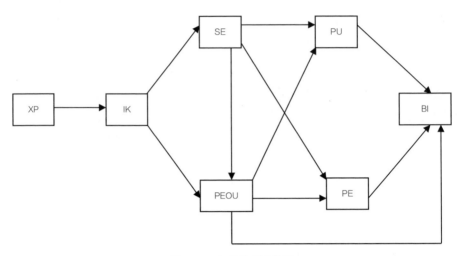

图 4-1    本节的理论模型

注：XP 表示网络经历，IK 表示网络知识，SE 表示自我效能感，PEOU 表示感知易用性，PU 表示感知有用性，PE 表示感知乐趣，BI 表示行为意向。

## （二）研究数据

考虑到研究目的，即发展网络知识的概念并检验其对网络使用意向的可能影响，我们选择大学生群体作为研究对象。如此选择的理由在于：其一，大学生网民是重要的网民群体，大学生毕业之后，其在工作中使用互联网的可能性较大，即有一定程度的使用意向。其二，相对而言，大学生是网民中学历较高的群体，其有关网络的各种知识储备相对丰富，这有利于我们发展网络知识的概念并予以测量，检验其与其他相关概念如网络经历和自我效能感等的关系，并探讨其对网络使用意向的可能影响。

数据搜集在湖北省武汉市的 4 所大学实施。具体的调查实施时间为 2007 年 3 月 15 日—4 月 5 日。武汉市是中国高等教育最为发达的城市之一，我们分别在第一批、第二批、第三批本科和高职高专院校中随机选取了 1 所高校。随后，研究者及其助理在这 4 所大学分别联系 1 位人文／社会科学专业的班级和自然科学／工程技术专业的班级的班主任，并事先考虑到每个班级男女性别差异不能太大。研究者及其助理选择在这些班级上课之时，在所联系到的班主任的协助下完成调查，要求所有受访者当场填写问卷后即刻回收。发放的问卷共为 324 份，回收 306 份，其中有效问卷为 279 份。本调查的完成率为 86.1%。

受访者年龄的均值为 20.27 岁，标准差为 2.00 岁。52.6% 的受访者为男性，47.4% 为女性。人文／社会科学专业的学生比例为 48.7%，余下 51.3% 的学生来自自然科学／工程技术专业。至于受访者的年级，52.4% 为大学一年级学生，28.0% 为二年级，三年级和四年级学生占比分别为 10.2% 和 9.4%。

## （三）变量测量

网络知识。因为研究目标在于探讨网络知识对于大学生网络使用意向的影响，我们通过对 3 名来自不同专业的大学生以及 3 位信息领域的教授／当地互联网产业专家的访谈，来开发网络知识量表。我们要求这 6 位受访者列出人们使用互联网所需的最基本的相关知识。最终，我们从中挑选了他们所列举的最常见的 5 个知识点，构成我们对网络知识进行测量的问题。这些问题包括人们对互联网相关的基本概念的理解、网络使用技能技巧、网络难题解决方法等。根据上文所述的对于知识的分类法，我们将这 5 个知识点分别发展为对陈述性知识和程序性知识的测量方式。譬如，其中的一个问题询问受访者是否知道 cookies 是什么，另一个问题则询问受访者是否知道如何使用 cookies。如受访者回答"是"，被编码为 1，回答"否"，被编码为 0。

网络经历。我们借鉴文卡特什和莫里斯的研究[1]，采用受访者使用互联网的历史（以月为单位）来测量。

网络自我效能感。本书采用 6 个项目来测量个人对自己使用互联网的信心的评价，包括各种网上活动，如信息搜索、与他人沟通、解决实际问题等。[2]我们要求受访者在 5 级李克特量表上标明自己对上述 6 个陈述的同意程度，数字愈大表明同意的程度愈高，其中 1 代表"完全不同意"，5 代表"完全同意"。

---

[1]　VENKATESH V, MORRIS M G. Why don't men ever stop to ask for directions? Gender, social influence, and their role in technology acceptance and usage behavior[J]. MIS Quarterly, 2000(1): 115−139.

[2]　LIAW S S, HUANG H M. An investigation of user attitudes toward search engines as an information retrieval tool[J]. Computers in Human Behavior, 2003(6): 751−765; VENKATESH V, DAVIS F D. A model of the antecedents of perceived ease of use: Development and test[J]. Decision Sciences, 1996(3): 451−481.

感知易用性。我们采用 6 个项目来测量受访者对自己使用网络难易程度的评价。[1]譬如，受访者被要求回答他们是否同意自己学习上网是一件容易的事情等问题。所有问题都要求受访者在 5 级李克特量表上标明自己的同意程度。

感知有用性。借鉴戴维斯等的研究[2]，我们采用 6 个项目来测量人们认为使用互联网对自己的有用程度，譬如如下问题：使用互联网是否能提升工作效率、优化工作表现、增强工作能力等。所有项目皆以 5 级李克特量表测量。

网络感知乐趣。根据过往研究的相关测量方法[3]，本书采用 6 个项目来测量受访者从使用互联网这一活动中所获得的乐趣。亦是要求受访者在 5 级李克特量表上予以回答。

网络使用意向。基于过往研究的相关测量方法[4]，我们采用 4 个项目来测量人们在未来使用互联网的可能性，所有项目亦是采用 5 级李克特量表的形式予以测量。

我们同时搜集了每位受访者的人口统计学信息，包括性别、年龄、专业、年

---

[1] DAVIS F D. Perceived usefulness, perceived ease of use, and user acceptance of information technology[J]. MIS Quarterly, 1989(3): 319−340; DAVIS F D, BAGOZZI R P, WARSHAW P R. Extrinsic and intrinsic motivation to use computers in the workplace[J]. Journal of Applied Social Psychology, 1992(14): 1111−1132.

[2] DAVIS F D. Perceived usefulness, perceived ease of use, and user acceptance of information technology[J]. MIS Quarterly, 1989(3): 319−340; DAVIS F D, BAGOZZI R P, WARSHAW P R. Extrinsic and intrinsic motivation to use computers in the workplace[J]. Journal of Applied Social Psychology, 1992(14): 1111−1132.

[3] COMPEAU D R, HIGGINS C A, HUFF S. Social cognitive theory and individual reactions to computing technology: A longitudinal study[J]. MIS Quarterly, 1999(2): 145−158; COMPEAU D R, HIGGINS C A. Application of social cognitive theory to training for computer skills[J]. Information Systems Research, 1995(2): 118−143; DAVIS F D, BAGOZZI R P, WARSHAW P R. Extrinsic and intrinsic motivation to use computers in the workplace[J]. Journal of Applied Social Psychology, 1992(14): 1111−1132; THOMPSON R L, HOWELL H J M. Personal computing: Toward a conceptual model of utilization[J]. MIS Quarterly, 1991(1): 125−143; VANKATESH V, MORRIS M G, DAVIS G B, et al. User acceptance of information technology: Toward a unified view[J]. MIS Quarterly, 2003(3): 425−478.

[4] LIAW S S, HUANG H M. An investigation of user attitudes toward search engines as an information retrieval tool[J]. Computers in Human Behavior, 2003(6): 751−765; VENKATESH V, DAVIS F D. A model of the antecedents of perceived ease of use: Development and test[J]. Decision Sciences, 1996(3): 451−481.

级、家庭年收入、个人月花费。

　　量表的测量品质可从内在一致性、收敛效度、区分效度和项目载荷这几个方面来分析。当不同的项目被用于测量同一概念之时，即出现收敛效度的问题，可通过因子载荷（factor loading）来检验。我们用验证性因子分析（confirmatory factor analysis，CFA）来评估收敛效度。表 4-2 显示了各变量的测量项目及测量结果。根据以被普遍接受的 0.5 为门槛值的标准 [①]，有几个项目由于因子载荷过低而被剔除掉。至于余下的各项目，我们认为对于测量相应的概念而言已拥有足够的收敛效度。

表 4-2　各变量的测量项目及测量结果

| 题号 | 项目 | 均值 | 标准差 | I-Tr** | 因子载荷 | Cronbach's $\alpha$ |
|------|------|------|--------|--------|---------|---------------------|
| IK1 | 我知道"蠕虫"这种网络病毒 | 0.39 | 0.49 | 0.46 | 0.54 | |
| IK2 | 我知道怎么去对付"蠕虫"这种网络病毒 | 0.20 | 0.40 | 0.49 | 0.58 | |
| IK3 | 我知道什么是置顶 | 0.57 | 0.50 | 0.46 | 0.46* | |
| IK4 | 我知道如何将帖子置顶 | 0.37 | 0.48 | 0.38 | 0.39* | 0.75 |
| IK5 | 我知道什么是 cookies | 0.46 | 0.50 | 0.44 | 0.55 | |
| IK6 | 我知道如何使用 cookies | 0.23 | 0.42 | 0.49 | 0.60 | |
| IK7 | 我知道什么是代理服务器 | 0.52 | 0.50 | 0.49 | 0.59 | |
| IK8 | 我知道如何设置代理服务器 | 0.26 | 0.44 | 0.47 | 0.58 | |
| IK9 | 我知道什么是网络视频中的缓冲 | 0.91 | 0.29 | 0.21 | 0.20* | 0.75 |
| IK10 | 我知道怎么应对网络视频中的缓冲这一现象 | 0.53 | 0.50 | 0.29 | 0.31* | |
| EX1 | 您使用网络大约有多少个月？ | 44.95 | 27.57 | — | — | — |

---

[①]　KLINE R B. Principles and Practice of Structural Equation Modeling[M]. New York:The Guilford Press, 1998.

续表

| 题号 | 项目 | 均值 | 标准差 | I-Tr** | 因子载荷 | Cronbach's α |
|------|------|------|--------|--------|----------|--------------|
| SE1 | 我有信心能在网上搜索到自己所需的信息 | 3.76 | 0.82 | 0.52 | 0.65 | 0.78 |
| SE2 | 我有信心通过网络来解决实际问题 | 3.38 | 0.83 | 0.65 | 0.79 | |
| SE3 | 我有把握通过网络与人较好地交流 | 3.36 | 0.86 | 0.43 | 0.48* | |
| SE4 | 我有信心通过网络来完成需要做的事情 | 3.37 | 0.79 | 0.53 | 0.61 | |
| SE5 | 我觉得自己可较好地使用网络设备 | 3.25 | 0.87 | 0.57 | 0.62 | |
| SE6 | 即使身边没有人帮助，我也能通过网络完成相关工作 | 3.21 | 0.88 | 0.53 | 0.57 | |
| PEOU1 | 学习如何使用网络对我来说是一件容易的事情 | 3.15 | 0.91 | 0.66 | 0.77 | 0.80 |
| PEOU2 | 我觉得通过互联网来做自己想做的事情比较容易 | 3.59 | 0.76 | 0.45 | 0.50 | |
| PEOU3 | 我很能理解如何去使用网络系统 | 3.14 | 0.86 | 0.56 | 0.63 | |
| PEOU4 | 在我看来，使用网络系统的过程是很灵活的 | 3.72 | 0.71 | 0.28 | 0.30* | |
| PEOU5 | 要熟练掌握使用互联网对我来说不是一件难事 | 3.32 | 0.97 | 0.68 | 0.80 | |
| PEOU6 | 我觉得网络用起来比较容易 | 3.49 | 0.87 | 0.55 | 0.65 | |
| PU1 | 使用互联网可帮我更快地完成任务 | 3.84 | 0.68 | 0.56 | 0.60 | 0.82 |
| PU2 | 使用网络可以优化我的工作（学习）表现 | 3.68 | 0.78 | 0.71 | 0.84 | |
| PU3 | 使用网络可以增强我的工作（学习）能力 | 3.65 | 0.80 | 0.61 | 0.73 | |
| PU4 | 使用网络可以提高我的工作（学习）效率 | 3.75 | 0.76 | 0.59 | 0.67 | |
| PU5 | 由于有了网络，很多事情做起来更为容易 | 3.94 | 0.68 | 0.59 | 0.61 | 0.82 |
| PU6 | 网络在我的日常生活中比较有用处 | 3.98 | 0.72 | 0.47 | 0.50 | |

续表

| 题号 | 项目 | 均值 | 标准差 | I-Tr** | 因子载荷 | Cronbach's $\alpha$ |
|---|---|---|---|---|---|---|
| PE1 | 我觉得使用网络比较有趣 | 3.84 | 0.75 | 0.59 | 0.72 | |
| PE2 | 使用互联网的实际过程令人快乐 | 3.62 | 0.82 | 0.68 | 0.78 | |
| PE3 | 我上网感觉很开心 | 3.51 | 0.84 | 0.66 | 0.76 | 0.87 |
| PE4 | 网络的存在使得工作更为有趣 | 3.67 | 0.79 | 0.68 | 0.76 | |
| PE5 | 我喜欢使用网络 | 3.80 | 0.79 | 0.68 | 0.74 | |
| PE6 | 一旦我开始用了网络就难以停止 | 2.77 | 1.05 | 0.23 | 0.25* | |
| BI1 | 我觉得在未来我肯定会上网 | 4.42 | 0.71 | 0.67 | 0.75 | |
| BI2 | 我相信使用互联网是值得做的事情 | 4.26 | 0.65 | 0.66 | 0.76 | |
| BI3 | 在今后的几个月里我会使用网络 | 4.24 | 0.74 | 0.64 | 0.71 | 0.83 |
| BI4 | 在今后的生活中使用网络是很有必要的 | 4.45 | 0.63 | 0.67 | 0.76 | |

注：* 表示被删除的项目；** 表示量表的单项与总和相关系数。

在剔除掉因子载荷较低的那些项目之后，余下测量相应变量的项目的信度分析结果显示其拥有较好的内在一致性（所有 Cronbach's $\alpha$ 皆达到 0.75）。

区分效度可通过检验一个理论概念与其他相关理论概念之间的相关关系来判断。[1] 根据克林（Kline）的建议，当两个概念之间的相关性不是很强（$r > 0.85$）或者不是很弱（$r < 0.10$）之时，区分效度是较好的。[2] 表 4-3 列出了所有相关概念之间的相关系数值。除了两个值之外（网络使用意向和网络知识、网络使用意向和网络经历），其余皆在可被接受的范围之内，故各理论概念间的区分效度是较好的。由于我们的研究目的之一是将网络知识与网络经历、网络自我效能感这两个概念区分开来，上述分析显示，网络知识的确是一个独立的、有着足够效度的概念。

---

① CRONBACH L J, MEEHL P E. Construct validity in psychological tests[J]. Psychological Bulletin, 1995(4): 281−302.

② KLINE R B. Principles and Practice of Structural Equation Modeling[M]. New York: The Guilford Press, 1998.

表 4-3　各概念测量结果的描述统计及概念间的相关分析

| 变量 | 均值 | 标准差 | 1 | 2 | 3 | 4 | 5 | 6 | 7 |
|---|---|---|---|---|---|---|---|---|---|
| 网络经历 | 44.95 | 27.57 | 1 | | | | | | |
| 网络知识 | 2.06 | 1.85 | 0.43*** | 1 | | | | | |
| 网络自我效能感 | 16.97 | 3.05 | 0.35*** | 0.34*** | 1 | | | | |
| 网络感知易用性 | 16.69 | 3.27 | 0.38*** | 0.43*** | 0.68*** | 1 | | | |
| 网络感知有用性 | 22.84 | 3.23 | 0.16** | 0.15* | 0.47*** | 0.38*** | 1 | | |
| 网络感知乐趣 | 18.44 | 3.22 | 0.18** | 0.14* | 0.49*** | 0.48*** | 0.57*** | 1 | |
| 网络使用意向 | 17.37 | 2.23 | 0.10 | 0.06 | 0.32*** | 0.31*** | 0.39*** | 0.45*** | 1 |

注：*** 表示 $p<0.001$，** 表示 $p<0.01$，* 表示 $p<0.05$。

## （四）研究发现

本书采用 EQS 6.1[①]，通过实施路径分析（path analysis）来检验理论模型中提出的所有因果关系。通过 EQS 6.1 的分析产生的路径模型不仅可检验各概念之间的关系，还可帮助我们评判经验数据是否为各研究假设提供了可被接受的证据。

图 4-2 显示了路径分析的结果。相关指标表明该模型在相当程度上是可被接受的。[②] 回归分析显示所有的路径系数皆是正向且显著的，故所有的假设皆得到证实。作为最终的因变量，网络使用意向 21% 的总变差得到解释。网络自我效能感和网络感知易用性解释了网络感知有用性 25% 的总变差，解释了网络感知乐趣 32% 的总变差。网络知识和网络自我效能感联合解释了网络感知易用性 52% 的总变差。此外，网络经历解释了网络知识 24% 的变差，而网络知识解释了网络自我效能感 17% 的变差。

---

① BENTLER P M. EQS 6.1: Structural Equations Program Manual[M]. California: Multivariate Software, 2005.

② $\chi^2$（10）＝51.5（$p<0.001$），GFI＝0.95，NFI＝0.91，CFI＝0.93，SRMR＝0.07，RMSEA＝0.07。

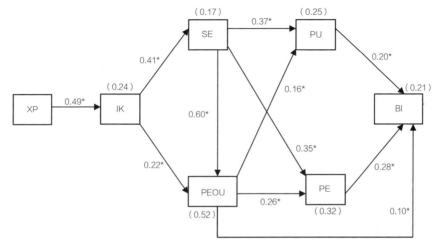

图 4-2　路径分析的结果

　　注：XP 为网络经历，IK 为网络知识，SE 为自我效能感，PEOU 为感知易用性，PU 为感知有用性，PE 为感知乐趣，BI 为行为意向。* 表示 $p < 0.05$。括号中为因变量的解释方差。

## 二、权衡需求理论：以数字电视为例

　　以往关于新媒体技术采用的研究大多聚焦于人口统计因素和社会经济因素等外在影响因素。这些研究发现新技术的早期采纳者往往具有较高的社会经济地位。然而，这种基于人口统计因素的新媒体技术采用研究忽略了一组同样重要的影响因素——用户的内在心理因素。[1] 正如欧洲传播学者麦奎尔（McQuail）所言，在日趋商业化的媒介环境下，技术产品的物质消费和象征消费之间的界限越来越模糊。[2] 因此，心理因素理应受到学界更多的重视。作为个体心理要素的代表，权衡需求在传播技术的采纳过程中发挥着十分重要的作用。以使用与满足理论（uses and gratifications theory）为起点，祝建华和何舟在整合"问题—解决"理论（problem-solution theory）和"期望—价值"理论（expectancy-value

①　LEUNG L. Lifestyles and the use of new media technology in urban China[J]. Telecommunications Policy, 1998(9): 781−790.

②　MCQUAIL D. The media and lifestyle[J]. European Journal of Communication, 2002(4): 427−428.

theory）的基础上，构建了新媒体权衡需求（perceived need for new media，PNNM）的概念。① 这一概念强调，在当今多种新旧媒体竞争共存的环境下，当且仅当受众发觉其生活中的某一重要需求已无法被传统媒体满足，同时认为某一新媒体能够满足这种需求的时候，他们才会抛弃旧媒体并转而接受新媒体。这种对新技术的权衡需求在很大程度上代表了前文所述的个体心理诸要素，特别是动机模型和社会认知理论中的相关要素。例如，外在动机和内在动机分别指向两种不同的用户主观心理需求，或认为采纳行为可以带来某些外在的有价值的结果，或认为采纳行为本身可以带来某种内在的满足感。这些其实都是权衡需求的具体表现。类似地，社会认知理论中的工作绩效结果期待和个人结果期待也是指个体外在和内在的不同的权衡需求。祝建华和何舟提出的新媒体权衡需求概念则在分析具体的各项需求的基础上，纳入了对新旧媒体不同表现的考量，并对各种需求的重要程度进行了评估。

权衡需求理论认为，人们对新媒体技术的采纳和使用并不是出于实际需求，而是由个人所感到的社会压力所导致的。② 不论是理性行为理论、技术接受模型和计划行为理论中的主观规范，还是电脑使用模型中的社会因素，表达的都是个体所感受到的社会流行程度。不少扩散研究者也曾以主观社会规范、社会气候、社会压力、文化时尚、"乐队—花车"效果等概念来描述这一现象。由于中国是一个传统的集体主义国家，中国人所感知的社会流行程度在创新技术的扩散过程中发挥着重要的作用。过往的实证研究也证实，中国人对新媒体流行程度的主观认知显著影响了其采纳和使用行为。③

数量有限的研究表明，生活方式（lifestyle）作为一种用户心理因素在新媒

---

① ZHU J H, HE Z. Perceived characteristics, perceived needs, and perceived popularity: Adoption and use of the Internet in China[J]. Communication Research, 2002(4): 466-495.

② ZHU J H, HE Z. Perceived characteristics, perceived needs, and perceived popularity: Adoption and use of the Internet in China[J]. Communication Research, 2002(4): 466-495.

③ 金兼斌. 互联网在中国大陆的扩散［C］香港：中华传播学会年会，2001; ZHU J H, HE Z. Perceived characteristics, perceived needs, and perceived popularity: Adoption and use of the Internet in China[J]. Communication Research, 2002(4): 466-495; 周裕琼. 手机短信的采纳与使用——深港两地大学生之比较研究［J］中国传媒报告，2003（2）：110-122.

体技术采用的过程中也扮演着极为重要的角色。① 生活方式原为市场营销领域影响消费者商品消费的一个重要因素，由于新媒体技术在现代社会也表现为一种商品，所以消费者的生活方式对其媒体技术产品的采用也有着十分重要的影响。生活方式这一概念最早由拉泽（Lazer）提出。② 目前，学界通常将其定义为"人们生活以及消费时间和金钱的方式"③，也有学者将其定义为"人们用以与他人相区别的行为方式"④。因此，生活方式可以帮助人们理解各种具体的行为及其原因和意义。

消费者行为研究表明，消费者往往通过对新产品的购买和使用来树立其社会身份（social identity），并与其他人区别开来。消费者采用的新产品和特定品牌在很大程度上表征着某种社会地位或群体归属。因此，对特定商品的消费往往是人们生活方式的一种表现。⑤ 具体来说，新产品消费主要通过两种方式来反映生活方式：作为身份整合的消费（consumption-as-integration）和作为身份聚类的消费（consumption-as-classification）。⑥ 作为身份整合的消费使消费者认识到一种有价值的消费产品是形成他们社会身份的一种核心元素。⑦ 每一种消费产品都有其象征属性；消费者对这种产品的追求有助于他们借助产品的象征意义来提升自己的社会身份和地位。作为身份聚类的消费指的是消费者通过产品消费对

---

① DONOHEW L, PALMGREEN P, RAYBURN J D. Social and psychological origins of media use: A lifestyle analysis[J]. Journal of Broadcasting and Electronic Media, 1987(3): 255-278; LEUNG L. Lifestyles and the use of new media technology in urban China[J]. Telecommunications Policy, 1998(9): 781-790; WEI R. Lifestyles and new media: Adoption and use of wireless communication technology in China[J]. New Media and Society, 2006(6): 991-1008.

② LAZER W. Lifestyle concepts and marketing[M]//GREYSSER S. Toward Scientific Marketing. Chicago: American Marketing Association, 1963: 243-252.

③ KAYNAK E, KARA A. An examination of the relationship among consumer lifestyles, ethnocentrism, knowledge structures, attitudes and behavioral tendencies: A comparative study in two CIS states[J]. International Journal of Advertising, 2001(4): 455-482.

④ CHANEY D. Lifestyles[M]. London: Routledge, 1996: 4.

⑤ LEVY S J. Symbolism and lifestyle[M]//GREYSER S. Toward Scientific Marketing. Chicago: American Marketing Association, 1963: 140-150.

⑥ LEUNG L. Lifestyles and the use of new media technology in urban China[J]. Telecommunications Policy, 1998(9): 781-790.

⑦ ROSENBERG M. Conceiving the Self[M]. New York: Basic, 1979.

个体进行分类的方法。[1] 由于每一种产品都有其对应的象征意义，消费者可以根据这些产品的意义来对他们自身的社会身份进行归类。使用同一产品的消费者往往感觉他们拥有相同的社会身份。因此，作为身份聚类的消费不仅强化了消费者的群体归属，也凸显了群体之间的差异。[2]

虽然生活方式对产品消费的重要影响已被反复证实，但是生活方式与新媒体技术采纳之间的关系却鲜有论及。香港学者梁永炽在其研究中率先探讨了生活方式对中国城市居民新媒体技术采用的影响，发现生活方式的确是预测人们新媒体技术采用的一个重要因素。[3] 生活方式所代表的一系列态度变量成为人口变量的有益补充，并从社会身份的角度加深了人们对新媒体技术采用的理解。传播学者魏然也发现，中国城市消费者的生活方式对寻呼机和手机等无线传播技术的采用具有显著影响。[4] 因此，本节也试图探讨人们特定的生活方式是否可以预测其对数字电视的采纳。

## （一）理论模型

进一步的问题在于，既然同为心理变量，也同样对新媒体技术采用具有影响，生活方式与感知流行和权衡需求之间有何关系？人们的生活方式是否可以预测其感知流行和权衡需求，并进而预测其媒介技术的采用？这些问题正是本节的研究重点。

一般来说，在市场营销领域，对潜在消费者进行市场细分的标准大致可以分为以下三类。[5] 第一类，消费者的一般物质特性（general physical attribute），包括地理区域、人口统计和社会经济变量。这些是最基本也最易观察到的变量。第二类，消费者的一般心理特性（general psychological attribute），主要包括

---

[1]　LEVY S J. Symbols and sale[J]. Harvard Business Review, 1959(37): 117−124.

[2]　DOUGLAS M, ISHERWOOD B. The World of Goods[M]. New York: Basic, 1979.

[3]　LEUNG L. Lifestyles and the use of new media technology in urban China[J]. Telecommunications Policy, 1998(9): 781−790.

[4]　WEI R. Lifestyles and new media: Adoption and use of wireless communication technology in China[J]. New Media and Society, 2006(6): 991−1008.

[5]　GUNTER B, FURNHAM A. Consumer Profiles: An Introduction to Psychographics[M]. London: Routledge, 1992.

生活方式的一系列变量。与第一类人口统计变量相对应，这类变量也被称为心理统计变量（psychographic）。第三类，与产品有关的消费者心理特性（product-specific psychological attribute），主要包括相关产品的购买行为或消费者期望从某类产品中所获得的利益。这三类变量不仅是对消费者进行细分的标准，也是影响消费者技术产品采纳的重要因素。由于前两类变量代表的是消费者的一般物质和心理特性，它们在影响技术采纳的路径上处于相对起始的位置；与产品有关的消费者心理特性则跟随其后。

　　生活方式可以被归为消费者的一般心理特性，而感知流行和权衡需求则属于与产品有关的消费者心理特性。如前所述，感知流行是消费者所感知的特定媒介技术的社会流行程度；权衡需求则是消费者对某种新媒体技术预期利益的主观评价。它们都表达了消费者所期望的从某种具体产品中可能获得的利益。这两种与产品有关的消费者心理特性一方面对新媒体技术的采纳具有直接的影响，另一方面也受到处于更为底层的消费者一般心理特性——生活方式变量——的影响。基于以上探讨，我们提出的理论框架表现为，生活方式不仅可以直接预测数字电视的采纳，也可通过影响消费者的感知流行和权衡需求对数字电视的采纳产生间接影响（见图 4-3）。具体来说，我们试图回答的问题包括：人们特定的生活方式能否预测其对数字电视的感知流行和权衡需求？人们对数字电视的感知流行和权衡需求能否预测其对数字电视的采纳？

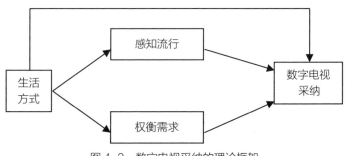

图 4-3　数字电视采纳的理论框架

## （二）研究数据

　　我们选择在湖北省进行抽样调查。这一选择的主要原因在于，湖北省地处中国中部，是公认的中部代表性省份。其人口特征和经济发展水平都比较典型。[①]
同时，中部地区在 GDP 和人均 GDP 等重要经济发展指标上都大致位于东部和西
部的中间。[②] 因此，虽然我们的调查结果无法推及全国，但湖北省的情况有可能
从某种程度上反映中国的平均水平。

　　具体来说，我们首先将湖北省的县（市、区）作为样本框架进行整群抽样，
利用随机数表从中抽取了 12 个县（市、区）。其中有 1 个市采取的是强制推行数
字电视的做法，即为全部现有有线电视加装机顶盒，消费者只能通过机顶盒接收
电视信号，没有选择余地，因此这个市被排除在外。第二步是从这 11 个县（市、区）
中用随机数表抽取共 30 个社区居委会。第三步，我们对社区居委会进行系统抽样，
产生最后的家庭样本。我们在一所中部大学的网站上征募被抽中的县（市、区）
的大学生志愿者，共有 31 名大学生接受了访问培训并参加了调查。问卷由被访
者自行填写，数天后再由访员回收。调查于 2006 年 4—5 月进行。总共发放问
卷 2000 份，最后回收有效问卷 556 份，有效回收率为 27.8%。

　　被访者中男性占 62.2%，女性占 37.8%。男性偏多是由于我们在培训访员时
强调，应尽量访问家庭消费的决策者。80% 的被访家庭月收入都在 4000 元及以
下。样本中 8% 是数字电视的用户，基本符合湖北省广播电视局 2005 年数字有
线电视用户的统计数字以及 2006 年以来的发展态势。

## （三）变量测量

### 1. 数字电视的采用

　　关于采用行为的测量，多数研究者是将采用行为设为 1 个两分变量，即采
用者与非采用者；或者是线性的连续变量，如将采用意向分为 5 个等级，1 分

---

[①] 黄刚，杨化玲. 浅析湖北在"中部崛起"中的战略定位 [J]. 金融经济（理论版），2006（8）：
121-122；湖北省社科联课题组. 关于加快湖北发展、促进中部崛起的对策与建议 [J]. 湖北社
会科学，2005（2）：45-49.

[②] 钟新桥，钟炎君，曾祺林. 中部地区经济发展分析及对策建议 [J]. 经济问题探索，2005（11）：
4-11.

的采用意向最低，5 分的采用意向最高，6 分则为实际上的采用者。[1] 祝建华和何舟在测量互联网的采用时，将采用行为分为四种：持续使用者（continuous adopter）、非持续使用者（discontinued adopter）、潜在使用者（potential adopter）、持续非使用者（continuous nonadopter）。[2] 由于在调查中我们发现非持续使用者，即"先用后弃"这种类型的样本很少，通过小规模的前期定性研究，我们决定不将这一类型纳入我们的分析。最后，我们借鉴了林（Lin）对采用者的分类[3]，将采用行为分为三类，即采用者、潜在采用者、非采用者，赋值分别为 3、2、1。采用者为已安装数字电视者，未安装而打算近期安装的为潜在采用者，未打算近期安装的为非采用者。测量由两个问题构成：第一个问题是"你家安装有数字电视吗?"，回答肯定为采用者，否定则回答第二个问题，"您打算近期安装数字电视吗?"，肯定者为潜在采用者，否定者为非采用者。

### 2. 生活方式

对生活方式的经典操作定义是 AIO 量表。[4] 所谓 AIO（activity, interest and opinion），指的是行为、兴趣和意见。行为是指消费者所进行的各种活动，如工作、社会活动、娱乐休闲等；兴趣是指消费者对某些产品、事件或主题的爱好，如喜欢家庭、工作、社区、时尚、媒介等；意见则是指消费者所表达的观念，表明他们对自己、社会问题、政治、经济、文化、教育、产品等的看法。[5] 在以

① LEUNG L. Lifestyles and the use of new media technology in urban China[J]. Telecommunications Policy, 1998(9): 781−790.

② ZHU J H, HE Z. Perceived characteristics, perceived needs, and perceived popularity: Adoption and use of the Internet in China[J]. Communication Research, 2002(4): 466−495.

③ LIN C A. Exploring personal computer adoption dynamics[J]. Journal of Broadcasting & Electronic Media, 1998(1): 95−112.

④ VYNCKE P. Lifestyle segmentation: From attitudes, interests and opinions, to values, aesthetic styles, life visions and media preferences[J]. European Journal of Communication, 2002(4): 445−463.

⑤ PLUMMER J T. The concept and application of life style segmentation[J]. Journal of Marketing, 1974(1): 33−37.

往 AIO 量表的基础之上[①]，本书根据中国的实际情况，使用了 18 个题项对中国居民的生活方式进行测量。这些问题全部采用 5 级李克特量表，其中，1 表示完全不同意，5 表示完全同意。如表 4-4 所示，通过因子分析，11 个题项得以保留，它们可以表达 4 个维度的心理取向，即进取、享受生活、时尚和信任大众媒体，与梁永炽对中国城市居民生活方式的分析[②]基本一致。这 4 个因子可以解释约 55% 的总变差。

**表 4-4　生活方式因子分析**

| 题项 | 进取 | 享受生活 | 时尚 | 信任大众媒体 |
|------|------|---------|------|-------------|
| 我希望自己能有所成就 | 0.710 | | | |
| 我会参加学习扩展未来 | 0.682 | | | |
| 生活意味着挑战和风险 | 0.671 | | | |
| 度假时能住在湖边或高山上会很完美 | | 0.690 | | |
| 如果能过一种悠闲的生活我会快乐 | | 0.687 | | |
| 我喜欢稳定安全的工作 | | 0.544 | | |
| 一个属于自己的空间会使我高兴 | | | 0.791 | |
| 我选择使用进口商品，即使很贵 | | | 0.536 | |
| 我喜欢一种浪漫的生活方式 | | | 0.532 | |
| 我相信报纸上的报道 | | | | 0.791 |
| 我相信广告 | | | | 0.536 |
| 解释方差 | 22.411 | 12.783 | 10.736 | 9.419 |
| Cronbach's $\alpha$ | 0.90 | 0.87 | 0.86 | 0.71 |

注：$N=556$，抽取方法为主成分分析。

---

[①] PLUMMER J T. The concept and application of life style segmentation[J]. Journal of Marketing, 1974(1): 33–37; WELLS W D. Psychographics: A critical review[J]. Journal of Marketing Research, 1975(12): 196–213; LEUNG L. Lifestyles and the use of new media technology in urban China[J]. Telecommunications Policy, 1998(9): 781–790.

[②] LEUNG L. Lifestyles and the use of new media technology in urban China[J]. Telecommunications Policy, 1998(9): 781–790.

### 3. 感知流行

祝建华和何舟在测量感知流行时使用了 4 个维度，共 4 个问题，分别是对家庭成员中使用互联网人数的认知，对亲戚、朋友、熟人中使用互联网人数的认知，对工作同事中使用互联网人数的认知，以及对全社会使用互联网人数的认知。[①]因为数字电视的采用是家庭决策，所以我们去掉了第一个问题，只保留后 3 个问题，分别是被访者关于对亲友、同事和全社会的数字电视使用人数的认知。

### 4. 权衡需求

权衡需求的操作定义可以表现为这样的计算方法：数字电视对各个需求的满足程度减去其他传统媒体对各个需求的满足程度再乘以该项需求的重要性，最后将每项需求的量相加，得到的总和即为消费者对数字电视的权衡需求。我们在祝建华和何舟归纳的针对互联网的 6 项权衡需求[②]的基础上，去掉了数字电视目前尚无法满足的交往和意见表达 2 项需求，保留了新闻信息、个人生活信息、工作 /学习信息和娱乐等 4 项需求。

从表 4-5 中我们可以看出，4 项需求的均值全部为正，但仅稍大于零，说明消费者对数字电视的权衡需求是正面的，但程度并不高。数据显示，消费者对工作 / 学习信息的需求是最大的，其次是新闻、个人生活信息和娱乐。由于 4 项需求之间相关关系较强，我们将其合并为 1 个权衡需求的复合变量，其 Cronbach's $\alpha$ 为 0.61。

**表 4-5　权衡需求 4 个维度的统计结果**

| 项目 | 新闻 | 个人生活信息 | 工作 / 学习信息 | 娱乐 |
|---|---|---|---|---|
| 均值 | 0.98 | 0.95 | 1.16 | 0.76 |
| 标准差 | 3.08 | 0.31 | 0.38 | 4.46 |
| 最大观测值 | 18 | 12 | 10 | 24 |

① ZHU J H, HE Z. Perceived characteristics, perceived needs, and perceived popularity: Adoption and use of the Internet in China[J]. Communication Research, 2002(4): 466-495.

② ZHU J H, HE Z. Perceived characteristics, perceived needs, and perceived popularity: Adoption and use of the Internet in China[J]. Communication Research, 2002(4): 466-495.

续表

| 项目 | 新闻 | 个人生活信息 | 工作 / 学习信息 | 娱乐 |
|---|---|---|---|---|
| 最小观测值 | -6 | -6 | -10 | -8 |
| 新闻 | 1 | | | |
| 个人生活信息 | 0.11 | 1 | | |
| 工作/ 学习信息 | 0.08 | 0.28* | 1 | |
| 娱乐 | 0.28* | 0.43** | 0.23 | 1 |

注：$N=556$；* 表示 $p<0.05$，** 表示 $p<0.01$。

# （四）分析方法

为了证实本节所提出的理论模型，我们采用了结构方程模型（structural equation modeling, SEM）这一多元统计分析方法。结构方程模型包含回归分析、因子分析、路径分析和多元方差分析等一系列多元统计方法，是一种线性的、借助于理论进行假设检验的统计建模技术。[1] 这一方法主要有三个特征或优点：一是可以考察那些无法直接观测的理论概念，如态度、动机和个性等；二是可以明确地将这些概念的测量误差考虑在内，因此得出的结论比传统的回归分析更准确；三是可以估计多元的和相互关联的变量之间的关系，可以同时考虑模型中各变量的直接影响（direct effect）和间接影响（indirect effect）。[2] 由于本节的几个核心自变量都属于难以直接观测的心理变量，加上我们提出的理论模型同时包含自变量对因变量的直接和间接影响，所以结构方程模型为我们提供了理想的模型验证方法。另外，由于结构方程模型主要是一种证实性（confirmatory）方法，而不是一种探索性（exploratory）方法[3]，它与我们的研究目的非常一致。我们的目标就是要在前述的理论基础上证实生活方式等心理变量是否对数字电视的采用具有直接和间接影响，而不是要探索究竟有哪些因素影响数字电视的采用。

具体来说，我们使用 LISREL 8.7 软件进行数据分析。由于其要求观测变量

---

[1] 柯惠新，祝建华，孙江华. 传播统计学 [M]. 北京：北京广播学院出版社，2003.

[2] RAYKOV T, MARCOULIDES G A. A First Course in Structural Equation Modeling[M]. Mahwah: Lawrence Erlbaum Associates, 2000.

[3] 柯惠新，祝建华，孙江华. 传播统计学 [M]. 北京：北京广播学院出版社，2003.

（observed variable）总共不超过 12 个，所以在建立模型时，我们将生活方式的
4 个因子——进取、享受生活、时尚和信任大众媒体——所对应的变量取值进行
算术平均，合成分别代表这 4 个因子的 4 个变量。在结构方程模型中的证实性因
子分析（confirmative factor analysis）中，这 4 个变量将作为生活方式这一潜
在变量（latent variable）的观测变量进入分析。感知流行这一潜在变量则由被
访者对亲友、同事和全社会的数字电视使用人数的认知这 3 个观测变量来测量。
由于权衡需求已经被整合成 1 个复合变量，它在结构方程模型中只有 1 个对应的
测量指标。因变量数字电视的采用由于比较容易直接测量，所以只有 1 个观测指
标，并规定对应系数为 1。根据我们的理论假设，变量之间的结构方程模型可以
表现为图 4-4。

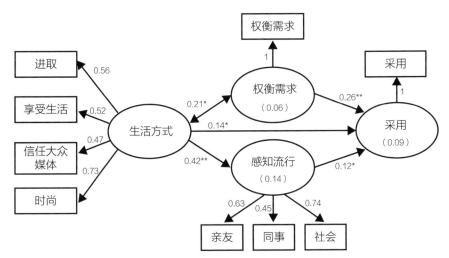

图 4-4　生活方式、感知流行、权衡需求与数字电视采用的结构方程模型

注：* 表示 $p<0.05$，** 表示 $p<0.01$；括号中为 $R^2$。

## （五）研究发现

我们主要采用三个标准来评价假设的理论模型：一是一系列拟合指数（fit
indice）；二是因变量的 $R^2$（squared multiple correlation）；三是每个自变量的
总效果（total effect），也即其对因变量直接效果和间接效果的和。如表 4-6 所示，
整个模型与实际观测的数据实现了比较令人满意的拟合。

卡方检验是最常用的拟合指标。它所代表的是观测数据在何种程度上与估计数据不同。我们希望得到的不是显著的卡方值，而且大的值对应差的拟合，小的值对应好的拟合。由表 4-6 可知，我们得到的卡方值不显著而且较小，其与自由度之比值也小于 3.0，说明模型拟合较好。

表 4-6　模型拟合指数评价与标准

| 拟合指数 | 拟合结果 | 建议标准 [①] |
|---|---|---|
| $\chi^2$ | $\chi^2$（31）＝41.422（$p$＝0.10） | 较小的卡方值（$p$＞0.05） |
| $\chi^2$/df | 1.34 | 小于3.0 |
| GFI | 0.93 | 大于0.9 |
| AGFI | 0.91 | 大于0.8 |
| NFI | 0.92 | 大于0.9 |
| NNFI | 0.94 | 大于0.9 |
| RMR | 0.081 | 小于0.1 |
| RMSEA | 0.075 | 小于0.08 |

除卡方检验外，拟合优度指数（goodness of fit index，GFI）和修正的拟合优度指数（adjusted goodness of fit index，AGFI）也是重要的拟合评价指标。前者类似于回归分析中的 $R^2$，表示样本方差有多少可以被估计的理论模型解释。后者相当于回归分析中的调整的 $R^2$，是将模型的复杂程度考虑在内而得到的一个较小的值。这 2 个指数取值都在 0 和 1 之间，取值越大，表明拟合越好。一般情况下，当 GFI 大于 0.9，AGFI 大于 0.8 时，可以认为模型拟合观测数据。我们得到的这 2 个值均满足标准。

如果说 GFI 和 AGFI 代表的是样本方差中被估计模型解释的绝对比例，规范拟合指数（normed fit index，NFI）与非规范拟合指数（non-normed fit

---

[①]　BAGOZZI R P, YI Y. On the evaluation of structural equation models[J]. Journal of the Academy of Marketing Science, 1988(16): 74-94; HAIR J F JR, ANDERSON R E, TATHAM R L, et al. Multivariate Data Analysis with Readings[M]. New York: MacMillan, 2000; RAYKOV T, MARCOULIDES G A. A First Course in Structural Equation Modeling[M]. Mahwah: Lawrence Erlbaum Associates, 2000.

index，NNFI）则表明估计模型相对于独立模型（independence model）或零模型（null model）的改善程度，它们也被称为增量拟合指标（incremental fit indice）。独立模型或零模型指的是所有变量之间没有相关关系，也即所有的路径系数和外生变量之间都固定为 0。增量拟合指标表明估计模型相对于独立模型或零模型改善了多少。比方说，我们所得到的 NFI 为 0.92，这说明本节的模型与数据的拟合程度比零模型好 92％。同样，NNFI 也是将模型的复杂程度考虑在内而得到的调整指数。一般情况下，当 NFI 和 NNFI 大于 0.9 时，可以认为模型拟合较好。我们所得到的 NFI 和 NNFI 取值都满足要求。

最后一类拟合标准是平方平均残差的平方根（root mean square residual，RMR）和近似误差的平方根（root mean square error of approximation，RMSEA）。RMR 度量了拟合残差的一种平均值，说明了观测协方差和估计协方差之间的差异。RMR 越小，模型拟合越好。类似地，RMSEA 也表明了模型估计值和实际观测值之间的差异均值，其取值也是越小越好。一般情况下，当 RMR 小于 0.1，RMSEA 小于 0.08 时，说明模型拟合数据较好。我们所得到的 RMR 和 RMSEA 均在理想范围之内。以上一系列的拟合指数都从不同的方面说明本节所提出的理论模型与实际观测数据拟合较好。

对于因变量的 $R^2$，整个模型解释了数字电视采纳的 9％ 的变差。生活方式对于权衡需求和感知流行这 2 个中间变量所解释的变差则分别为 6％ 和 14％（见图 4-4）。这说明预测的理论模型在相当程度上解释了因变量的变差。

从自变量的总效果来说，各自变量对数字电视采用皆有显著影响，所有路径系数在统计上都显著（见图 4-4）。具体来说，生活方式对数字电视采用的总效果为 0.14＋（0.21×0.26＋0.42×0.12）≈0.25。权衡需求和感知流行对数字电视采用的总效果则为它们的直接效果，分别是 0.26 和 0.12。

综上，统计数据表明，本节所提出的理论模型较好地拟合了实际观测的数据，说明这一解释数字电视采用的理论模型是可以接受的。由于模型的整体拟合较好，而且所有路径系数都在统计上显著，我们所提出的理论假设都被证实，即趋向时尚、进取、享受生活和信任大众媒体的生活方式提高了人们所感知的数字电视流行程度，也增强了人们对数字电视的权衡需求，并由此促进了人们对数字电视的采用。生活方式不仅对数字电视采用具有直接影响，也通过感知流行和权衡需求对其产生间接影响。

# 三、综合采用模型：以手机为例

创新扩散理论所探讨的是创新事物通过特定的渠道，在一定的社会系统中随着时间的推移而传播扩散开来的过程。在对于新科技、新产品的采纳和扩散的研究中，源于社会学的经典创新扩散模式自 20 世纪 60 年代以来一直占据统治地位，该模式被普遍认为是新科技扩散研究之最重要的理论基础。[①] 创新扩散理论的重要贡献，在于它注意到呈 S 形曲线扩散的创新事物，其扩散过程受到该事物的创新特征、采纳者个人特征、传播渠道和社会制度等因素的显著影响[②]，世界各地的实证研究已反复证明了该理论的普遍适用性。

然而，正如祝建华与何舟所言，创新扩散理论止步于创新事物的采纳阶段，而忽略了可能更有意义和更具启发性的采纳后阶段（post-adoption stage），即使用阶段。[③] 事实上，采纳者在其创新技术使用中，往往包含着许多二次创新（reinvention）的过程，对于手机、互联网等本身就处于不断演进之中的新科技更是如此。使用与满足理论为此提供了更为宏阔的理论视野。在对中国人采纳与使用互联网的研究中，祝建华与何舟成功整合了创新扩散理论和使用与满足理论，发展出了主观需求理论。[④] 该理论所包含的 3 个独立于采纳者个人指标和社会经济指标的心理变量，即个人对互联网技术特征的主观认知（perceived characteristics of the Internet，PCI）、对互联网流行程度的主观认知（perceived popularity of the Internet，PPI）和对互联网需求的主观认知（perceived need for the Internet，PNI），能在相当程度上解释与预测人们的互联网采纳和使用。该理论的重大意义在于，它并不局限于我国城市居民的互联网采纳和使用行为，

---

① ZHU J H, HE Z. Perceived characteristics, perceived needs, and perceived popularity: Adoption and use of the Internet in China[J]. Communication Research, 2002(4): 466-495; 李秀珠. 台湾有线电视采用者及采用过程之研究：检视有线电视早期传布及晚期传布之差异［J］新闻学研究，2004（78）：71-106.

② ROGERS E M. Diffusion of Innovations[M]. New York: Free Press, 1962.

③ ZHU J H, HE Z. Perceived characteristics, perceived needs, and perceived popularity: Adoption and use of the Internet in China[J]. Communication Research, 2002(4): 466-495.

④ ZHU J H, HE Z. Perceived characteristics, perceived needs, and perceived popularity: Adoption and use of the Internet in China[J]. Communication Research, 2002(4): 466-495.

还可被应用于其他社会环境下人们对于其他传播技术的采纳和使用情形，如我们所关注的农村居民对手机的采纳和使用。

## （一）理论模型

本书综合权衡需求理论和创新扩散理论，构建了如图 4-5 所示之综合采用模型框架。根据已有研究[①]，我们将其中的 PCI、PPI 和 PNI 的概念应用于手机的环境，发展出了个人对手机技术特征的主观认知（perceived characteristics of mobile phone，PCM）、对手机流行程度的主观认知（perceived popularity of mobile phone，PPM）、对手机需求的主观认知（perceived need for mobile phone，PNM）3 个心理因素。为更好地解释与预测人们的手机采纳和使用行为，我们根据创新扩散的经典扩散模式，构建了大众媒体使用（mass media use）、人际交往程度（interpersonal communication）和创新传播技术采纳（adoption of innovative communication technologies）3 个行为变量。我们预测：行为变量、心理变量和人口变量将影响人们的手机采纳和使用；同时，行为变量将影响到人们对手机的主观认知，即心理变量。

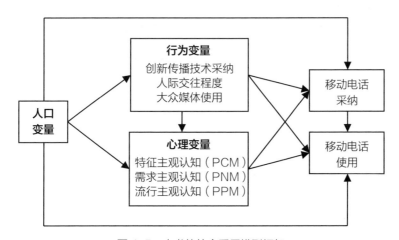

图 4-5　本书的综合采用模型框架

---

① ZHU J H, HE Z. Perceived characteristics, perceived needs, and perceived popularity: Adoption and use of the Internet in China[J]. Communication Research, 2002(4): 466-495.

### 1. 心理变量

对手机技术特征的主观认知（PCM）。根据罗杰斯的观点，创新特征（innovation attribute）是人们主观认知的创新事物的特质[①]，罗杰斯将其归纳为 5 个方面，即相对优越性（relative advantage）、兼容性（compatibility）、复杂性（complexity）、可试性（trialability）和可察性（observability），这些主观认知是影响创新事物扩散速度的主要因素，约可解释 49%—87% 的扩散速度。然而上述特征并非具有同等效果，在具体考察某一创新事物的扩散时，可能某个或某些特征的影响力因极其微弱而变得难以觉察，同时也可能呈现出其他特征，如形象（image）、自愿性（voluntariness）、相对不利性（relative disadvantage）、情感满足（emotional gratification）等[②]；但毫无疑问，罗杰斯的 5 种创新特征，尤其是相对优越性和复杂性在新媒体扩散研究中最常被检验。具体到手机的扩散过程，罗杰斯认为，手机几乎具有上述所有 5 种创新特征，这无疑是促成其迅速扩散的主要因素之一。[③] 有华人学者也发现，相对优越性与可察性能有效预测香港市民的手机采纳。[④] 根据已有关于交互式创新传播技术的扩散研究[⑤] 及我们的观察，本部分试图探讨，通过人们对手机相对优越性、易用性、可察性、形象和相对不利性的评价，是否可预测其对手机的采纳和使用。

对手机流行程度的主观认知（PPM）。创新扩散理论特别强调社会系统在新媒体扩散与使用过程中的重要作用[⑥]，罗杰斯将其称为主观社会规范（perceived social norm，PSN）。不少扩散研究者曾以社会气候、社会压力、文化时尚、"乐队—花车"效果等概念来检验 PSN 在扩散中的作用。[⑦] 对此，祝建华和何舟认为，

①　ROGERS E M. Diffusion of Innovations[M]. New York: Free Press, 1962

②　金兼斌. 我国城市家庭的上网意向研究［M］. 杭州：浙江大学出版社，2002.

③　ROGERS E M. Diffusion of Innovations[M]. New York: Free Press, 1962.

④　LEUNG L, WEI R. Who are the mobile phone have-nots? Influences and consequences[J]. New Media and Society, 1999(2): 209-226.

⑤　金兼斌. 我国城市家庭的上网意向研究［M］. 杭州：浙江大学出版社，2002; ZHU J H, HE Z. Perceived characteristics, perceived needs, and perceived popularity: Adoption and use of the Internet in China[J]. Communication Research, 2002(4): 466-495; 周裕琼. 手机短信的采纳与使用——深港两地大学生之比较研究［J］. 中国传媒报告，2003（2）：110-122.

⑥　ROGERS E M. Diffusion of Innovations[M]. New York: Free Press, 1962.

⑦　ZHU J H, HE Z. Perceived characteristics, perceived needs, and perceived popularity: Adoption and use of the Internet in China[J]. Communication Research, 2002(4): 466-495.

人们对新媒体的采纳和使用并非由实际需求，而是由个人所感知到的社会压力而引起的。[1] 这种思路与扩散研究的网络分析法是一致的，后者认为扩散过程中的临界水平——无论是真实的还是人们所主观认知的，往往是决定扩散过程能否跨越起飞点而进入高速增长期的关键。事实上，对于手机、手机短信此类互动型媒体，一定的社会流行程度是说服人们采纳它的必要条件[2]；正如罗杰斯指出的，"媒体的互动特征使得单个人的采纳行为取决于社会中其他人是否已经采纳"[3]。在对中国人的新媒体采纳与使用研究中，几项实证研究皆已观察到人们对新媒体流行程度的主观认知显著影响了其采纳和使用行为。[4] 由于我国农村社会较强的集体主义观念和手机的典型交互特征，我们相信，通过人们对手机在社会上流行程度的认知，可预测其对手机的采纳和使用。

对手机需求的主观认知（PNM）。主观需求理论中个人对互联网需求的主观认知（PNI）源自使用与满足理论，后者所关注的是受众的社会和心理需求如何引导其媒体使用行为并使其在此过程中获得满足。祝建华与何舟认为，在当今多种新旧媒体竞争共存的环境下，当且仅当受众发现其生活中的某一重要需求已无法被传统媒体满足，同时认为某一新媒体能够满足该需求时，他们才会抛弃旧媒体而转向新媒体。[5] 在整合"问题—解决"理论和"期望—价值"理论的基础上，祝建华与何舟构建了新媒体主观需求（PNNM）的概念结构[6]，其操作定义可用如

---

① ZHU J H, HE Z. Perceived characteristics, perceived needs, and perceived popularity: Adoption and use of the Internet in China[J]. Communication Research, 2002(4): 466–495.

② 周裕琼. 手机短信的采纳与使用——深港两地大学生之比较研究 [J]. 中国传媒报告, 2003（2）: 110–122.

③ ROGERS E M. The "Critical Mass" in the diffusion of interactive technologies[C]//CARNEVALE M, LUCERTINI M, NICOSIA S. Modelling the Innovation: Communications, Automation and Information Systems. Amsterdam: North–Holland, 1990: 79–93.

④ 金兼斌. 互联网在中国大陆的扩散 [C]. 香港：中华传播学会年会, 2001; 祝建华, 何舟. 互联网在中国的扩散现状与前景：2000 年京、穗、港比较研究 [J]. 新闻大学, 2002（2）: 23–31; ZHU J H, HE Z. Perceived characteristics, perceived needs, and perceived popularity: Adoption and use of the Internet in China[J]. Communication Research, 2002(4): 466–495; 周裕琼. 手机短信的采纳与使用——深港两地大学生之比较研究 [J]. 中国传媒报告, 2003（2）: 110–122.

⑤ ZHU J H, HE Z. Perceived characteristics, perceived needs, and perceived popularity: Adoption and use of the Internet in China[J]. Communication Research, 2002(4): 466–495.

⑥ ZHU J H, HE Z. Perceived characteristics, perceived needs, and perceived popularity: Adoption and use of the Internet in China[J]. Communication Research, 2002(4): 466–495.

下方程表示：

$$\text{PNNM}_i = \sum_{i=1}^{n} \sum_{j=1}^{k} (\text{SN}_{ij} - \text{SO}_{ij}) I_{ij} \tag{4.1}$$

其中，$\text{PNNM}_i$ 表示某人（$i$）认知到的对新媒体的需求总量；$\text{SN}_{ij}$ 代表此人对新媒体（如手机、互联网等）能否满足自己第 $j$ 个需求的期望（expected satisfaction with the new media）；$\text{SO}_{ij}$ 代表此人对传统媒体（如广播、电视、电话、呼叫器、信件、传真等）能否满足自己第 $j$ 个需求的期望（current satisfaction with the old media）；$I_{ij}$ 代表第 $j$ 个需求在此人心目中的相对重要性。研究发现，PNI（互联网环境下的 PNNM）显著影响了中国人的互联网采纳与使用行为。[①]

过往研究发现，人们使用电话往往出于两种需求（动机），即情感性需求和实用性需求[②]：前者是个人社会化的手段，如聊天、与家人保持联系、拥有安全感等；后者是为了达到实用目的，如进行约会、订购产品、信息查询等。还有学者认为，人们使用电话往往具有多重需求，如情感满足（社会交往）、娱乐、获取信息和时间管理，人们对娱乐、时间管理和社会交往的需求愈强，则其花在电话上的时间愈多。[③]一项对香港市民的随机调查发现，人们使用手机的动机（需求）包括时尚与地位（fashion & status）、情感与社交（affection & sociability）、娱乐（relaxation）、流动性（mobility）、即刻联络（immediate access）、实用性（instrumentality）、心理安全（reassurance），其中，流动性、即刻联络、实用性是预测人们使用手机的强有力的指针。[④]

---

① ZHU J H, HE Z. Perceived characteristics, perceived needs, and perceived popularity: Adoption and use of the Internet in China[J]. Communication Research, 2002(4): 466−495.

② KELLER S. The telephone in new, and old, communities[M]//DE SOLA POOL I. The Social Impact of the Telephone. Cambridge: MIT Press, 1977: 281−298; NOBLE G. Discriminating between the intrinsic and instrumental domestic telephone user[J]. Australia Journal of Communication, 1987(11): 63−85.

③ O'KEEFE G J, SULANOWSKI B K. More than just talk: Uses, gratifications, and the telephone[J]. Journalism & Mass Communication Quarterly, 1995(4): 922−933.

④ LEUNG L, WEI R. More than just talk on the move: Uses and gratifications of the cellular phone[J]. Journalism & Mass Communication Quarterly, 2000(2): 308−321.

鉴于此次研究对象的特殊性，我们认为，农村居民对手机需求的主观认知主要体现在 5 个层面，分别为即刻联络、实用性、时尚与地位、情感满足（对家庭及家庭成员的关心）、聊天和娱乐。将前述 PNNM 之概念结构运用于手机的环境，则有：

$$\mathrm{PNM}_i = \sum_{i=1}^{n} \sum_{j=1}^{k} (\mathrm{SM}_{ij} - \mathrm{SO}_{ij}) I_{ij} \qquad (4.2)$$

其中，$\mathrm{PNM}_i$ 表示某人（$i$）认识到的对手机的需求总量；$\mathrm{SM}_{ij} - \mathrm{SO}_{ij}$ 是手机和其他通信方式（如呼叫器、电话、信件、面对面的交流等）满足此人第 $j$ 个需求的能力之差；$I_{ij}$ 代表第 $j$ 个需求在此人心目中的相对重要性。我们试图检验人们对手机的主观需求对农村居民手机采纳和使用的影响力。

### 2. 行为变量

大众媒体使用。罗杰斯认为，人们的大众媒体使用对于其认知新事物或者新科技之存在异常重要，尤其是在创新事物的扩散早期[1]；一般来说，早采纳者较之于晚采纳者，其使用的大众媒体种类较为多元，且使用频度亦更高。创新扩散理论对此的解释是，大众媒体在帮助受众知晓创新技术和形成及改变受众对这一创新技术（如创新特征）的主观认识过程里扮演了核心角色；因为就信息扩散而言，大众媒体往往是最有效快捷的传播渠道。[2] 许多实证研究皆表明，人们的创新事物采纳往往与其大众媒体使用水平显著相关。[3] 如：梁永炽在研究我国城市居民

---

[1] ROGERS E M. Diffusion of Innovations[M]. New York: Free Press, 1962.

[2] 金兼斌. 技术传播：创新扩散的观点 [M]. 哈尔滨：黑龙江人民出版社，2000.

[3] JEFFRES L, ATKIN D. Predicting use of technologies for communication and consumer needs[J]. Journal of Broadcasting & Electronic Media, 1996(3): 318−330; LEUNG L. Lifestyles and the use of new media technology in urban China[J]. Telecommunications Policy, 1998(9): 781−790; LEUNG L, WEI R. Factors influencing the adoption of interactive TV in Hong Kong: Implications for advertising[J]. Asian Journal of Communication, 1998(2): 124−147; Li S S. Electronic newspaper and its adopters: Examining the factors influencing the adoption of electronic newspaper in Taiwan[J]. Telematics and Informatics, 2003(1): 35−49; LIN C A. Exploring personal computer adoption dynamics[J]. Journal of Broadcasting & Electronic Media, 1998(1): 95−112; 李秀珠. 台湾有线电视采用者及采用过程之研究：检视有线电视早期散布及晚期散布之差异 [J]. 新闻学研究，2004（78）：71−106.

的新科技采纳时发现，报纸阅读量与新科技采纳的数目显著正相关 [1]；李秀珠在研究我国台湾地区居民电子报纸采用时也发现，采用的可能性与杂志及电影之使用显著正相关，但与电视的收看显著负相关 [2]。值得注意的是，大众媒体的效果往往取决于受众对其特定内容或信息的使用，若将媒体上的信息简单划分为娱乐情感和新闻资讯两类，显然，使用新闻资讯内容较多的受众应更容易形成对手机这一创新事物的主观认知。有鉴于此，我们关注通过人们对大众媒体的使用（时间和内容），是否可预测其手机的采纳和使用，以及对手机技术特征、流行程度和需求的主观认知。

人际交往。根据罗杰斯的观点，任何一个创新事物在特定社会系统中的流传，是一个包括认知、说服、决策、使用和确认的动态过程 [3]；在这些阶段中，大众媒体和人际传播所发挥的作用不同。罗杰斯认为，在认知阶段，大众媒体扮演着核心角色，而在说服和决策阶段，人际交往则是最重要的传播渠道。对此的解释是，创新采纳过程是一个不断消除或降低不确定性的过程，个体对创新采纳不确定性的消除有赖于其所处的传播网络提供的信息，包括有关创新的信息和对创新的评价，而后者尤其依赖于他人通过人际传播渠道加以传达和提供，特别是对采纳者而言比较重要的人的看法。[4] 由于农村居民从大众媒体上所获得的信息相对较少，而其相互交流又颇为便捷，他们的许多关于创新事物的信息和评价应来自人际交流。我们无意于检验意见领袖或曰变革中介在扩散过程中的作用，目的在于考察人际交往水平（绝对量的大小）对农村居民手机采纳、使用以及对人们心理因素的影响。

新媒体技术采纳。经典创新扩散理论认为，人们对同一新技术族群中某一创新的采纳可能会导致对该族群内其他创新的"连带"采纳现象，此即所谓技术族（technology cluster），揭示的是功能类似或互补的创新之间，其采纳的相互促

① LEUNG L. Lifestyles and the use of new media technology in urban China[J]. Telecommunications Policy, 1998(9): 781–790.

② Li S S. Electronic newspaper and its adopters: Examining the factors influencing the adoption of electronic newspaper in Taiwan[J]. Telematics and Informatics, 2003(1): 35–49.

③ ROGERS E M. Diffusion of Innovations[M]. New York: Free Press, 1962.

④ ROGERS E M. Diffusion of Innovations[M]. New York: Free Press, 1962; 金兼斌. 技术传播：创新扩散的观点 [M] 哈尔滨：黑龙江人民出版社，2000.

进。[①]"连带"采纳现象的发生，往往是由采纳成本的降低，或者采纳者的兴趣爱好与价值观念所致。[②]许多扩散研究者和市场研究者皆证实，人们对某一新媒体技术的采纳，最佳预测变量即为其对功能相近的新科技之采纳。[③]如：林发现计算机的采纳与互联网等其他新技术的采纳意向显著相关[④]；梁永炽和魏然在研究中国香港市民采纳互动电视时发现，互动电视提供的服务类似有线电视及互联网络，因此有线电视用户与网络用户比非用户更有可能采纳互动电视[⑤]；此外，阿特金（Atkin）、李秀珠（Li）等学者的研究皆证实了技术族现象[⑥]。

　　阿特金在其研究中，将现有人们所常用的科技依据其功能分为信息导向、人际导向和娱乐导向三种类型，发现电话的娱乐性服务之采用与娱乐导向之科技拥有量相关，而与信息导向之科技拥有量无关[⑦]；李秀珠在研究我国台湾地区居民的有线电视双向互动服务的采纳时亦发现，采纳之可能性与人际导向新科技拥有量相关，而与信息导向或娱乐导向之新科技拥有量无关[⑧]。显然，人们对新媒体技术的采纳，可反映其对新媒体技术的根本态度，据上文对人们手机采纳与使用的主观需求的分析可知，手机应属于人际导向和娱乐导向科技，由此本节希望探讨通过人们的人际和娱乐导向传播科技拥有量，能否预测其对手机的采纳和使用，以及对手机技术特征、流行程度和需求的主观认知。

---

① ROGERS E M. Diffusion of Innovations[M]. New York: Free Press, 1962.

② 金兼斌. 我国城市家庭的上网意向研究［M］. 杭州：浙江大学出版社，2002.

③ ROGERS E M. Diffusion of Innovations[M]. New York: Free Press, 1962.

④ LIN C A. Exploring personal computer adoption dynamics[J]. Journal of Broadcasting & Electronic Media, 1998(1): 95−112.

⑤ LEUNG L, WEI R. Factors Influencing the adoption of interactive TV in Hong Kong: Implications for advertising[J]. Asian Journal of Communication, 1998(2): 124−147.

⑥ ATKIN D J. Adoption of cable amidst a multimedia environment[J]. Telematics and Informatics, 1993(1): 51−58; LI S S. A study on the marketing strategies of interactive cable television services after the digitalization of cable television[R]. Taipei, 2001; Li S C S. Electronic newspaper and its adopters: Examining the factors influencing the adoption of electronic newspaper in Taiwan[J]. Telematics and Informatics, 2003(1): 35−49; Li S C S. Examining the factors that influence the intentions to adopt Internet shopping and cable television shopping in Taiwan[J]. New Media & Society, 2003(4): 573−593.

⑦ ATKIN D J. Audio information services and the electronic media environment[J]. The Information Society, 1995(11): 75−83.

⑧ LI S S. A study on the marketing strategies of interactive cable television services after the digitalization of cable television[R]. Taipei, 2001.

### 3. 人口变量

根据罗杰斯的创新扩散模式，人口变量在创新科技的扩散初期是强有力的预测变量。[①] 这一论断得到许多实证研究的支持。[②] 不过，一旦创新的扩散越过了临界大众数量或社会上 50% 以上的人口都已采用某一新科技，人口变量便不再具有预测能力[③]，因为人口变量对创新采纳行为的影响，本身是时间的函数，取决于创新扩散的阶段[④]。一般来说，新科技的采用者比非采用者，年龄更小，受教育程度更高且收入也更高。[⑤]

这里我们还将检验与人口特征密切相关的创新精神（innovativeness）这一变量。罗杰斯认为，采用者的个人特质方面仍未得到充分的检视，目前研究最多的个人特质为创新精神。[⑥] 然而，罗杰斯所谓的创新精神是针对具体创新和具体的扩散环境而言的。我们采用埃特利（Ettlie）和奥基夫（O'Keefe）的定义，将创新精神理解为人们的一种相对稳定的品质，不随具体的创新而变化[⑦]，近来的众

---

① ROGERS E M. Diffusion of Innovations[M]. New York: Free Press, 1962.

② ATKIN D J. Adoption of cable amidst a multimedia environment[J]. Telematics and Informatics, 1993(1): 51−58; ATKIN D J. Audio information services and the electronic media environment[J]. The Information Society, 1995(11): 75−83; LIN C A. Exploring potential factors for home videotext adoption[M]//HANSON J. Advances in Telematics. New York: Ablex, 1994: 111−124; LEUNG L, WEI R. Factors influencing the adoption of interactive TV in Hong Kong: Implications for advertising[J]. Asian Journal of Communication, 1998(2): 124−147; NEUENDORF K A, ATKIN D, JEFFRES L W. Understanding adopters of audio information innovations[J]. Journal of Broadcasting & Electronic Media, 1998(1): 80−93; LI S S, YANG S C. Internet shopping and its adopters: Examining the factors affecting the adoption of Internet shopping[C]//35th Anniversary Conference by the School of Journalism and Communication at the Chinese University of Hong Kong. Hong Kong, 2000; 李秀珠. 台湾有线电视采用者及采用过程之研究：检视有线电视早期传布及晚期传布之差异［J］新闻学研究，2004（78）：71−106.

③ ATKIN D J. Adoption of cable amidst a multimedia environment[J]. Telematics and Informatics, 1993(1): 51−58; LEUNG L, WEI R. Factors influencing the adoption of interactive TV in Hong Kong: Implications for advertising[J]. Asian Journal of Communication, 1998(2): 124−147.

④ 金兼斌. 我国城市家庭的上网意向研究［M］. 杭州：浙江大学出版社，2002：99.

⑤ ATKIN D J. Audio information services and the electronic media environment[J]. The Information Society, 1995(11): 75−83.

⑥ ROGERS E M. Diffusion of Innovations[M]. New York: Free Press, 1962.

⑦ ETTLIE J E, O'KEEFE R D. Innovative attitudes, values, and intentions in organizations[J]. Journal of Management Studies, 1982(2): 163−182.

多创新采纳研究皆已取这种定义①。一般来说，较强的创新精神使得个人喜欢追求新奇特殊的东西，且使个人较容易接受新的事物或新科技，因而积极接触新事物或新科技，并早于他人采用。值得注意的是，创新精神强的个人并不一定对新媒体技术感兴趣，而新媒体技术拥有量多的个人亦并不一定创新精神强（譬如出于职业需要或者个人兴趣的原因）。因此，本节也希望研究人口变量对人们手机采纳、使用和主观认知的影响。

## （二）研究数据

本书所着力考察的是手机在我国农村地区的扩散与使用现状、过程及其影响因素，尤其关注的是我国中西部农村地区，故而在调查地点的选择上，我们选取了典型的中部省份湖北省的农村地区，选取了其东部的武汉市江夏区、中部的潜江市和西部的枝江市3地市的农村地区作为具体的调查区域。研究结果不能代表全国，但调查结果将为后续研究提供具体思路和相关资料。

抽样总体为湖北省农村地区16—60岁的居民。②样本资料通过多阶段整群抽样获得。方法是首先将3地市各乡镇按人口多少排序，按照等距原则抽出3个乡镇，从每1个抽中的乡镇中随机抽取2个行政村和1个居委会，再从每个行政村中随

---

① LEUNG L, WEI R. Factors influencing the adoption of interactive TV in Hong Kong: Implications for advertising[J]. Asian Journal of Communication, 1998(2): 124-147; LIN C A. Exploring personal computer adoption dynamics[J]. Journal of Broadcasting & Electronic Media, 1998(1): 95-112; JOHNSON T J, KAYE B K. Cruising is believing?: Comparison Internet and traditional sources on media credibility measures[J]. Journalism & Mass Communication Quarterly, 1998(2): 325-340; LI S S, YANG S C. Internet shopping and its adopters: Examining the factors affecting the adoption of Internet shopping[C]. 35th Anniversary Conference by the School of Journalism and Communication at the Chinese University of Hong Kong, 2000; 金兼斌. 我国城市家庭的上网意向研究［M］. 杭州：浙江大学出版社，2002.

② 之所以将抽样总体设定为湖北省16—60岁的农村居民，是因为在我国农村地区，往往此类人群的购买力更高且需求更大，研究亦具有实际价值；倘若以为我国农村地区的老人和小孩都已经或者将拥有手机，至少在不远的将来都是不现实的。事实上，如学者瓦伦特（Valente）所指出的，并非所有创新都可以最终达至完全扩散，即被系统中所有人采用的状态。很多创新在系统中的扩散，其饱和点并非在100%，而是在采用者人数达到"系统总人数的70%或80%甚至更低时"（金兼斌. 我国城市家庭的上网意向研究［M］. 杭州：浙江大学出版社，2002）。

机抽出 1 个自然村。最终抽取的 18 个自然村和 9 个居委会的所有居民组成了初始样本。按照自然村每隔 5 户、居委会每隔 10 户的等距原则，访员进入每 1 户被抽中的家庭，访问该家庭中 16—60 岁成员的最近生日者（last birthday）。倘若被调查者当时不在家，访员被要求分别在不同的时间回访，直到调查完成为止。调查于 2005 年 8 月 1—20 日进行。在 3 地市各发放 250 份共 750 份问卷，回收 721 份，其中有效问卷为 648 份，回收率为 96.1%，有效回收率为 89.9%。

描述统计发现，受访者的平均年龄为 35.25 岁，标准差为 9.26 岁；男性占 42.3%，女性占 56.8%（其余 0.9% 不详）；64.7% 的受访者接受正规教育年限为 9 年及以下；70.7% 的受访者家庭年收入在 1 万元及以下；34.0% 的受访者从事农林牧渔业，12.7% 从事工业、手工业和建筑业，18.8% 从事个体商业，33.3% 为医生、教师、公务员、学生等其他职业（其余 1.2% 不详）。与 2003 年湖北省人口统计年鉴相对照[①]，这一抽样结果相当不错，故而在下文的分析中，没有对数据进行加权处理。

## （三）变量测量

### 1. 手机采纳

我们的调查显示，手机在我国农村社会群体中的普及率已达 59.6%，因此将这一变量根据手机使用者采纳的时间先后，将其归入 8 个类别，编码为 8 至 1，分别为 2000 年 7 月之前（8）、2000 年 8 月至 2001 年 7 月（7）、2001 年 8 月至 2002 年 7 月（6）、2002 年 8 月至 2003 年 7 月（5）、2003 年 8 月至 2004 年 7 月（4）、2004 年 8 月至 2005 年 7 月（3）、半年之内可能采纳（2）、半年之内不准备采纳（1，我们认为是不采纳），数字愈大表明采纳愈早。为了分析的便利，本节参照罗杰斯的分类标准[②]，在进行预测农村居民手机使用的多元阶层回归分析中，将上述 8 个类别进行二次编码，简化为四类，即早期采纳（包括上述 8、7）、早期多数（4、5、6）、晚期多数（2、3）和落伍者（1），然后再分别用 4、3、2、1 代表这四类人群采纳手机的时间。

① 湖北省统计局. 湖北统计年鉴 2003［M］. 北京：中国统计出版社，2003.

② ROGERS E M. Diffusion of Innovations[M]. New York: Free Press, 1962.

### 2. 手机使用

我们主要测量人们手机使用的以下几个方面：①日平均拨打次数；②日平均接听次数；③日平均通话时间；④月平均通话花费。

### 3. 对手机技术特征的主观认知

如前述，本书考察人们对手机相对优越性、易用性、可察性、形象和相对不利性，共5个维度技术特征的主观认知。其中，相对不利性是学者们所关注的1个创新特征，并在研究中得以证实。[①] 本书中相对不利性指采纳手机而带来的经济上的负担、个人日常生活的干扰[②]、有害于身体的辐射等。对于每个创新特征，我们皆采用2个相互关联的陈述予以测量，要求受访者在5级李克特量表上标明自己的同意程度，其中1代表完全不同意，5代表完全同意。如表4-7所示，农村居民对手机易用性这一创新特征的评价最高，其后依次为相对优越性、可察性和相对不利性，最后是形象。5个创新特征的量表的信度都较高，Cronbach's $\alpha$ 皆在0.80上下。

**表4-7　PCM 5个维度的均值、标准差及相关矩阵**

| 项目 | 相对优越性 | 易用性 | 可察性 | 形象 | 相对不利性 |
|---|---|---|---|---|---|
| 均值 | 4.03 | 4.06 | 4.00 | 2.87 | 3.20 |
| 标准差 | 0.66 | 0.60 | 0.68 | 0.55 | 0.59 |
| Cronbach's $\alpha$ | 0.82 | 0.76 | 0.79 | 0.82 | 0.79 |
| 相对优越性 | 1.00 | 0.55** | 0.67** | 0.25** | − 0.26** |
| 易用性 | | 1.00 | 0.62** | 0.44** | − 0.49** |
| 可察性 | | | 1.00 | 0.37** | − 0.37** |
| 形象 | | | | 1.00 | − 0.36** |
| 相对不利性 | | | | | 1.00 |

注：** 表示 $p < 0.01$。

---

① 金兼斌. 我国城市家庭的上网意向研究［M］. 杭州：浙江大学出版社，2002；李秀珠. 台湾有线电视采用者及采用过程之研究：检视有线电视早期传布及晚期传布之差异［J］. 新闻学研究，2004（78）：71-106.

② ROBERTS G K, PICK J B. Technology factors in corporate adoption of mobile cell phones: A case study analysis[C]//37th Annual Hawaii International Conference on System Sciences. IEEE Computer Society, 2004.

表 4-7 显示，PCM 的 5 个维度是高度相关的。为避免下文分析中的多元共线性问题，我们采用因子分析提取公共因子，因子提取方法为主成分分析，旋转方法为方差最大法正交旋转，分析结果如表 4-8 所示。以特征值大于 1 为因子提取标准，共析出 3 个因子，累计解释变异量的 72.49%，我们将第一个因子命名为"相对优越性—易用性—可察性"，第二个和第三个因子则仍为"形象"和"相对不利性"，3 个因子测量量表的内部一致性分别达 0.88、0.79 和 0.82。

表 4-8　手机创新特征之因子分析结果（$N$＝648）

| 项目 | 因子一 | 因子二 | 因子三 |
|---|---|---|---|
| 相对优越性一 | 0.822 | − 0.119 | 0.026 |
| 相对优越性二 | 0.867 | − 0.033 | 0.050 |
| 易用性一 | 0.580 | − 0.396 | 0.300 |
| 易用性二 | 0.560 | − 0.472 | 0.242 |
| 可察性一 | 0.786 | − 0.056 | 0.193 |
| 可察性二 | 0.751 | − 0.314 | 0.200 |
| 形象一 | 0.091 | − 0.163 | 0.904 |
| 形象二 | 0.227 | − 0.163 | 0.867 |
| 相对不利性一 | − 0.156 | 0.870 | − 0.128 |
| 相对不利性二 | − 0.106 | 0.867 | − 0.150 |
| 特征值 | 4.64 | 1.51 | 1.10 |
| 解释的变异量 /% | 46.40 | 15.11 | 10.98 |
| Cronbach's $\alpha$ | 0.88 | 0.79 | 0.82 |

### 4. 对手机流行程度的主观认知

本书要求受访者就手机在①亲朋熟人中，②村子里或居委会（即社区）里和③整个社会上的流行程度予以评估，亦采用 5 级李克特量表测量，其中 1 至 5 分别代表很少人、少部分人、一半左右的人、大部分人、几乎所有人在使用手机。分析发现，人们对手机在亲朋熟人、社区里和整个社会上流行程度的评价均值分别为 3.66、3.18、3.44，标准差分别是 0.71、0.70、0.62，可见农村居民认为手机在亲朋熟人和整个社会上更为流行。相关分析发现，PPM 3 个维度之间相关系数平均值超过 0.32，同样为了避免多元共线性问题，我们将其合成为 1 个复合变量，复合而成的新变量的量表内部一致性的 Cronbach's $\alpha$ 为 0.58。

### 5. 对手机需求的主观认知

本书就前文已确定的即刻联络、实用性、时尚与地位、情感满足和聊天与娱乐 5 种需求，要求受访者回答：①相对于传统联络方式（电话、呼叫器、信件、传真等），手机是否能更好地满足自己的需求（采用 5 级量表测量）；②以上 5 种需求对自己的重要程度如何（从 1 到 5 分别代表完全不重要到非常重要，允许重复选择）。对于每一需求，将第①个和第②个问题得分相乘，便构成 1 个 PNM 复合分值。若某人完全同意（5 分）手机能更好地满足自己的即刻联络的需求，而该需求对自己的重要程度为一般重要（3 分），那么此人在即刻联络上的 PNM 分值为 15（5×3）。

由表 4-9 可知，在 PNM 的 5 个维度中，农村居民对情感满足的需求最大，其次为即刻联络和实用性需求，最后是聊天与娱乐、时尚与地位。鉴于即刻联络和实用性高度相关，我们将其复合为 1 个新的变量"即刻联络—实用性"需求，新变量的 Cronbach's $\alpha$ 为 0.74。

#### 表 4-9　PNM 5 个维度的均值、标准差及相关矩阵

| 项目 | 即刻联络 | 实用性 | 时尚与地位 | 情感满足 | 聊天与娱乐 |
|---|---|---|---|---|---|
| 均值 | 14.86 | 13.10 | 4.46 | 15.12 | 7.54 |
| 标准差 | 5.40 | 6.17 | 3.05 | 4.44 | 4.18 |
| 即刻联络 | 1.00 | 0.59** | 0.08 | 0.15** | 0.32* |
| 实用性 | | 1.00 | 0.12* | 0.16** | 0.20* |
| 时尚与地位 | | | 1.00 | 0.09 | − 0.12* |
| 情感满足 | | | | 1.00 | 0.18* |
| 聊天与娱乐 | | | | | 1.00 |

注：* 表示 $p < 0.05$，** 表示 $p < 0.01$。

### 6. 大众媒体使用

我们所考察的是农村居民大众媒体使用的时间和内容。访员在调查过程中询

问受访者平均每周在电视、报纸、广播和杂志的娱乐情感内容和新闻资讯内容上分别花费的小时数。在下文的分析中，我们将使用内容这一变量简化编码为1和0，被编码为1代表该受访者在大众媒体的新闻资讯内容上所花费的时间超过娱乐情感内容，0则表示正好相反。

### 7. 人际交往

该变量用以衡量农村居民人际传播的程度。要求受访者分别就自己和①家人、②亲朋熟人、③所在社区里的人们、④社会上其他人相互走动和交流的程度予以评估，亦采用5级李克特量表测量，1至5分别代表从不、较少、有一些、较多、非常多。调查发现，农村居民与家人、亲朋熟人、所在社区里的人们和社会上其他人的交往程度的均值分别为4.06、3.42、2.08、2.13，标准差依次为0.92、0.84、1.01、1.11。此外，农村居民人际交往的4个维度的相关性并不强，即使是在显著相关的维度之间，相关系数也不大，因此在下文的分析中我们将其视为4个独立的变量。

### 8. 新媒体技术采纳

我们就曾经和正在农村地区使用的较为常见的人际导向和娱乐导向的创新科技，包括电话、呼叫器、录音机、VCD/DVD、卫星电视或有线电视、电脑、互联网络[①]，要求受访者回答是否曾经或正在使用。若受访者回答为"是"，则编码为1，否则为0，累积起来的复合值即为受访者新媒体技术采纳之分值（鉴于电脑和互联网比其他科技更能体现受访者的新媒体技术采纳倾向，故在编码过程中将采用这2种科技的得分值予以加权，权数为2）。结果表明，农村居民的新媒体技术采纳得分的最小值为1，最大值为9，均值为3.31，标准差为1.50。

### 9. 人口变量

调查中询问受访者的性别、年龄、受教育程度（接受正规教育年数）、家庭

---

① 曾经使用过和正在社会上使用的人际导向和娱乐导向的新媒体技术似乎不胜枚举，但仅有极少数进入农村家庭或者为农村居民个人所拥有。我们根据预调查结果进行了取舍，最终确定了电话、呼叫器、录音机、VCD/DVD、卫星电视或有线电视、电脑、互联网络7种新媒体技术。

年收入、婚姻状况、职业、家庭特征（是否有家庭成员因工作或学习等长期离家在外）。此外，本书采用林所发展出来的量表来测量受访者的创新精神[①]，并将其4个题项缩减为2个：①愿意学习新事物，②对科技的新近发展很感兴趣。调查结果表明，该量表的信度为 0.79，受访者的创新精神之均值为 4.07，标准差为 0.57。

## （四）研究发现

### 1. 农村居民手机采纳与使用之描述统计

在完成有效问卷的 648 名受访者中，手机的采纳者、潜在采纳者和非采纳者的占比分别为 59.6％、18.8％ 和 21.6％，这一数字远远超过 2005 年 2 月固定电话在我国农村地区 14.6％ 的扩散率[②]，以及 2004 年底手机在我国中部农村 18.2％ 的扩散率[③]。当然，这是由于我们所考察的对象（即农村社会的成人群体）的特殊性，以及我们将无线市话（通称小灵通）涵盖进来。按照上文所述的分类标准，手机的早期采纳者、早期多数、晚期多数和落伍者的占比分别为 17.9％、29.3％、31.2％、21.6％。这与罗杰斯所设想的理想状态[④]颇为接近。

如表 4-10 所示，农村居民日平均拨打和接听电话数分别为 6.74 个和 7.63 个，日平均通话时间为 15.03 分钟，月平均话费为 75.64 元，但标准差都较大，显示人们彼此之间手机使用的巨大差别，由其中的中位数和众数，可对此有更细致的了解。根据众数，农村居民每天拨打 5 个电话、接听 3 个电话、通话 3 分钟、每月话费为 50 元是最常见的情形。

---

① LIN C A. Exploring personal computer adoption dynamics[J]. Journal of Broadcasting & Electronic Media, 1998(1): 95−112.

② 王建章. 信产部规划司司长王建章演讲 ［EB/OL］.（2005−05−17）［2005−06−20］. tech.sina. com.cn/t/2005−05−17/0958609143.shtml.

③ 廖华军. 中国通信行业 "十五" 期间主要发展指标分析 ［J］. 通信世界，2005（15）：2.

④ ROGERS E M. Diffusion of Innovations[M]. New York: Free Press, 1962.

表 4-10　农村居民手机使用状况（ *N* =386）

| 变量 | 最小值 | 最大值 | 中位数 | 众数 | 均值 | 标准差 |
|---|---|---|---|---|---|---|
| 日平均拨打电话数 / 个 | 1 | 40 | 5 | 5 | 6.74 | 6.53 |
| 日平均接听电话数 / 个 | 1 | 50 | 5 | 3 | 7.63 | 7.40 |
| 日平均通话时间 / 分钟 | 1 | 150 | 10 | 3 | 15.03 | 19.65 |
| 月平均电话费用 / 元 | 10 | 400 | 60 | 50 | 75.64 | 57.57 |

### 2. 影响移动农村居民手机采纳的因素

为了解影响农村居民手机采纳时间先后的因素，我们以手机采纳时间为因变量，采用多元阶层回归分析（multiple hierarchical regression analysis），将人口变量、行为变量和心理变量分组别依次纳入回归方程计算，分析的结果整理于表 4-11[①]。

由表 4-11 可知，人口变量、行为变量和心理变量皆对农村居民手机采纳的时间先后有一定影响，3 组变量总共解释了高达 76.6% 的变差。然而，3 组变量的影响相差极大，其中仅人口因素就解释了 58.6% 的变差，行为因素和心理因素的解释力则大致相当，分别为 9.7% 和 8.3%。在我们所考察的诸多变量中，通过农村居民的年龄、个人创新精神、新媒体技术采纳媒介内容偏好、PCM 中的"相对优越性—易用性—可察性"和形象、PNM 中的"即刻联络—实用性"需求可显著预测其对手机的采纳之早晚。具体情形是，愈年轻、创新精神愈强、新媒体技术采纳愈多、愈倾向于从大众媒体上获取新闻资讯内容、对手机创新特征的"相对优越性—易用性—可察性"和形象认知愈强、即刻联络和实用性需求愈大的农村居民，其采纳手机愈早。其中，"相对优越性—易用性—可察性"认知（ $\beta=0.247$ ）的预测力最强，"即刻联络—实用性"需求（ $\beta=0.207$ ）、年龄（ $\beta=-0.205$ ）和媒介内容偏好（ $\beta=0.199$ ）次之，形象认知（ $\beta=0.143$ ）和新媒体技术采纳（ $\beta=0.137$ ）再次之，个人创新精神（ $\beta=0.094$ ）的预测力则最弱。

---

[①]　表 4-11 中共有 15 个模型，其中"日平均通话时间"一列中的第 2 个、第 3 个模型的显著水平分别为 0.009 和 0.004，"月平均通话费用"一列中的第 3 个模型的显著水平为 0.001，其余所有模型皆在 0.000 的水平上显著。

表 4-11　预测农村居民手机采纳与使用的多元阶层回归分析（N＝648）

| 因子 | | 标准化 β | | | | |
|---|---|---|---|---|---|---|
| | | 采纳时间之早晚 | 日平均拨打电话数 | 日平均接听电话数 | 日平均通话时间 | 月平均电话费用 |
| 第一阶层（人口变量） | 年龄 | -0.205*** | -0.002 | -0.068 | -0.222** | -0.191** |
| | 性别（女＝0） | 0.074# | 0.084# | 0.000 | 0.051 | -0.008 |
| | 家庭年收入 | 0.053 | -0.150** | -0.158*** | 0.088 | 0.257*** |
| | 受教育程度 | -0.059 | -0.086# | -0.052 | -0.169** | -0.152** |
| | 婚姻状况（已婚＝0） | -0.065 | 0.147* | 0.064 | -0.060 | 0.128* |
| | 家庭特征（无家庭成员在外＝0） | 0.020 | 0.042 | -0.092* | -0.032 | 0.039 |
| | 职业（农林牧渔业＝0）　商业 | 0.010 | 0.097 | 0.007 | 0.044 | 0.121* |
| | 工业 | 0.054 | -0.015 | -.081 | -0.062 | -0.043 |
| | 医生、教师、公务员等其他职业 | 0.004 | 0.108# | 0.136* | -0.006 | 0.064 |
| | 个人创新精神 | 0.094* | -0.010 | 0.078 | -0.009 | -0.068 |
| | $R^2$ | 0.600 | 0.229 | 0.202 | 0.198 | 0.368 |
| | 调整后的 $R^2$ | 0.586 | 0.206 | 0.178 | 0.174 | 0.349 |
| | 调整后的 $R^2$ 增量 | 0.586 | 0.206 | 0.178 | 0.174 | 0.349 |
| 第二阶层（行为变量） | 与家人的交流 | -0.016 | -0.028 | -0.094* | -0.027 | 0.015 |
| | 与亲朋熟人的交流 | 0.027 | -0.050 | 0.051 | -0.140** | -0.085# |
| | 与所在社区人们的交流 | 0.016 | 0.129** | 0.170*** | 0.044 | 0.133** |
| | 与社会上其他人的交流 | -0.078# | 0.075 | 0.086# | 0.195*** | 0.080 |
| | 新媒体技术采纳 | 0.137* | 0.332*** | 0.175* | 0.174* | 0.129# |
| | 看电视时间 | -0.030 | -0.101* | -0.162*** | -0.074 | -0.107* |
| | 读报纸时间 | -0.023 | 0.038 | -0.075 | 0.076 | -0.021 |
| | 听广播时间 | -0.010 | 0.116* | 0.179*** | 0.041 | 0.113* |
| | 看杂志时间 | -0.006 | -0.058 | -0.047 | -0.028 | -0.048 |
| | 媒体内容偏好（娱乐情感内容＝0） | 0.199*** | -0.155** | -0.138* | -0.110# | 0.001 |

续表

| 因子 | | 标准化 $\beta$ | | | | |
|---|---|---|---|---|---|---|
| | | 采纳时间之早晚 | 日平均拨打电话数 | 日平均接听电话数 | 日平均通话时间 | 月平均电话费用 |
| 第二阶层（行为变量） | 手机采纳时间之早晚 | — | 0.080 | 0.103 | 0.040 | 0.094 |
| | $R^2$ | 0.704 | 0.452 | 0.403 | 0.320 | 0.512 |
| | 调整后的 $R^2$ | 0.683 | 0.416 | 0.364 | 0.275 | 0.480 |
| | 调整后的 $R^2$ 增量 | 0.097 | 0.210 | 0.186 | 0.101 | 0.131 |
| 第三阶层（心理变量） | "相对优越性—易用性—可察性"认知 | 0.247*** | 0.148* | 0.058 | 0.162# | 0.272*** |
| | 形象认知 | 0.143*** | −0.139** | −0.152** | −0.061 | −0.145** |
| | 相对不利性认知 | −0.046 | −0.016 | −0.161*** | −0.062 | 0.004 |
| | 手机之主观流行（PPM） | −0.019 | −0.009 | −0.041 | −0.127* | −0.061 |
| | "即刻联络和实用性"需求 | 0.207*** | 0.301*** | 0.398*** | 0.112 | 0.186** |
| | 时尚与地位需求 | 0.053# | −0.021 | −0.031 | −0.032 | 0.028 |
| | 情感需求 | 0.067# | 0.038 | 0.050 | 0.136** | −0.002 |
| | 情感和娱乐需求 | −0.043 | 0.066 | −0.008 | 0.206*** | 0.005 |
| | $R^2$ | 0.789 | 0.547 | 0.527 | 0.416 | 0.593 |
| | 调整后的 $R^2$ | 0.766 | 0.505 | 0.483 | 0.362 | 0.555 |
| | 调整后的 $R^2$ 增量 | 0.083 | 0.079 | 0.119 | 0.087 | 0.075 |

注：# 表示 $p < 0.10$，* 表示 $p < 0.05$，** 表示 $p < 0.01$，*** 表示 $p < 0.001$。

### 3. 影响移动农村居民手机使用的因素

为了确定农村居民手机使用的预测变量，我们分别以日平均拨打电话数、日平均接听电话数、日平均通话时间、月平均电话费用为因变量，以人口因素、行为因素和心理因素中的各变量为自变量，仍然采用多元阶层回归分析，结果如表4-11所示。

由表4-11可知，新媒体技术采纳（$\beta = 0.332$）、即刻联络和实用性需求（$\beta = 0.301$）是农村居民手机每日拨打次数的最强有力的预测变量，表示农村居民对新媒体技术的拥有量愈多、对即刻联络和实用性的需求愈强，则其每日通过手机所拨打的电话数愈多。"相对优越性—易用性—可察性"认知（$\beta = 0.148$）

程度较高者、与所在社区人们的交流（β＝0.129）较多者、听广播时间（β＝0.116）较多者，以及未婚者（β＝0.147），每日拨打电话数较多。此外，若此人更倾向于从媒体上获取情感和娱乐信息（β＝-0.155）、家庭年收入较低（β＝-0.150）、更加不认为手机有助于提升自己的形象和社会地位（β＝-0.139），则其每日拨打电话数更多。在这一模型之中，人口因素和行为因素的解释力相当，分别为20.6％和21.0％，心理因素的解释力显得弱一些，为7.9％。

至于农村居民手机的日平均接听电话数，即刻联络和实用性需求的预测力最强，β高达0.398，且在小于0.001的水平上显著，表明农村居民对即刻联络和实用性需求愈强，每日接听的手机数愈多。此外，家庭年收入较低（β＝-0.158）、从事医生、教师、公务员等其他职业（β＝0.136）、与所在社区人们的交流较多（β＝0.170）、看电视时间较少（β＝-0.162）、听广播时间较多（β＝0.179）、倾向于从媒体上获取情感和娱乐信息（β＝-0.138）、形象认知较低（β＝-0.152）、相对不利性认知较低（β＝-0.161）的农村居民，其每日在手机上所接听的电话数较多。在这一回归方程中，行为变量的解释力最强，调整的 $R^2$ 的增量为0.186，人口变量紧随其后，为0.178，然后是心理变量，为0.119。

从表4-11可知，在所考察的诸多变量中，年龄（β＝-0.222）、聊天与娱乐需求（β＝0.206）、与社会上其他人的交流（β＝0.195）、新媒体技术采纳（β＝0.174）、受教育程度（β＝-0.169）、与亲朋熟人的交流（β＝-0.140）、情感需求（对家庭的安全感和关心）（β＝0.136）、PPM（β＝-0.127）显著影响了农村居民在手机上的日平均通话时间，其中年龄、聊天与娱乐需求的影响力最大，即年龄较小和对聊天与娱乐需求较强的农村居民每天在手机上的通话时间较多。其余各变量的解释力差异则不大。这一模型共解释了36.2％的总变差，其中，人口因素的贡献最大，解释了总变差的17.4％，行为因素和心理因素的解释力分别为10.1％和8.7％。

表4-11还显示了可预测农村居民手机月平均通话费用的变量，其中共有11个变量的影响力是显著的。按照影响力的大小，依次为"相对优越性—易用性—可察性"认知（β＝0.272）、家庭年收入（β＝0.257）、年龄（β＝-0.191）、即刻联络和实用性需求（β＝0.186）、受教育程度（β＝-0.152）、形象认知（β＝-0.145）、与所在社区人们的交流（β＝0.133）、婚姻状况（β＝0.128）、商业从业者（β＝0.121）、听广播时间（β＝0.113）、看电视时间（β＝-0.107）。其中，人口因素

的解释力最强，贡献了被解释信息 55.5% 中的 34.9%，行为因素次之，贡献了 13.1%，最后是心理因素，为 7.5%。

从以上分析可知，农村居民的手机使用，从不同的面向考察，其影响因素及影响力不同。在心理变量中，PCM 的 3 个因子在不同的侧面有较强预测力；PPM 的影响力几乎没有（仅对每日通话时间有负面影响）；PNM 中的 4 个因子，除了时尚与地位需求因子，其余 3 个因子在不同的侧面有较强预测力，尤其是即刻联络和实用性需求因子。在行为变量中，人际交往的 4 个因子有一定的预测力；除了对月平均电话费用，新媒体技术采纳一直都有较强的影响力；至于大众媒体使用，电视和广播的使用以及媒体内容的总体偏好有一定的解释力。至于人口变量的表现，则出乎意料：在衡量农村居民手机使用的 4 个面向之中，就日平均通话时间和月平均电话费用，人口变量的解释力是最强的；对于日平均拨打和接听电话数，其表现与行为变量亦大致相当。

### 4. 行为变量对心理变量的影响

我们选择了对农村居民手机采纳和使用有显著影响的 3 个心理变量，即 PCM 中的"相对优越性—易用性—可察性"和形象认知，以及 PNM 中的"即刻联络—实用性"需求，并以其为因变量，将人口变量和行为变量作为自变量，分两组依次进入回归方程计算，分析的结果如表 4-12[①] 所示。

表 4-12  预测农村居民手机采纳与使用过程中心理变量的多元阶层回归分析结果
（$N$=648）

| 预测变量 | | 标准化 $\beta$ | | |
|---|---|---|---|---|
| | | "相对优越性—易用性—可察性" | 形象 | 即刻联络和实用性需求 |
| 第一阶层（人口变量） | 年龄 | −0.103[#] | −0.059 | −0.028 |
| | 性别（女=0） | 0.151*** | 0.162** | 0.069 |
| | 家庭年收入 | 0.028 | −0.032 | 0.017 |
| | 受教育程度 | 0.054 | 0.066 | 0.128* |

---

① 表 4-12 中共有 6 个模型，所有模型皆在 0.000 的水平上显著。

续表

| 预测变量 | | 标准化 $\beta$ | | |
|---|---|---|---|---|
| | | "相对优越性—易用性—可察性" | 形象 | 即刻联络和实用性需求 |
| 第一阶层（人口变量） | 婚姻状况（已婚＝0） | 0.055 | 0.013 | 0.146** |
| | 家庭特征（无家庭成员在外＝0） | 0.039 | -0.179** | 0.010 |
| | 职业（农林牧渔业＝0）　商业 | 0.073 | -0.142* | 0.341*** |
| | 工业 | -0.040 | -0.029 | 0.022 |
| | 医生、教师、公务员等其他职业 | 0.010 | -0.064 | 0.087# |
| | 个人创新精神 | 0.255*** | 0.230*** | 0.154** |
| | $R^2$ | 0.544 | 0.297 | 0.542 |
| | 调整后的 $R^2$ | 0.528 | 0.272 | 0.526 |
| | 调整后的 $R^2$ 增量 | 0.528 | 0.272 | 0.526 |
| 第二阶层（行为变量） | 与家人的交流 | 0.055 | -0.112* | -0.013 |
| | 与亲朋熟人的交流 | 0.070 | -0.109# | 0.083# |
| | 与所在社区人们的交流 | -0.028 | -0.039 | 0.033 |
| | 与社会上其他人的交流 | 0.232*** | 0.279*** | 0.128** |
| | 新媒体技术采纳 | 0.253*** | 0.082 | 0.316*** |
| | 看电视时间 | -0.012 | -0.069 | -0.100* |
| | 读报纸时间 | -0.086# | 0.153* | -0.080 |
| | 听广播时间 | -0.028 | -0.034 | 0.006 |
| | 看杂志时间 | -0.010 | 0.116# | -0.040 |
| | 媒体内容偏好（娱乐情感内容＝0） | 0.150** | 0.003 | -0.014 |
| | $R^2$ | 0.688 | 0.401 | 0.647 |
| | 调整后的 $R^2$ | 0.665 | 0.357 | 0.621 |
| | 调整后的 $R^2$ 增量 | 0.137 | 0.085 | 0.095 |

　　由表 4-12 可知，就农村居民对手机"相对优越性—易用性—可察性"这一技术特征的认知，人口变量和行为变量可解释高达 66.5％ 的变差，两者分别解释了 52.8％ 和 13.7％。其中，影响显著的是个人创新精神（$\beta=0.255$）、新媒体技术采纳（$\beta=0.253$）、与社会上其他人的交流（$\beta=0.232$）、性别（$\beta=0.151$）、

媒介内容偏好（$\beta=0.150$）。农村居民对手机形象的认知，2组变量分别解释了27.2％和8.5％，可显著预测这一认知因素的变量是与社会上其他人的交流（$\beta=0.279$）、个人创新精神（$\beta=0.230$）、家庭特征（$\beta=-0.179$）、性别（$\beta=0.162$）、读报纸时间（$\beta=0.153$）、商业从业者（$\beta=-0.142$）、与家人的交流（$\beta=-0.112$）。至于即刻联络和实用性需求，其预测变量分别为受教育程度（$\beta=0.128$）、婚姻状况（$\beta=0.146$）、商业从业者（$\beta=0.341$）、个人创新精神（$\beta=0.154$）、与社会上其他人的交流（$\beta=0.128$）、新媒体技术采纳（$\beta=0.316$）、看电视时间（$\beta=-0.100$），所有变量共计解释62.1％的信息，但其中绝大部分，即52.6％源于人口因素。[1]

## 第二节　国家层面的数字鸿沟成因

层面不同，影响数字鸿沟形成的因素也有所不同。现有关于全球数字鸿沟的探讨大多限于个别国家或局部地区的静态比较，基于全球范围宏观数据的历时性研究较为缺乏。因此，本节试图通过对世界各国历时数据和指标的分析，截取多个时间节点来展现全球数字鸿沟的动态变迁及其影响因素，揭示全球范围内数字技术不平等背后的社会权力动因，为探寻全球数字鸿沟的弥合路径提供参考。除了探讨互联网、固定宽带、手机的全球鸿沟之外，本节还将关注全球数字图书馆鸿沟和全球数字媒体鸿沟的成因，以丰富我们对于全球数字鸿沟形成机制的认识和理解。

---

[1]　我们分别以各行为变量为因变量及人口变量为自变量建立了10个回归方程，除"听广播时间"这一模型的解释力与显著水平稍低（$R^2=0.043$，$p=0.004$），其余所有模型的 $R^2$ 皆在0.100之上（其中模型"新媒体技术采纳"的 $R^2$ 为0.502，"媒体内容偏好"的 $R^2$ 为0.387，"与社会上其他人的交流"的 $R^2$ 为0.314），同时皆在0.000的水平上显著。

# 一、全球网络鸿沟的成因

虽然世界各国的互联网、固定宽带、手机的扩散基本符合罗杰斯的 S 形曲线，但各国在不同时期的发展轨迹各不相同，加上全球政治、经济、军事格局的快速变化，仅仅从时间维度预测未来的网络信息传播格局显然是有局限的。基于现有全球数据，本节探索了经济发展、国民发展、城乡差异和开放程度等四类变量对网络传播技术扩散的解释力。以往研究往往从经济发展角度探索数字鸿沟现象的成因，如贝洛克（Beilock）和迪米特洛瓦（Dimitrova）证明了人均收入是最重要的决定因素。①随着一些发展中国家的崛起，其他维度的因素被研究者陆续引入，如知识发展能力、对外开放水平、通信技术引进水平等。②我们认为，在经济因素之外，国民发展水平也能反映个体的实际生活状况，如健康、教育、医疗支出、年龄结构等，能更细微地解释技术采纳过程。③而城乡差异对网络传播技术扩散的意义在于，大多数的技术扩散是从城市走向农村，城乡接合的紧密程度可能影响扩散的速度，悬殊的城乡结构也会造成扩散的瓶颈。④互联网作为与开放世界连接的手段，其扩散也应受到国家开放程度的影响。

本节在世界银行和 Gapminder 提供的世界宏观数据的基础上，整合了 200 多个国家与地区的时序数据。其中，经济发展包括国内生产总值、人均收入 2 个指标；国民发展包括人口总数、预期寿命、生育率、健康支出、初级教育完成率、10—14 岁人口比例、20—39 岁人口比例、人类发展指数（HDI）等指标；城乡结构包括城市人口比例、农业从事者比例、农业附加值比例等指标；开放程度则包括民主化、外国直接投资等指标。每个指标截取 4 个时间点，即 1990 年、2000 年、2010 年、2020 年，缺失项各异。为减少偏误，因变量的缺失不处理，在回归时直接按列表删除，自变量中的缺失值用均值代替。在 10 年、20

① BEILOCK R, DIMITROVA D V. An exploratory model of Inter-country Internet Diffusion[J]. Telecommunications Policy, 2003(3/4): 237-252.

② 胡鞍钢，周绍杰. 新的全球贫富差距：日益扩大的"数字鸿沟"[M]// 国情报告［第四卷·2001 年（下）］. 北京：党建读物出版社，2012：151-178.

③ 邱林川. 信息时代的世界工厂[M]. 桂林：广西师范大学出版社，2013：11-28.

④ 韦路，谢点. 全球数字鸿沟变迁及其影响因素研究——基于 1990—2010 世界宏观数据的实证分析[J]. 新闻与传播研究，2015（9）：36-54，126-127.

年、30 年 3 个不同的时间跨度下，我们进行了阶层回归分析，具体结果见表 4-13、表 4-14、表 4-15。其中，表 4-13 显示了以 2010 年的各项指标为自变量，对 2020 年的互联网普及率、固定宽带普及率、手机普及率进行预测的阶层回归分析结果。表 4-14 显示了以 2000 年各项指标为自变量，对 2010 年、2020 年的互联网普及率、固定宽带普及率、手机普及率进行预测的阶层回归分析结果。表 4-15 显示了以 1990 年各项指标为自变量，对 2000 年、2010 年、2020 年互联网普及率、固定宽带普及率、手机普及率进行预测的阶层回归分析结果。

表 4-13　2010 年自变量的阶层回归分析结果

| 自变量 | | 2020 年互联网用户（每百人） | 2020 年固定宽带用户（每百人） | 2020 年手机用户（每百人） |
|---|---|---|---|---|
| 第一阶层（经济发展） | 国内生产总值 | -0.012 | 0.001 | -0.103* |
| | 人均收入 | 0.417*** | 0.524*** | 0.412*** |
| | $R^2$ | 0.426 | 0.581 | 0.517 |
| | 调整后的 $R^2$ | 0.417 | 0.536 | 0.512 |
| | 调整后的 $R^2$ 增量 | 0.417 | 0.536 | 0.512 |
| 第二阶层（国民发展） | 人口总数 | -0.037# | -0.108* | -0.029 |
| | 预期寿命 | 0.054 | 0.005 | -0.059 |
| | 生育率 | -0.024 | -0.156* | -0.242** |
| | 健康支出 | 0.001 | 0.029 | -0.018 |
| | 初级教育完成率 | -0.025 | -0.032 | -0.047 |
| | 10—14 岁人口比例 | 0.003 | -0.178 | -0.302 |
| | 20—39 岁人口比例 | 0.043 | 0.184 | 0.286 |
| | 人类发展指数（HDI） | 0.218* | 0.032 | 0.233* |
| | $R^2$ | 0.532 | 0.603 | 0.726 |
| | 调整后的 $R^2$ | 0.524 | 0.589 | 0.711 |
| | 调整后的 $R^2$ 增量 | 0.107 | 0.053 | 0.199 |

续表

| | 自变量 | 2020年互联网用户（每百人） | 2020年固定宽带用户（每百人） | 2020年手机用户（每百人） |
|---|---|---|---|---|
| 第三阶层（城乡结构） | 城市人口比例 | 0.026 | −0.101* | 0.038 |
| | 农业从事者比例 | −0.130* | −0.127* | −0.090* |
| | 农业附加值比例 | 0.001 | −0.009 | −0.111# |
| | $R^2$ | 0.550 | 0.652 | 0.742 |
| | 调整后的 $R^2$ | 0.536 | 0.601 | 0.724 |
| | 调整后的 $R^2$ 增量 | 0.012 | 0.012 | 0.013 |
| 第四阶层（开放程度） | 民主化 | 0.115** | 0.211** | 0.122** |
| | 外国直接投资 | 0.003 | −0.033 | −0.042 |
| | $R^2$ | 0.575 | 0.658 | 0.755 |
| | 调整后的 $R^2$ | 0.569 | 0.647 | 0.735 |
| | 调整后的 $R^2$ 增量 | 0.033 | 0.046 | 0.011 |
| | $N$ | 194 | 197 | 197 |

注：自变量均为2010年的值；所有模型均在0.000的水平上显著；# 表示 $p<0.1$，* 表示 $p<0.05$，** 表示 $p<0.01$，*** 表示 $p<0.001$。

表4-14　2000年自变量的阶层回归分析结果

| | | 互联网用户（每百人） | | 固定宽带用户（每百人） | | 手机拥有量（每百人） | |
|---|---|---|---|---|---|---|---|
| 自变量 | | 2020年 | 2010年 | 2020年 | 2010年 | 2020年 | 2010年 |
| 第一阶层（经济发展） | 国内生产总值 | −0.013 | −0.019 | −0.009 | −0.020 | −0.087 | −0.093 |
| | 人均收入 | 0.428*** | 0.459*** | 0.627*** | 0.751*** | 0.406*** | 0.151* |
| | $R^2$ | 0.632 | 0.615 | 0.701 | 0.662 | 0.206 | 0.234 |
| | 调整后的 $R^2$ | 0.628 | 0.611 | 0.689 | 0.659 | 0.201 | 0.226 |
| | 调整后的 $R^2$ 增量 | 0.628 | 0.611 | 0.689 | 0.659 | 0.201 | 0.226 |
| 第二阶层（国民发展） | 人口总数 | −0.064# | −0.063# | −0.092# | −0.083* | −0.031 | −0.041 |
| | 预期寿命 | −0.027 | 0.048 | −0.029 | −0.081 | −0.049 | 0.123 |
| | 生育率 | −0.095 | −0.159* | −0.037 | −0.240** | −0.274* | −0.255* |
| | 健康支出 | −0.017 | −0.015 | 0.005 | 0.041 | −0.019 | 0.032 |

续表

| 自变量 | | 互联网用户（每百人） | | 固定宽带用户（每百人） | | 手机拥有量（每百人） | |
|---|---|---|---|---|---|---|---|
| | | 2020 年 | 2010 年 | 2020 年 | 2010 年 | 2020 年 | 2010 年 |
| 第二阶层（国民发展） | 初级教育完成率 | −0.028 | 0.000 | −0.011 | −0.005 | −0.026 | 0.068 |
| | 10—14 岁人口比例 | −0.063 | −0.180 | −0.318# | −0.510# | −0.285 | 0.051 |
| | 20—39 岁人口比例 | 0.082 | 0.182 | 0.284# | 0.522# | 0.297 | −0.112 |
| | 人类发展指数（HDI） | 0.256* | 0.247* | 0.129* | 0.004 | 0.317* | −0.018 |
| | $R^2$ | 0.741 | 0.805 | 0.762 | 0.723 | 0.436 | 0.488 |
| | 调整后的 $R^2$ | 0.726 | 0.794 | 0.744 | 0.708 | 0.420 | 0.460 |
| | 调整后的 $R^2$ 增量 | 0.098 | 0.183 | 0.055 | 0.049 | 0.219 | 0.234 |
| 第三阶层（城乡结构） | 城市人口比例 | −0.018 | 0.034 | −0.008 | −0.072 | 0.023 | 0.076 |
| | 农业从事者比例 | −0.134** | −0.082* | −0.157** | −0.119** | −0.112* | −0.009 |
| | 农业附加值比例 | −0.017 | −0.041 | 0.009 | 0.007 | −0.122# | −0.285*** |
| | $R^2$ | 0.752 | 0.813 | 0.772 | 0.735 | 0.457 | 0.534 |
| | 调整后的 $R^2$ | 0.739 | 0.799 | 0.756 | 0.716 | 0.438 | 0.501 |
| | 调整后的 $R^2$ 增量 | 0.013 | 0.005 | 0.012 | 0.008 | 0.018 | 0.041 |
| 第四阶层（开放程度） | 民主化 | 0.098# | 0.058 | 0.192*** | 0.181*** | −0.021 | −0.008 |
| | 外国直接投资 | −0.005 | −0.009 | −0.052 | −0.037 | −0.024 | −0.036 |
| | $R^2$ | 0.774 | 0.816 | 0.825 | 0.761 | 0.468 | 0.537 |
| | 调整后的 $R^2$ | 0.752 | 0.800 | 0.810 | 0.741 | 0.456 | 0.502 |
| | 调整后的 $R^2$ 增量 | 0.013 | 0.001 | 0.054 | 0.025 | 0.018 | 0.001 |
| | $N$ | 196 | 193 | 193 | 194 | 197 | 197 |

注：自变量均为 2000 年的值；所有模型均在 0.000 的水平上显著；# 表示 $p<0.1$，* 表示 $p<0.05$，** 表示 $p<0.01$，*** 表示 $p<0.001$。

表4-15　1990年自变量的阶层回归分析结果

| 自变量 | 互联网用户（每百人） | | | 固定宽带用户（每百人） | | | 手机拥有量（每百人） | | |
|---|---|---|---|---|---|---|---|---|---|
| | 2000年 | 2010年 | 2020年 | 2000年 | 2010年 | 2020年 | 2000年 | 2010年 | 2020年 |
| 第一阶层（经济发展） | | | | | | | | | |
| 国内生产总值 | 0.040 | -0.017 | -0.018 | 0.044 | -0.021 | -0.035 | -0.010 | -0.101# | -0.045 |
| 人均收入 | 0.582*** | 0.423*** | 0.436*** | -0.060 | 0.679*** | 0.361*** | 0.436*** | 0.134# | 0.217** |
| $R^2$ | 0.566 | 0.603 | 0.612 | 0.078 | 0.622 | 0.517 | 0.504 | 0.262 | 0.153 |
| 调整后的 $R^2$ | 0.562 | 0.599 | 0.608 | 0.048 | 0.618 | 0.506 | 0.499 | 0.254 | 0.146 |
| 调整后的 $R^2$ 增量 | 0.562 | 0.599 | 0.608 | 0.048 | 0.618 | 0.506 | 0.499 | 0.254 | 0.146 |
| 第二阶层（国民发展） | | | | | | | | | |
| 人口总数 | -0.107* | -0.092* | -0.079 | -0.048 | -0.106** | -0.114** | -0.087# | 0.003 | 0.002 |
| 预期寿命 | -0.181# | 0.069 | 0.056 | -0.565 | -0.211* | -0.213* | -0.102 | 0.442*** | 0.472*** |
| 生育率 | -0.122 | -0.329*** | -0.317*** | -0.438# | -0.381*** | -0.319*** | -0.259** | -0.058 | -0.022 |
| 健康支出 | — | — | — | — | — | — | — | — | — |
| 初级教育完成率 | -0.044 | -0.015 | -0.011 | 0.129 | 0.013 | 0.020 | -0.041 | 0.052 | 0.046 |
| 10—14岁人口比例 | -0.055 | -0.067 | -0.046 | 0.120 | -0.138 | -0.127 | -0.040 | -0.051 | -0.027 |
| 20—39岁人口比例 | 0.105 | 0.093 | 0.079 | -0.072 | 0.181 | 0.172 | 0.062 | 0.019 | 0.011 |
| 人类发展指数（HDI） | 0.176* | 0.090 | 0.068 | 0.536# | 0.035 | 0.018 | 0.153# | -0.181# | -0.176# |
| $R^2$ | 0.626 | 0.787 | 0.691 | 0.206 | 0.710 | 0.570 | 0.634 | 0.484 | 0.292 |
| 调整后的 $R^2$ | 0.608 | 0.776 | 0.676 | 0.076 | 0.696 | 0.557 | 0.617 | 0.459 | 0.273 |
| 调整后的 $R^2$ 增量 | 0.046 | 0.177 | 0.175 | 0.028 | 0.078 | 0.051 | 0.118 | 0.205 | 0.127 |

续表

| 自变量 | | 互联网用户（每百人） | | | 固定宽带用户（每百人） | | | 手机拥有量（每百人） | | |
| --- | --- | --- | --- | --- | --- | --- | --- | --- | --- | --- |
| | | 2000年 | 2010年 | 2020年 | 2000年 | 2010年 | 2020年 | 2000年 | 2010年 | 2020年 |
| 第三阶层（城乡结构） | 城市人口比例 | 0.082 | 0.067 | 0.058 | 0.210 | -0.036 | -0.012 | 0.041 | 0.137 | 0.211** |
| | 农业从事者比例 | -0.110* | -0.097* | -0.089* | -0.146 | -0.111* | -0.125* | -0.135** | -0.068 | -0.103* |
| | 农业附加值比例 | 0.068 | -0.045 | -0.053 | 0.123 | 0.065 | 0.072 | -0.016 | -0.169* | -0.183* |
| | $R^2$ | 0.640 | 0.799 | 0.695 | 0.249 | 0.723 | 0.569 | 0.651 | 0.515 | 0.346 |
| | 调整后的 $R^2$ | 0.616 | 0.785 | 0.683 | 0.076 | 0.705 | 0.559 | 0.628 | 0.483 | 0.330 |
| | 调整后的 $R^2$ 增量 | 0.008 | 0.009 | 0.007 | 0.000 | 0.009 | 0.002 | 0.011 | 0.024 | 0.057 |
| 第四阶层（开放程度） | 民主化 | 0.193*** | -0.008 | -0.007 | -0.179 | 0.131* | 0.112* | 0.160** | 0.010 | 0.008 |
| | 外国直接投资 | -0.033 | 0.036 | 0.041 | -0.090 | 0.030 | 0.028 | 0.008 | 0.038 | 0.031 |
| | $R^2$ | 0.663 | 0.800 | 0.691 | 0.266 | 0.734 | 0.573 | 0.665 | 0.516 | 0.340 |
| | 调整后的 $R^2$ | 0.636 | 0.784 | 0.682 | 0.061 | 0.713 | 0.562 | 0.640 | 0.479 | 0.329 |
| | 调整后的 $R^2$ 增量 | 0.020 | 0.000 | 0.000 | 0.000 | 0.008 | 0.003 | 0.012 | 0.000 | 0.000 |
| | $N$ | 193 | 193 | 193 | 65 | 194 | 194 | 200 | 197 | 197 |

注：1990年的健康支出数据缺失；1990年自变量对2000年固定宽带的4个回归模型不显著（$p=0.080$、$0.142$、$0.180$、$0.243$），其他模型均在0.000的水平上显著。自变量均为1990年的值；# 表示 $p<0.1$，* 表示 $p<0.05$，** 表示 $p<0.01$，*** 表示 $p<0.001$。

## （一）不同宏观因素的影响

数据显示，在所有回归模型中，只有 4 个回归模型不显著，即 1990 年的自变量对 2000 年的固定宽带采纳率的回归模型，其他模型都在 0.000 的水平上显著，且解释变差高达 40%—80%，说明这些自变量指标可以有效解释和预测互联网、固定宽带和手机在各国的普及率。

具体来说，经济发展具有最强的解释力，国民发展次之，接着是城乡结构和开放程度。由数据分析结果可知，4 组变量总共解释的变差大多分布在 60%—80%。但 4 组变量的影响相差较大：经济发展解释了 50% 左右的变差，国民发展解释的变差为 5%—20% 不等，城乡结构和开放程度解释的变差在 1% 左右。

自变量各指标对互联网普及率、固定宽带普及率、手机普及率的影响大小和显著程度都有所差异。其中影响较为稳定的因素为人均收入、生育率、人类发展指数、农业从事者比例和民主化。这 5 个指标对 3 个因变量的影响显著，且较为一致和稳定。换而言之，人均收入越高、生育率越低、人类发展指数越高、农业从事者比例越低、民主化程度越高的国家，其网络传播技术（互联网、固定宽带、手机）普及率越高。对比标准化回归系数可以发现，人均收入的影响最大，其次是人类发展指数、生育率、农业从事者比例和民主化。

## （二）对不同网络技术的影响

横向比较各模型发现，自变量对互联网采纳的解释力（大多为 70%—80%）高于对固定宽带（大多为 60%—70%）和手机（大多为 50%—60%）的解释力。同时，在对互联网和固定宽带进行回归时，结果显著的自变量比手机的回归模型更多，也更加稳定和一致。这说明，我们纳入的自变量对互联网普及率和固定宽带普及率的解释更为有效，而手机的普及率还有其他重要的预测因素有待挖掘。

而对比 3 个因变量的影响因素发现，经济发展对互联网和固定宽带的普及率解释力更大，解释的变差超过 60%，而对手机的普及率解释力相对弱一些，在 25% 左右。相应地，国民发展和城乡结构对 2020 年手机普及率的解释力大于对 2020 年互联网和固定宽带普及率的解释力。如表 4-13 所示，国民发展和城乡结构对手机采纳的解释变差分别为 19.9% 和 1.3%，高于互联网的 10.7% 和 1.2%，以及固定宽带的 5.3％和 1.2％。表 4-14、表 4-15 表现出同样的特征，这里不再赘述。

### （三）不同时间跨度的影响

我们的阶层回归有三种不同的时间跨度，即自变量对 10 年、20 年、30 年后的因变量进行回归分析。由表 4-15 可以得知，自变量对不同节点因变量的影响呈现出一种倒 U 形曲线，也即随着时间的累积而逐渐增强，而后逐渐减弱。如 1990 年自变量对 2000 年、2010 年、2020 年互联网用户（每百人）的解释变差分别为 63.6％、78.4％、68.2％，这表明自变量对网络技术采纳的影响与日俱增，在超过 20 年后影响降低。将经济发展、国民发展、城乡结构和开放程度分开来看，也符合这样的特征。固定宽带和手机的回归模型也大致如此，个别模型除外。

## 二、全球数字图书馆鸿沟的成因

作为数字鸿沟在图书馆领域的重要体现，数字图书馆鸿沟在归因上与数字鸿沟具有类似的规律。全球范围内的数字鸿沟关乎发达国家与发展中国家之间的信息不对称，学界对其的归因分析通常着眼于国家层面的经济发展情况、人口发展情况、互联网基础设施等一系列社会经济因素。[①] 因此，我们围绕数字图书馆的特殊性，结合全球数字鸿沟的形成机制，构建回归分析模型，试图解析形塑全球数字图书馆鸿沟的影响因素，继而为后续的弥合路径提供理论指导。

### （一）全球数字图书馆鸿沟的潜在影响因素

技术的创新扩散作为一种经济行为，其扩散的方向、强度、速度受制于宏观环境影响，尤其是经济增长、政府技术投入、人口规模、政策法规、国家知识发

---

① 徐芳，马丽. 国外数字鸿沟研究综述［J］. 情报学报，2020（11）：1232-1244.

展水平等外部因素。<sup>①</sup>包括 ICT 在内的任何技术均无法摆脱环境对创新扩散的潜在影响。<sup>②</sup>在全球数字鸿沟的诸多影响因素中，社会结构因素对互联网技术采纳的影响更为深远，包括经济发展、国民发展、城乡差异和开放程度等主要维度。<sup>③</sup>有学者指出，欧盟内部的数字不平等与成员间的经济社会发展差异密切相关，尤其是国民经济、高等教育、ICT 普及等因素影响较为显著。<sup>④</sup>诸多学者都强调社会经济因素对数字鸿沟形成演化的显性影响<sup>⑤</sup>，甚至将国际政治经济的不平等视为造成全球数字鸿沟的根本因素<sup>⑥</sup>。对于部分落后的发展中国家，经济贫困与技术落后的叠加导致自身面临的信息不平等形势愈发严峻，甚至可能造成国际和国内社会新的分裂。<sup>⑦</sup>总之，全球数字鸿沟形成的关键在于社会结构性因素的影响，国际权力财富的悬殊差距和力量失衡导致整个过程极其复杂且不断变动。

　　作为数字鸿沟重要形式的全球数字图书馆鸿沟，其形成也会受到社会结构性因素的影响。<sup>⑧</sup>结合数字图书馆的特殊属性，经济支持力度、国民发展水平、信息基础设施有可能成为形塑全球数字图书馆鸿沟的主要宏观环境因素。经济实力方面，数字图书馆作为公共服务部门，充足的资金是信息资源积累和系统维护的基本前提，不论是硬件、软件建设，还是人才队伍建设，都与政府财政支持紧密相关。同时，居民收入结构同样影响所在地区数字图书馆的整体使用水平。收入结构越均衡的地区，ICT 的普及率就越高，其数字图书馆的接入和使用情况就越好。国民发展方面，人口总数将直接决定数字图书馆的潜在市场规模，而性别比例和年龄结构等指标，则与该地区数字图书馆接入和使用的具体水平息息相

①　王珊珊，王宏起. 技术创新扩散的影响因素综述 [J]. 情报杂志，2012（6）：197-201.

②　胡鞍钢，周绍杰. 新的全球贫富差距：日益扩大的"数字鸿沟"[J]. 中国社会科学，2002（3）：34-48，205.

③　韦路，谢点. 全球数字鸿沟变迁及其影响因素研究——基于 1990—2010 世界宏观数据的实证分析 [J]. 新闻与传播研究，2015（9）：36-54，126-127.

④　VICENTE CUERVO M R, LÓPEZ MENÉNDEZ A J. A multivariate framework for the analysis of the digital divide: Evidence for the European Union-15[J]. Information & Management, 2006(6): 756-766.

⑤　于海霞. 图书馆社会责任视角下的数字鸿沟问题 [J]. 大学图书情报学刊，2014（1）：5-9.

⑥　邵培仁，张健康. 关于跨越中国数字鸿沟的思考与对策 [J]. 浙江大学学报（人文社会科学版），2003（1）：125-133.

⑦　杨剑. 新兴大国与国际数字鸿沟的消弭——以中非信息技术合作为例 [J]. 世界经济研究，2013（4）：24-29，87-88.

⑧　韦路，陈俊鹏. 全球数字图书馆鸿沟的现状、归因与弥合路径 [J]. 现代出版，2021（5）：11-18.

关。基础设施方面，以 ICT 为主的信息处理技术是数字图书馆建设初期的主要路径[①]，设备、网络、服务、资源、用户又是影响其信息服务质量的关键要素[②]。因此，网络带宽、网络安全服务器、互联网普及率等衡量一个国家或地区信息基础设施条件的指标，也将对数字图书馆的服务范围、能力和水平产生重要影响。

## （二）基于宏观数据的回归分析

在国际图联成员数据库的基础上，我们引入了世界银行、国际电信联盟和世界不平等发展数据库提供的国家宏观数据，整合形成了不同成员预测变量的初始数据。其中，经济支持力度涉及政府最终消费支出和前 10% 群体收入占有份额 2 个变量。政府最终消费支出直接关乎整个社会的公共服务支出，尤其是对数字图书馆建设的财政支持力度。而前 10% 群体占有全部国民收入的份额作为收入分配结构的体现，则直接反映出整体国民的共同富裕水平。该指标越高，意味着财富在高收入群体的集中程度越高，社会收入分配越不平等，贫富差距也越悬殊，对数字图书馆市场的整体消费能力和有效使用程度可能产生消极影响。国民发展水平包含人口总数、出生人口性别比、出生时预期寿命、年龄抚养比等指标，主要关注不同国家和地区数字图书馆的用户基数、性别比例和年龄结构等人口统计学背景。信息基础设施则涵盖固定宽带订阅、网络安全服务器、互联网用户占总人口比重等指标。

因变量来自国际图联成员数据库，具体包括图书馆互联网接入和图书馆网络注册用户数 2 个变量。由于缺失项各异，为减少偏误，因变量的缺失不处理，在回归时直接按列表删除，自变量中的缺失值用均值代替。为减少多重共线性对回归分析可能造成的统计影响，我们先对变量进行对数转换，并采用分阶段、分批次的逐步回归分析，最终得到 6 个回归模型。表 4-16 显示了以 2019 年部分国家（地区）宏观数据指标为自变量，以国际图联成员图书馆互联网接入和图书馆网络注册用户数为因变量的回归模型结果。

---

① 王荣国，李东来. 数字图书馆的概念、形态及研究范围 [J]. 图书馆学刊，2001（5）：4-7.
② 李浩君，周碧云，冉金亭. 情境因素视角下的图书馆移动知识服务影响因素实证研究 [J]. 图书馆，2019（7）：79-85.

表 4-16 预测全球数字图书馆鸿沟的回归模型结果

| 自变量 | | 图书馆互联网接入 | 图书馆网络注册用户数 |
|---|---|---|---|
| 第一阶层（经济支持力度） | 政府最终消费支出 | 0.117# | 0.111 |
| | 前 10% 群体占有全部国民收入份额 | -0.160** | -0.057 |
| | $R^2$ | 0.135 | 0.127 |
| | 调整后的 $R^2$ | 0.114 | 0.105 |
| | 调整后的 $R^2$ 增量 | 0.135 | 0.127 |
| 第二阶层（国民发展水平） | 人口总数 | 0.153 | 0.315# |
| | 出生人口性别比 | -0.140# | -0.018 |
| | 出生时预期寿命 | -0.342** | -0.099 |
| | 年龄抚养比 | -0.048 | -0.016 |
| | $R^2$ | 0.629 | 0.637 |
| | 调整后的 $R^2$ | 0.599 | 0.608 |
| | 调整后的 $R^2$ 增量 | 0.493 | 0.510 |
| 第三阶层（信息基础设施） | 固定宽带订阅 | 0.504** | 0.157 |
| | 网络安全服务器 | 0.302** | 0.411** |
| | 互联网用户占总人口比重 | 0.306* | 0.182 |
| | $R^2$ | 0.800 | 0.733 |
| | 调整后的 $R^2$ | 0.776 | 0.699 |
| | 调整后的 $R^2$ 增量 | 0.171 | 0.095 |

注：所有模型均通过显著性检验。# 表示 $p<0.1$，* 表示 $p<0.05$，** 表示 $p<0.01$。前 10% 群体占有全部国民收入份额数据来自世界不平等发展数据库。信息基础设施数据来自国际电信联盟和世界银行发展指标数据库。其他自变量数据均来自世界银行发展指标数据库。

表 4-16 显示，在关于图书馆互联网接入的预测模型中，第一层经济支持力度调整后的 $R^2$ 增量为 0.135，意味着地区经济支持对图书馆互联网接入的解释变差有 13.5%；加入第二层国民发展水平后的模型，自变量对因变量的解释力增加 49.3%；在加入第三层信息基础设施之后，对图书馆互联网接入的解释变差增加了 17.1%。在关于图书馆网络注册用户数的预测模型中，第一层经济支持力度对因变量的解释变差有 12.7%；纳入第二层国民发展水平之后，调整后的 $R^2$ 增量意味着对因变量的解释力提高 51.0%；第三层信息基础设施的加入，将模型的解

释力提升了 9.5%，且始终在 0.000 的水平上显著。综上可知，对图书馆互联网接入和图书馆网络注册用户数的预测分析模型中，经济支持力度、国民发展水平、信息基础设施 3 组预测变量合计解释的变差分别为 79.9% 和 73.2%，并具有显著的统计学意义。其中，国民发展水平的解释力最大，分布于 45% 至 55% 之间，经济支持力度与信息基础设施的解释力相当，约为 10%—20%。上述预测结果证实了经济支持力度、国民发展水平、信息基础设施对全球数字图书馆鸿沟的潜在外部影响。

关于具体自变量的影响，在对图书馆互联网接入的预测模型中，政府最终消费支出（$\beta=0.117, p<0.10$）、前 10% 群体占有全部国民收入份额（$\beta=-0.160, p<0.01$）、出生人口性别比（$\beta=-0.140, p<0.10$）、出生时预期寿命（$\beta=-0.342, p<0.01$）、固定宽带订阅（$\beta=0.504, p<0.01$）、网络安全服务器（$\beta=0.302, p<0.01$）、互联网用户占总人口比重（$\beta=0.306, p<0.05$）均通过显著性检验。其中，政府最终消费支出越大，国民整体收入越均衡，性别比例越协调，固定宽带订阅、网络安全服务器和互联网用户占总人口比重越大，则图书馆互联网接入程度越高。对图书馆网络注册用户数的预测分析显示，人口总数（$\beta=0.315, p<0.10$）越大，图书馆网络注册用户数就越高，表明整体人口基数通过形塑数字图书馆市场规模继而对网络注册用户数产生正向影响。其中，年龄抚养比虽未在两个预测模型中通过显著性检验，但其与图书馆互联网接入和注册用户数的相关系数分别为 -0.048 和 -0.016，一定程度上反映出降低劳动力抚养负担对数字图书馆接入和使用的积极作用。此外，网络安全服务器指标解释力的相对稳定，表明完善互联网信息基础设施建设始终是弥合全球数字图书馆鸿沟的关键。

# 三、全球数字媒体鸿沟的成因

## （一）影响各国媒介机构社会资本的因素

为探索基于 Twitter 的全球媒介机构网络内，各国媒介机构的社会资本受到哪些因素的影响，我们将社会资本操作化为内节点度、外节点度、紧密中心度和间距中心度 4 个子变量，并将预测媒介机构社会资本的大洲发达程度、国家发达程度及其社交媒体使用变量输入多元线性回归方程，分别检验以上变量对于社会资本的预测能力，结果如表 4-17 所示。

表 4-17　预测媒介机构社会资本的多元线性回归结果

| 变量 | | 内节点度 | | 外节点度 | | 紧密中心度 | | 间距中心度 | |
|---|---|---|---|---|---|---|---|---|---|
| | | 模型一 | 模型二 | 模型一 | 模型二 | 模型一 | 模型二 | 模型一 | 模型二 |
| 国家发达程度 | | 0.435*** | 0.283*** | 0.094 | 0.113 | 0.554*** | 0.455*** | 0.103 | 0.056 |
| 大洲发达程度 | | 0.100 | −0.001 | −0.060 | −0.038 | 0.208** | 0.130* | 0.006 | −0.044 |
| 社交媒体使用 | 关注数 | — | 0.051 | — | 0.030 | — | 0.058 | — | 0.081 |
| | 被关注数 | — | 0.697*** | — | −0.097 | — | 0.331*** | — | 0.109 |
| | 发表推文总量 | — | 0.036 | — | −0.037 | — | 0.167** | — | 0.182* |
| $R^2$ | | 0.205*** | 0.672*** | 0.012 | 0.024 | 0.353*** | 0.505*** | 0.011 | 0.065 |
| 调整后的 $R^2$ | | 0.195*** | 0.661*** | −0.001 | −0.008 | 0.345*** | 0.488*** | −0.002 | 0.034* |

注：* 表示 $p<0.05$，** 表示 $p<0.01$，*** 表示 $p<0.001$。

根据表 4-17，国家发达程度能够显著预测媒介机构在内节点度（$\beta=0.435$，$p<0.001$）和紧密中心度（$\beta=0.554$，$p<0.001$）两个层面上的社会资本，而大洲发达程度则仅能预测紧密中心度（$\beta=0.208$，$p<0.01$）。内节点度代表在网络内获得其他行动者连线的数量，这说明来自发达程度越高国家的媒介机构，在全球媒介机构网络中越有可能获得来自其他媒介机构的链接。紧密中心度是指行动者与网络中所有其他行动者的紧密性程度，它测量的是节点与节点之间的距离。如果某个节点与网络中所有其他节点的距离都很短，则该点越接近网络的中心点。根据表 4-17 的数据，国家发达程度（$\beta=0.554$，$p<0.001$）和大洲发达程度（$\beta=0.208$，$p<0.01$）能够显著预测紧密中心度，这意味着来自发达程度更高国家和大洲的媒介机构更有可能成为 Twitter 全球媒介机构网络的中心节点。间距中心度指某一行动者成为网络中其他节点间中介的程度，也就是只有通过它们的中介，整个网络才得以连通。有学者将社会网络中的这一特殊位置称为结构洞，结构洞一方面是重要的信息枢纽，另一方面还掌握着一种控制优势，因为结构洞可以决

定通过它建立链接的前后节点间的信息传递，故而结构洞不仅意味着资源优势，更重要的还是关系优势。表 4-17 的数据表明，发表推文总量（$\beta=0.182, p<0.05$）能够显著预测间距中心度，也就是说发文越多的媒介机构，越有可能在 Twitter 上成为其他媒介机构之间的中介点，扮演国际传播关系中的资源调配者角色。

社交媒体使用涉及的 3 个变量中，被关注数（$\beta=0.331, p<0.001$）和发表推文总量（$\beta=0.167, p<0.01$）还能够显著预测媒介机构在紧密中心度层面上的社会资本。此处的被关注数是指该媒介机构在 Twitter 这一传播场域内被其他用户关注的数量。这一结果表明，在 Twitter 上越受欢迎的媒介机构和越是积极发表推文的媒介机构，都越有可能获得来自其他媒介机构的链接，也越有可能成为 Twitter 全球媒介机构网络中的中心点。

## （二）影响媒介机构间双向链接关系的因素

关于哪些因素会影响媒介机构间的双向链接关系，我们以 R 软件的指数随机图模型计算各个媒介机构之间建立双向链接关系的概率（模型的具体计算方法参见罗宾斯等学者的文章[①]），并检验所在大洲、所在国家、媒介类型等变量是否能够预测这一概率。在此，我们将前文按发达程度测量的所在大洲和所在国家处理为定类变量，再与定类变量媒介类型一起投入 R 软件的指数随机图模型，以此检验来自同一大洲、同一国家或同一媒介类型的机构之间是否更有可能形成双向链接关系，结果如表 4-18 所示。

表 4-18　预测媒介机构双向链接关系概率的指数随机图结果

| 变量 | 双向链接关系 | $p$ |
| --- | --- | --- |
| 连线 | -3.120 | 0.000*** |
| 所在大洲（接近性） | -0.081 | 0.135 |
| 所在国家（接近性） | 0.916 | 0.000*** |
| 媒介类型（同质性） | 0.007 | 0.159 |

注：*** 表示 $p<0.001$。

---

① ROBINS G, PATTISON P, KALISH Y, et al. An introduction to exponential random graph (p*) models for social networks[J]. Social Networks, 2007(2): 173-191.

　　根据表 4-18，体现地理接近性和文化接近性因素的所在国家，的确对基于 Twitter 的全球媒介机构网络中各行动者之间的双向链接关系具有显著的正向影响，但同样体现接近性的所在大洲以及体现同质性的媒介类型却没有显著影响。换言之，来自同一国家（log odds ratio＝0.916，$p<0.001$）的媒介机构之间更容易形成双向链接关系，这说明即使是在社交媒体时代，国家仍然强有力地左右着国际传播关系。[①] 媒介类型之所以未能成为影响因素，原因或在于媒介融合已经成为全球传媒业界的大势所趋，多数媒介机构都不再局限于同一种媒介类型，而是趋向于发展多个传播渠道。

① 韦路，丁方舟. 社会化媒体时代的全球传播图景：基于 Twitter 媒介机构账号的社会网络分析［J］. 浙江大学学报（人文社会科学版），2015（6）：91-105；CURRAN J, PARK M J. De-Westernizing Media Studies[M]. New York: Routledge, 2000.

CHAPTER 5

| 第五章 |

# 数字鸿沟的社会后果

**DIGITAL**
**DIVIDE**

———

# 第一节　放大知识沟

在传播学、社会学、管理学、经济学等学术领域，此前关于数字鸿沟的研究聚焦于数字技术的接入（access）和使用（use）。① 这两个层面也被学者们称为第一道和第二道数字鸿沟。② 然而，一个更加重要的问题却没有引起学者们足够

---

① GOSLEE S M. Losing Ground Bit by Bit: Low−Income Communities in the Information Age[M]. Washington: Benton Foundation, 1998; LENHART A. Who's not online: 57% of those without Internet access say they do not plan to log on [R/OL]. (2000−09−21) [2022−04−10]. http://www. pewInternet.org/reports/toc.asp?Report＝21; National Telecommunications and Information Administration. Falling through the net: A Survey of the "have nots" in rural and urban America [R/OL]. (1995−07) [2022−04−10]. https://www.ntia.doc.gov/ntiahome/fallingthru.html; National Telecommunications and Information Administration. Falling through the Net II: new data on the digital divide [R/OL]. (1998−07−28) [2022−04−10]. https://www.ntia.doc.gov/ntiahome/net2; National Telecommunications and Information Administration. A nation online: entering the broadband age [R/OL]. (2004−09−30) [2022−04−10]. http://www.ntia.doc.gov/reports/anol/NationOnlineBroadband04. htm; PAPADAKIS M C. Complex picture of computer use in the home emerges [J/OL]. (2000−03−31) [2022−04−10]. https://www.nsf.gov/statistics/issuebrf/sib00314.htm; UCLA Internet Report. Surveying the digital future[R]. Los Angeles: UCLA Center for Communication Policy, 2000; WILHELM A G. Democracy in the Digital Age: Challenges to Political Life in Cyberspace[M]. New York: Routledge, 2000; NORRIS P. Digital divide: Civic Engagement, Information Poverty, and the Internet Worldwide[M]. New York: University Press, 2001; 胡鞍钢，周绍杰. 新的全球贫富差距：日益扩大的"数字鸿沟"[J]. 中国社会科学，2002（3）：34−48，205；刘文新，张平宇. 中国互联网发展的区域差异分析 [J]. 地理科学，2003（4）：398−407；汪明峰. 互联网使用与中国城市化——"数字鸿沟"的空间层面 [J]. 社会学研究，2005（6）：112−135，244；柯惠新，王锡苓. 亚太五国 / 地区数字鸿沟及其影响因素分析 [J]. 现代传播，2005（4）：88−94.

② ATTEWELL P. The first and second digital divides[J]. Sociology of Education, 2001(3): 252−259; NATRIELLO G. Bridging the second digital divide: What can sociologists of education contribute?[J]. Sociology of Education, 2001(3): 260−265.

的重视，那就是，在数字技术接入和使用上存在的鸿沟是否最终会而且一定会导致人们在知识获取上的鸿沟，而这种知识上的鸿沟将直接关系到信息社会中个人和社区的生存与发展。换言之，第一道和第二道数字鸿沟对于人们知识的获取究竟有何影响？

在 20 世纪 70 年代，明尼苏达研究小组所倡导的经典的知识沟假设认为，当大众媒介信息在一个社会系统中不断增加时，拥有较高社会经济地位的人将会比拥有较低社会经济地位的人更快地获取信息。[①] 数十年来，虽然学界对知识沟假设已有了广泛支持，但这一假设是否适用于数字媒体，在数字技术（特别是互联网）接入和使用上的差距是否会导致知识获取上的差距，却没有明确的答案。

在新的数字环境下，考察互联网的接入和使用对人们知识获取的影响，具有显著的现实针对性和前瞻性。[②] 本节试图从理论上探讨第一道、第二道数字鸿沟与知识沟之间的关系，寻求将数字鸿沟理论与知识沟理论贯通起来的可能方法和模式，为开辟数字鸿沟研究的新方向做出贡献。

# 一、接入沟、使用沟与知识沟

不论是数字鸿沟还是知识沟，皆已有大量研究；然而，却几乎没有学者正式将两者联结起来。大量有关数字鸿沟的研究主要聚焦于第一道和第二道数字鸿沟，即接入沟和使用沟；但这两道数字鸿沟所带来的对于人们知识获取上的影响，却被学者们忽略了。至于有关知识沟的研究，尽管在既有的研究中，媒介或渠道的差异是一个备受研究者关注的变量，但就人们对数字技术在接入和使用上的差别所可能导致的知识获取上的差异，却几乎没有人注意到。

梵·迪克强调了一个惊人的发现，那就是：人们往往对接入差异的效果想当然，从而没有将其作为数字鸿沟研究的一部分。[③] 新媒介接入和使用上的差异

---

① TICHENOR P J, DONOHUE G A, OLIEN C N. Mass media flow and differential growth in knowledge[J]. Public Opinion Quarterly, 1970(2): 159−170.

② 韦路，张明新. 第三道数字鸿沟：互联网上的知识沟 [J] 新闻与传播研究，2006（4）：43−53, 95.

③ VAN DIJK J. A framework for digital divide research[J/OL]. Electronic Journal of Communication, 2002(1) [2004−01−15]. http://purl.utwente.nl/publications/94688.

究竟会产生什么样的社会后果？对于人们的生存和发展有何影响？对于社会接受和排斥有何影响？在数字技术上的贫穷，是否会导致在社会生活中的贫穷？回答这些问题的一个关键点就在于互联网对于知识获取的影响。由于信息和知识能够被转化为社会和政治力量，人们在知识获取上的不平等必然会对人们的社会和政治生活产生直接的影响。因此，一旦接入和使用鸿沟的问题开始得到解决，知识沟的问题将成为人们接下来关注的焦点。

　　传统上，对知识沟的研究集中在知识获取和社会经济地位之间的关系，而接受正规教育的年限则经常被当作社会经济地位的指标。[①] 然而，后续的研究发现，其他因素也会对知识沟的形成产生影响，于是学者开始对基于教育的知识沟假设提出挑战。例如，加齐亚诺（Gaziano）对一系列因素的作用进行了考察，这些因素包括媒介议题类型、传播地理范围、知识的操作性定义、传播渠道的类别、研究设计以及数据收集方法等。[②] 在一篇综述中，维斯瓦纳特（Viswanath）和芬尼根（Finnegan）探讨了影响知识沟的几种条件，包括媒介内容和议题差异、信息功能、地理范围、知识的复杂性、传播渠道差异，以及媒介宣传在策划传播和非策划传播中的作用。[③]

　　随着新媒体技术在人们日常生活中的作用越来越重要，在以上因素当中，传播渠道差异成为学者关注的一个焦点。以往有关传播渠道差异的研究主要强调的是印刷媒介的独特作用、印刷媒介与广播媒介在促成知识沟的有效性方面的比较，

---

① TICHENOR P J, DONOHUE G A, OLIEN C N. Mass media flow and differential growth in knowledge[J]. Public Opinion Quarterly, 1970(2): 159-170; GAZIANO C. The knowledge gap: An analytical review of media effects[J]. Communication Research, 1983(4): 447-486; GAZIANO C. Forecast 2000: Widening knowledge gaps[J]. Journalism & Mass Communication Quarterly, 1997(2): 237-264; TICHENOR P J, RODENKIRCHEN J M, OLIEN C N, et al. Community issues, conflict, and public affairs knowledge[M] //CLARKE P. New Models for Mass Communication Research, Beverly Hills: Sage, 1973: 45-79; VISWANATH K, FINNEGAN J R. The knowledge gap hypothesis: Twenty-five years later[J]. Annals of the International Communication Association, 1996(1): 187-228; MOORE D W. Political campaigns and the knowledge gap hypothesis[J]. Public Opinion Quarterly, 1987(2): 186-200.

② GAZIANO C. The knowledge gap: An analytical review of media effects[J]. Communication Research, 1983(4): 447-486.

③ VISWANATH K, FINNEGAN J R. The knowledge gap hypothesis: Twenty-five years later[J]. Annals of the International Communication Association, 1996(1): 187-228.

以及电视作为知识平衡者的巨大潜力。[①]

　　新媒体技术，尤其是互联网的迅猛发展进一步刺激了人们关于新技术对知识沟的影响的争论。一方面，技术狂热者宣称互联网能够通过降低信息成本来减少不平等，增强低收入人群获取社会资本和参与职业竞争的能力，并进而增加他们的人生机会。[②]另一方面，技术怀疑者则指出技术所带来的最大利益将会归于高社会经济地位者，他们能够利用他们的资源更快地、更有成效地使用互联网，而这一趋势又会被更好的网络连接和更多的社会支持进一步强化。[③]

　　因此，互联网接入和使用上的数字鸿沟是否会转化成知识获取上的鸿沟，并进而导致其他社会后果，对于我们理解数字化时代的不平等现象极为重要。尽管在论及由互联网所带来的社会不公之时，数字鸿沟与知识沟这两个概念不时交织在一起[④]，但少有研究者将两者联系起来考察。事实上，虽然诸多研究者和政策制定者皆在推测，人们往往借由互联网接入而得到诸如商品、服务及其他社会利益；但迄今为止尚未有研究者以经验证据支持这一结论[⑤]。而且，正如邦法德利（Bonfadelli）所说的："在既有的文献中，不仅缺乏坚实的经验数据来证实互联网接入要优于传统媒体的使用；而且，从理论的角度来看，我们并不清楚互联网接入是否会成为个人成功的必要条件，我们甚至无法确知人们对互联网的接入

---

① VISWANATH K, FINNEGAN J R. The knowledge gap hypothesis: Twenty-five years later[J]. Annals of the International Communication Association, 1996(1): 187-228.

② ANDERSON R H, BIKSON T K, LAW S A, et al. Universal Access to E-mail: Feasibility and Societal Implications[M]. Santa Monica: RAND, 1995.

③ DIMAGGIO P, HARGITTAI E, NEUMAN W R, et al. Social implications of the Internet[J]. Annual Review of Sociology, 2001(27): 307-336.

④ DIMAGGIO P, HARGITTAI E, NEUMAN W R, et al. Social implications of the Internet[J]. Annual Review of Sociology, 2001(27): 307-336; BUCY E P. Social access to the Internet[J]. Press/ Politics, 2000(1): 50-61; HINDMAN D B. The rural-urban digital divide[J]. Journalism and Mass Communication Quarterly, 2000(3): 549-560; KINGSLEY P, ANDERSON T. Facing life without the Internet[J]. Internet Research: Electronic Networking Applications and Policy, 1998(4): 303-312; VAN DIJK, HACKER K. The digital divide as a complex and dynamic phenomenon[J]. The Information Society, 2003(4): 315-326.

⑤ DIMAGGIO P, HARGITTAI E, NEUMAN W R, et al. Social implications of the Internet[J]. Annual Review of Sociology, 2001(27): 307-336.

是否与人们的生活密切相关。"① 因此,本书试图探讨的一个重要的研究问题就是,互联网的接入沟是否能够影响知识沟。

　　较之于互联网接入研究,有关计算机与互联网使用的研究的确积累了不少经验数据。譬如阿特维尔(Attewell)和巴特尔(Battle)发现,家庭电脑使用与学生的语文和数学成绩显著相关:男孩、白种人以及富裕的学生,往往这两科成绩更好。② 在近年来的研究中,邦法德利试图就数字化时代的知识沟现象做出理论解释,认为相对于传统媒体而言,人们在互联网使用上的鸿沟更为显著。③ 这些鸿沟包括信息供给上的差异、信息使用上的差别(信息选择上不同的兴趣与偏好)以及不同的信息接收策略(不同的媒介内容需求与满足,譬如信息和娱乐)等。所有这些鸿沟都可能导致知识沟。邦法德利以最近在欧洲进行的两个调查为例总结道,受教育程度更高的人往往在使用互联网时更具主动性,其使用也偏向信息导向型,而受教育程度较低者的互联网使用往往更多局限于网络的娱乐功能。因此,我们也希望考察互联网使用沟对知识沟的影响,以及比较接入沟与使用沟对知识沟的影响有何不同。

## 二、新旧媒体使用沟比较

　　不论是新媒体还是旧媒体,人们使用媒体的方式各不相同,使用沟也因此形成。使用沟有多种表现形式,但以往研究发现,人们使用大众媒介的一个最典型

---

① BONFADELLI H. The Internet and knowledge gaps: A theoretical and empirical investigation[J]. European Journal of Communication, 2002(1): 65−84.

② ATTEWELL P, BATTLE J. Home computers and school performance[J]. The Information Society, 1999(1): 1−10.

③ BONFADELLI H. The Internet and knowledge gaps: A theoretical and empirical investigation[J]. European Journal of Communication, 2002(1): 65−84.

的差异就在于信息使用和娱乐使用。① 比方说：人们读报纸的时候，既可以选择读要闻版，也可以选择读娱乐版；人们看电视的时候，既可以选择看《新闻联播》，也可以选择看电视剧；同样，人们使用互联网的时候，既可以选择访问新闻网站，也可以选择玩游戏或者聊天。

虽然新旧媒介都存在使用沟，但是它们的大小却有差异。这是由各种媒介本身的属性决定的。拿报纸来说，这种文字媒介最大的优势就在于准确而详细地传递新闻信息，并对有关新闻事件进行深度分析和评论。因此，人们大多使用报纸来获取新闻信息。电视，作为影音兼备的声画媒介，特点就是善于用生动形象的声音和图像来愉悦受众。于是，人们对电视的使用大多偏重娱乐用途。相较而言，互联网是各种传统媒体的整合，报纸和电视的功能在互联网上都能实现。人们可以通过网络实现多种用途。例如，欧洲学者梵·迪克指出，一部分人能够系统地将高级数字技术用于工作和教育，并从中受益，另一部分人则只能使用基本的数字技术和简单的应用，并主要以娱乐为目的。② 他强调电脑网络的多用性（multifunctionality）使得人们使用它的方式千差万别。由此，梵·迪克提出了使用鸿沟的假设，并将人们的数字技能划分为工具技能、信息技能和策略技能这三个等级递进的技能层次。

互联网一方面为受众提供了更多的选择，另一方面也大大减少了传统媒体对

① EVELAND W P, SHAN D V, KWAK N. Assessing causality in the cognitive mediation model: A panel study of motivations, information processing and learning during campaign 2000[J]. Communication Research, 2003(4): 359-386; HOOGHE M. Watching television and civic engagement: Disentangling the effects of time, programs, and stations[J]. Harvard International Journal of Press/ Politics, 2002(2): 84-104; NORRIS P. Does television erode social capital? A reply to Putnam[J]. Political Science & Politics, 1996(3): 474-480; PRIOR M. News vs. entertainment: How increasing media choice widens gaps in political knowledge and turnout[J]. American Journal of Political Science, 2005(3): 577-592; PUTNAM R D. Bowling Alone: The Collapse and Revival of American Community[M]. New York: Simon and Schuster, 2000; 韦路，李贞芳. 数字电视在中国大陆的采用：一个结构方程模型 [J]. 新闻与传播研究，2007（2）：58-69，96.

② VAN DIJK J. A framework for digital divide research[J]. Electronic Journal of Communication, 2002(1); VAN DIJK J. The Network Society: Social Aspects of the New Media[M]. London: Sage, 1999; VAN DIJK J. Widening information gaps and policies of prevention[M]// HACKER K, VAN DIJK J. Digital Democracy, Issues of Theory and Practice. London: Sage, 2000: 166-183.

特定内容的侧重。如果说报纸侧重于新闻而电视侧重于娱乐的话①，互联网所提供的空前自由使每一个用户得以根据自己特定的身份和地位选择特定的使用方式，而较少受到媒介形式的限制②。因此，人们的社会经济地位对新媒体使用的影响要超出其对传统媒体使用的影响。社会经济地位当然会影响人们读报纸或看电视的方式，但是传统媒体的相对同质性及其内容偏好在某种程度上限制了人们的使用方式。例如，即使是社会经济地位较低的个体也会选择报纸来获取新闻；同样，即使是地位较高的个体也会经常使用电视来获取娱乐内容。然而，互联网的显著异质性使得人们的使用方式基本上成为他们社会经济地位的反映。③也就是说，社会经济地位较低的人主要将互联网用于娱乐，而地位较高的人则侧重于互联网的信息用途。由此，我们也可以将使用沟定义为不同社会经济地位者之间媒介使用的差异。基于以上讨论，我们可以假设，地位不同的个体使用互联网的差异要大于他们使用传统媒体的差异。因此，我们试图回答的另一个问题便是，互联网的使用沟是否大于传统媒体的使用沟。

## 三、新旧媒体使用沟与知识沟

传统上，知识沟研究集中在知识获取和社会经济地位之间的关系。接受正规

---

① CHAFFEE S, FRANK S. How Americans get political information: Print versus broadcast news[J]. Annals of the American Academy of Political and Social Science, 1996(1): 48-58; FALLOWS J. Breaking the News: How the Media Undermine American Democracy[M]. New York: Vintage, 1997; POSTMAN N. Amusing Ourselves to Death: Public Discourse in the Age of Show Business[M]. London: Methuen, 1986; ROBINSON M J. American political legitimacy in an era of electronic journalism: Reflection on the evening news[M]// CATER D, ADLER R. Television as A Social Force. New York: Praeger, 1975: 106; SHAH D V, KWAK N, HOLBERT R L. "Connecting" and "disconnecting" with civic life: Patterns of Internet use and the production of social capital[J]. Political Communication, 2001(2): 141-162.

② SCHEUFELE D A, NISBET M C. Being a citizen online: New opportunities and dead ends[J]. Harvard International Journal of Press and Politics, 2002(3): 55-75.

③ 赵璐. 社会化媒体使用的政治效果研究［D］. 杭州：浙江大学，2017.

教育的年限通常被当作社会经济地位的指标。[①] 后续研究发现，其他因素也会对知识沟的形成产生影响，如媒介内容和议题差异、信息功能、地理范围、知识的复杂性、传播媒介差异、研究设计以及数据收集方法等。[②]

在众多影响知识沟的因素当中，传播媒介差异是学者关注的一个焦点。新旧媒体之间的使用沟差异可能导致人们在知识获取上的不同。[③] 经典知识沟假说指出，当大众媒介信息在一个社会系统中不断增加时，社会经济地位较高的个体获取这些信息的速度也会较快。[④] 换言之，对社会经济地位不同的个体来说，即使他们接触到相同质和量的大众媒介信息，他们所获取的知识也会各不相同。况且，在现实中，人们对媒介的信息使用也是千差万别。这种事实上存在的媒介使用沟会进一步扩大不同地位个体之间的知识沟。

具体来说，相对娱乐使用而言，对媒介的信息使用更有利于人们的知识获取。研究表明，人们政治知识的多寡特别会受到报纸的影响[⑤]，因为报纸更偏重信息而非娱乐。同时，与电视观众相比，报纸读者通常会获得并且记住更多的政治信

① TICHENOR P J, DONOHUE G A, OLIEN C N. Mass media flow and differential growth in knowledge[J]. Public Opinion Quarterly, 1970(2): 159−170; GAZIANO C. The knowledge gap: An analytical review of media effects[J]. Communication Research, 1983(4): 447−486; GAZIANO C. Forecast 2000: Widening knowledge gaps[J]. Journalism & Mass Communication Quarterly, 1997(2): 237−264.

② GAZIANO C. The knowledge gap: An analytical review of media effects[J]. Communication Research, 1983(4): 447−486; VISWANATH K, FINNEGAN J R. The knowledge gap hypothesis: Twenty−five years later[J]. Annals of the International Communication Association, 1996(1): 187−228.

③ 韦路，李贞芳. 新旧媒体知识沟效果之比较研究 [J]. 浙江大学学报（人文社会科学版），2009（5）：56−65.

④ TICHENOR P J, DONOHUE G A, OLIEN C N. Mass media flow and differential growth in knowledge[J]. Public Opinion Quarterly, 1970(2): 159−170.

⑤ TICHENOR P J, DONOHUE G A, OLIEN C N. Mass media flow and differential growth in knowledge[J]. Public Opinion Quarterly, 1970(2): 159−170; VISWANATH K, FINNEGAN J R. The knowledge gap hypothesis: Twenty−five years later[J]. Annals of the International Communication Association, 1996(1): 187−228; EVELAND W P, SHAN D V, KWAK N. Assessing causality in the cognitive mediation model: A panel study of motivations, information processing and learning during campaign 2000[J]. Communication Research, 2003(4): 359−386.

息 ①, 对不同议题的辨别能力也更强 ②。因此，我们有理由相信，对媒介的信息使用越多，所获取的政治知识就越多。互联网的使用沟较大，其所导致的知识沟也较大。

虽然过往研究已经开始重视新旧媒介的使用沟差异对知识沟可能产生的不同效果，但真正用实证数据对其进行验证的研究却凤毛麟角。因此，我们试图弄清，互联网使用沟是否比传统媒体使用沟所导致的知识沟更大。

# 四、研究方法

## （一）样本数据

本节的数据来自皮尤人民与媒介研究中心（The Pew Research Center for the People and the Press）在 2004 年 1 月上旬开展的政治传播研究项目。皮尤研究中心（Pew Research Center）是美国著名的非党派、公益性舆论和社会科学研究中心，其宗旨在于为公众提供更多信息以帮助他们了解影响美国和世界的重要议题、态度与趋势。作为该中心的旗舰研究组织，皮尤人民与媒介研究中心侧重研究公众对媒介、政治和公共政策议题的态度，并以常规性全国调查著称。由皮尤公益信托基金（The Pew Charitable Trusts）资助，该组织的所有调查数据均可免费获取，因此受到美国社会各界的广泛使用。

具体到我们所使用的数据，调查于2003年12月19日—2004年1月4日进行。在普林斯顿调查研究协会（Princeton Survey Research Associates）的指导之

---

① CHAFFEE S, FRANK S. How Americans get political information: Print versus broadcast news[J]. Annals of the American Academy of Political and Social Science, 1996(1): 48−58; CHAFFEE S H, WARD S, TIPTON L. Mass communication and political socialization[J]. Journalism Quarterly, 1970(4): 647−666; CLARKE P, FREDIN E. Newspapers, television and political reasoning[J]. Public Opinion Quarterly, 1978(2): 143−160; CHAFFEE S H, ZHAO X, LESHNER G. Political knowledge and the campaign media of 1992[J]. Communication Research, 1994(3): 305−324.

② CHOI H C, BECKER S L. Media use, issue/image discriminations, and voting[J]. Communication Research, 1987(3): 267−290; WAGNER J. Media do make a difference: The differential impact of mass media in the 1976 presidential race[J]. American Journal of Political Science, 1983(3): 407−430.

下，该调查共电话访问了全美 1506 位 18 岁及以上的成人公民。根据全美人口总体，在 95％ 的置信水平上，由抽样或其他随机性因素所导致的误差为 ±3％。在 2004 年美国总统选举的背景下，该调查的原始意图在于揭示美国社会的不同阶层和群体如何从不同的媒介获取政治选举新闻，并试图勾画人们媒介使用的新趋势和影响。其具体内容包括美国民众获取政治新闻的媒介来源及其结构变化、人们对政治选举知识的获取情况、互联网在人们的政治新闻和知识获取中的作用，以及人们对政治新闻偏见的认知情况等。由于我们所涉及的核心变量（互联网接入和使用、政治知识）在该调查中也是极为重要的变量，其数据具有很高的适用性。

为了更加准确地探讨使用沟与知识沟之间的关系，我们还使用了另外一组数据，即美国国家选举研究（American National Election Study，ANES）发布的 2008 年总统选举调查。①自 1977 年由美国国家科学基金资助创立以来，美国国家选举研究成为美国规模最大、影响最广的全国性抽样调查。每逢选举年份，该机构都要开展数次调查，并及时在网上公布调查数据，供公众免费使用。数十年来，该调查的系列数据为美国和全球的社会科学研究者提供了宝贵的研究资料。

我们选取的是 2008 年美国总统选举前后（9 月和 11 月）进行的固定样本追踪研究（panel study）。调查使用电话随机拨号的方式产生 10720 个潜在受访者，皆为 18 岁及以上的美国公民。其中，两次调查实际招募的有效受访者分别为 2586 个和 2665 个。这些受访者通过电话接受邀请后，按照要求在网上完成调查。无法上网的受访者可以免费获得网络接入，以保证调查顺利完成。该调查囊括包括媒介使用和政治知识在内的多个重要题项，对于验证我们的假设具有极高的应用价值。同时，作为纵向追踪研究，该调查为建立媒介使用和政治知识之间的因果关系提供了绝佳的机会。

## （二）变量测量

政治知识。皮尤研究中心的调查（简称皮尤调查）中，用于测量受访者政治知识的有 4 个问题。其中的 2 个是询问受访者关于美国副总统戈尔（Gore）对民主党内候选人迪安（Dean）的支持，以及迪安关于"希望成为那些皮卡车

---

① 数据来源：http://www.electionstudies.org/studypages/2008_2009panel/anes2008_2009panel.htm。

厢内悬挂南部联邦战旗者的候选人"的言论。① 根据受访者的回答，他们被分为 4 个类别：知道较多（1），听说了一些（2），从来没有听说过（3），以及不知道或者拒绝回答（9）。为了分析的便利性，前两类被编码为 1，其余的被编码为 0。另 2 个问题是："你知道在总统候选人中，哪位曾是陆军将军［正确答案为克拉克（Clark）］，哪位曾经是众议院多数派的领导人［正确答案为盖法特（Gephardt）］?"回答正确的被编码为 1，其余为 0。测量政治知识的这 4 个问题所构成的量表的信度为 0.70。ANES 调查中有 12 个问题用来测量政治知识。前 6 个问题询问总统候选人奥巴马和麦凯恩在国会中分别代表哪个州，入选国会之前在哪里工作，以及他们的宗教信仰，等等。后 6 个问题涉及美国政治体制的若干常识，如同一候选人最多能够当选总统的次数，参议院和众议院议员一个任期的年限，每个州在参议院有几个议席，总统和副总统因紧急情况无法继续服务时，哪一官员可任临时总统，以及众参两院需要多少票数可以颠覆总统否定投票，等等。答案的编码方式同上。整个量表的信度为 0.86。

互联网接入。互联网接入这一变量的测量由 2 个"是 / 否"问题构成：请问您是否在工作场合、学校、家里或者其他任何地方曾经使用过电脑？您是否曾经上过网或者曾经收发过电子邮件？回答"是"者被编码为 1，回答为"否"则被编码为 0。这 2 个问题之间的相关性达 0.73（$p < 0.01$）。

互联网的信息使用。本书除了选用皮尤调查数据中的 1 个询问受访者使用互联网的频度的问题之外，还选择了其中的另外 7 个用以测量受访者对互联网政治信息使用的题项，分别是：应用电子邮件来了解有关候选人或选举活动的信息；为了参与与选举有关的活动使用互联网，诸如阅读新闻组、签名或者捐款；参加网上在线聊天，讨论与选举有关的事情；在网上搜寻候选人就某些问题所持观点的信息；寻找在自己所在地区的与选举组织和活动有关的信息；访问候选人的竞选网站；以及访问支持某位候选人或其所持主张的、由相关团体或者组织所建立的网站。受访者被要求在一个 6 级李克特量表上表明自己使用互联网的频度

---

① 美国南北战争时期的南部联邦战旗被视为奴隶制度和种族隔离的标志。包括 3K 党在内的 500 多个极端组织使用该旗作为标志之一。迪安是美国 2004 年总统选举民主党内的候选人之一，其竞选政策是尽力争取南方选民的支持。他曾发表言论说"希望成为那些皮卡车厢内悬挂南部联邦战旗者的候选人"。此语激起包括民主党其他候选人在内的社会人士的广泛批评。

（1＝每天至少使用一次，2＝每天使用一次，3＝每周有 3—5 天使用，4＝每周有 1—2 天使用，5＝很少使用，6＝不使用或者从来没有使用过）。在下文的分析中，1、2、3、4、5 被编码为 1，6 则被编码为 0。后面的 7 个题项采用"是"（1）和"否"（0）的形式要求受访者回答。这个用以测量受访者对互联网的政治信息使用的量表，其内在一致性（Cronbach's $\alpha$）为 0.83。ANES 调查使用 1 个问题测量人们对互联网的信息使用："您每周平均几天在网上收看或阅读新闻？"答案编码为 0—7 天。

传统媒体的信息使用。皮尤调查数据涉及的传统媒体包括报纸、电视、杂志和广播。受访者被问及是否从这些传统媒体获知与总统候选人及其竞选活动有关的信息。这些问题使用与互联网信息使用量表相同的编码方式。在这些传统媒体当中，报纸、杂志和广播各有 1 个相关问题，电视则被若干个问题测量。用于测量电视的问题被合并成一个量表（Cronbach's $\alpha=0.66$）。ANES 调查使用与测量互联网类似的 3 个问题测量人们对三种传统媒体（报纸、电视和广播）的信息使用："您每周平均几天在印刷报纸上阅读新闻 / 在电视上收看新闻 / 用广播收听新闻？"答案编码也是 0—7。

使用沟。如前所述，使用沟可被定义为不同社会经济地位者之间所存在的媒介使用差异。由于我们的调查中没有涉及人们对媒介的娱乐使用，使用沟被我们操作化为不同地位者之间的媒介信息使用频度的差异。由于信息使用直接与人们的知识获取相关，信息使用频度之间的鸿沟也是我们最应该关注的一种使用沟。由于受教育程度被广泛视为人们社会经济地位的关键指标[①]，使用沟可被操作化为受教育程度 × 媒介信息使用频度。这 2 个变量的乘积将作为 1 个交互变量进入回归方程。

控制变量。受此前研究的启发，若干人口统计学变量，如年龄、性别、人种、

---

① TICHENOR P J, DONOHUE G A, OLIEN C N. Mass media flow and differential growth in knowledge[J]. Public Opinion Quarterly, 1970(2): 159–170.

收入和受教育程度等，对人们的媒介使用和政治知识具有重要影响[①]，因而成为我们的控制变量。此外，党派和意识形态也因为对政治知识有一定影响而被作为另一组控制变量予以分析。

# 五、研究发现

用以预测受访者传统媒体使用、互联网接入、互联网信息使用与政治知识的多元阶层回归分析的结果整理于表 5-1 之中。其中，人口变量解释了互联网接入的绝大部分的总变差（调整后的 $R^2$ 增量为 31.3%，$p < 0.001$），其中，年龄（$\beta = -0.36$，$p < 0.001$）、受教育程度（$\beta = 0.36$，$p < 0.001$）与收入（$\beta = 0.13$，$p < 0.001$）是可显著预测受访者互联网接入的变量。这一发现与既有的研究完全吻合。

至于互联网的信息使用，人口变量组又解释了总变差的最大份额（调整后的 $R^2$ 增量为 7.3%，$p < 0.001$），其中，受教育程度（$\beta = 0.12$，$p < 0.001$）、性别（$\beta = -0.07$，$p < 0.001$）与年龄（$\beta = -0.04$，$p < 0.05$）是显著的预测变量。互联网接入则仅仅解释了受访者互联网信息使用的 4.2% 的变差。这一结果也与此前的相关结论[②]一致，这表明人们即使有着同样的互联网物质接入，也并不意味着以同样的方式使用互联网。有着较高受教育程度的、男性以及年轻人对互联网的信息使用更多。

人口变量组解释了人们政治知识的 26.2% 的变差，其中，年龄（$\beta = 0.34$，

① EVELAND W P, SCHEUFELE D A. Connecting news media use with gaps in knowledge and participation[J]. Political Communication, 2000(3): 215-237; DELLI CARPINI M X, KEETER S. What Americans Know About Politics and Why it Matters[M]. New Haven: Yale University Press, 1996; MCLEOD J M, SCHEUFELE D A, MOY P. Community, communication, and participation: The role of mass media and interpersonal discussion in local political participation[J]. Political Communication, 1999(3): 315-336; VERBA S, SCHLOZMAN K L, BRADY H E. Violence and Equality: Civic Voluntarism in American Politics[M]. Cambridge: Harvard University Press, 1995.

② BONFADELLI H. The Internet and knowledge gaps: A theoretical and empirical investigation[J]. European Journal of Communication, 2002(1): 65-84; LOGES W E, JUNG J-Y. Exploring the digital divide: Internet connectedness and age[J]. Communication Research, 2001(4): 536-562.

表 5-1    预测传统媒体使用、互联网接入、互联网信息使用与政治知识的多元阶层
回归分析结果（皮尤调查数据）

| 变量 | | 传统媒体使用 | 互联网接入 | 互联网信息使用 | 政治知识 |
|---|---|---|---|---|---|
| 人口变量 | 年龄 | 0.10*** | −0.36*** | −0.04* | 0.34*** |
| | 性别 | −0.08*** | 0.01 | −0.07*** | −0.21*** |
| | 收入 | −0.01 | 0.13*** | 0.00 | 0.05*** |
| | 受教育程度 | 0.06*** | 0.36*** | 0.12*** | 0.25*** |
| | 调整后的 $R^2$ 增量/% | | 31.3*** | 7.3*** | 26.2*** |
| 传统媒体使用 | | | 0.08*** | 0.13*** | 0.20*** |
| 调整后的 $R^2$ 增量/% | | | 0.6*** | 2.3*** | 5.6*** |
| 互联网接入 | | | | 0.25*** | 0.07*** |
| 调整后的 $R^2$ 增量/% | | | | 4.2*** | 1.1*** |
| 互联网使用 | | | | | 0.21*** |
| 调整后的 $R^2$ 增量/% | | | | | 3.6*** |
| 调整后的 $R^2$ 总和 | | 1.7*** | 31.9*** | 13.8*** | 36.5*** |

注：$N=1506$，回归系数皆为标准化回归系数。* 表示 $p<0.05$，*** 表示 $p<0.001$。

$p<0.001$）、受教育程度（$\beta=0.25$，$p<0.001$）、性别（$\beta=-0.21$，$p<0.001$）、收入（$\beta=0.05$，$p<0.001$）是显著的预测变量。分析表明传统媒体使用（$\beta=0.20$，$p<0.001$）仍然是显著影响人们政治知识获取的变量，其在 $p<0.001$ 的水平上解释了 5.6% 的因变量的变差。

当在控制了人口变量与传统媒体使用变量之后，互联网接入（$\beta=0.07$，$p<0.001$）仅仅解释了政治知识 1.1% 的变差（$p<0.001$）。虽然这一影响在统计上是显著的，但互联网接入对政治知识的影响相对较弱。

关于人们在互联网上的信息使用能否预测其政治知识的获取状况，当控制了人口变量和传统媒体使用变量之后，互联网信息使用（$\beta=0.21$，$p<0.001$）可在一定程度上显著影响其政治知识（调整后的 $R^2$ 增量为 3.6%，$p<0.001$）。整个模型对因变量也具有较高的解释力，共解释了 36.5% 的变差。较之于互联网接入，互联网信息使用对受访者政治知识的影响更大。不论是回归模型中的标准化回归系数还是调整后的 $R^2$ 增量，互联网信息使用皆明显高于互联网接入，成为政治知识更加有效的预测变量。

比较了互联网接入沟和使用沟对知识沟的影响之后，我们再来看看新旧媒体使用沟的情况。互联网的使用沟是否比传统媒体的使用沟更大？也就是说，不同社会经济地位者之间的媒介信息使用差距在互联网上是否比在传统媒体上更明显？要回答这一问题，就要比较社会经济地位（通常通过受教育程度来衡量）与各种媒介信息使用频度之间的关系。表5-2显示了基于皮尤调查数据的5组多元回归方程的结果，其中，包括受教育程度在内的人口统计学变量为自变量，各种媒介信息使用为因变量。结果证实，受教育程度（$\beta=0.21$，$p<0.001$）对互联网的信息使用的预测效果最强，其次是杂志（$\beta=0.15$，$p<0.001$）和电视（$\beta=0.10$，$p<0.001$）的信息使用。报纸和广播的信息使用与受教育程度之间没有显著关系。

**表 5-2 预测不同媒介信息使用的多元回归分析结果（皮尤调查数据）**

| 变量 | 互联网 | 电视 | 报纸 | 杂志 | 广播 |
|------|--------|------|------|------|------|
| 受教育程度 | 0.21*** | 0.10*** | 0.05 | 0.15*** | 0.04 |
| 男性 | 0.13*** | 0.07** | 0.02 | 0.02 | 0.01 |
| 年龄 | −0.24*** | 0.07** | 0.10*** | −0.03 | 0.01 |
| 白人 | −0.08** | −0.11*** | −0.04 | −0.04 | −0.01 |
| 收入 | 0.12*** | 0.09** | 0.08** | 0.15*** | 0.03 |
| $R^2$ | 0.18 | 0.04 | 0.02 | 0.06 | 0.00 |
| $F$ | 64.56*** | 12.34*** | 5.83*** | 19.93*** | 0.96*** |

注：** 表示 $p<0.01$，*** 表示 $p<0.001$。

表5-3显示了ANES数据的情况，结果与皮尤调查数据相似，而且新旧媒体之间的使用沟差别更大。具体来说，受教育程度（$\beta=0.13$，$p<0.05$）与互联网信息使用之间的关系最强。人们对报纸、广播和电视的信息使用与其受教育程度已经没有显著的关系。换言之，人们对互联网的使用方式特别受到受教育程度的影响，受教育程度高的人对互联网的信息使用频度也较高，而这种影响对传统媒体来说则较小。

表 5-3　预测不同媒介信息使用的多元回归分析结果（ANES 数据）

| 变量 | 互联网 | 电视 | 报纸 | 广播 |
|---|---|---|---|---|
| 受教育程度 | 0.13* | -0.07 | -0.06 | 0.08 |
| 男性 | 0.10* | -0.01 | 0.05 | 0.08 |
| 年龄 | -0.04 | 0.28*** | 0.31*** | 0.07 |
| 白人 | 0.04 | 0.03 | -0.03 | 0.00 |
| 收入 | 0.07 | 0.00 | 0.08 | 0.02 |
| $R^2$ | 0.04 | 0.09 | 0.11 | 0.02 |
| $F$ | 3.60** | 7.48*** | 9.61*** | 1.61 |

注：* 表示 $p < 0.05$，** 表示 $p < 0.01$，*** 表示 $p < 0.001$。

　　最后 1 个问题是：互联网使用沟是否导致更大的知识沟？为了比较新旧媒介使用沟对政治知识的影响，我们建立了以政治知识为因变量的 5 组多元阶层回归方程。人口统计变量、党派和意识形态等作为第一组变量先行输入。用于测量使用沟的 5 个交互变量在各组方程中作为第二组变量予以输入。之所以使 5 个交互变量单独进入回归方程进行分析，是因为这些交互变量都含有受教育程度，放在同一组进行分析会导致多元共线性的问题。

　　如表 5-4 所示，皮尤调查数据中互联网信息使用与受教育程度的交互变量（$\beta = 0.24$，$p < 0.001$）是政治知识的最强预测因素，随后是电视（$\beta = 0.21$，$p < 0.001$）、报纸（$\beta = 0.11$，$p < 0.001$）和杂志（$\beta = 0.10$，$p < 0.001$）与受教育程度的交互变量。ANES 数据分析结果列于表 5-5。可以看出，新旧媒体使用沟对知识沟的不同影响在这组数据中表现得更为明显。在各组交互变量中，仅有互联网信息使用与受教育程度的交互变量对政治知识有显著预测作用（$\beta = 0.15$，$p < 0.05$），其他交互变量与政治知识皆无显著关系。结果表明，不同地位的互联网用户之间的知识沟要大于不同地位的传统媒体用户之间的知识沟，也即互联网的使用沟比传统媒体的使用沟导致的知识沟更大。

表5-4　预测政治知识的多元阶层回归分析结果（皮尤调查数据）

| | 变量 | 模型1 | 模型2 | 模型3 | 模型4 | 模型5 |
|---|---|---|---|---|---|---|
| 第一组 | 男性 | 0.20*** | 0.22*** | 0.23*** | 0.23*** | 0.23*** |
| | 年龄 | 0.36*** | 0.30*** | 0.31*** | 0.32*** | 0.32*** |
| | 白人 | 0.08** | 0.08*** | 0.07** | 0.07** | 0.07** |
| | 受教育程度 | 0.20*** | 0.18*** | 0.24*** | 0.26*** | 0.28*** |
| | 收入 | 0.12*** | 0.13*** | 0.14*** | 0.13*** | 0.14*** |
| | 党派 | -0.02 | -0.02 | -0.03 | -0.03 | -0.03 |
| | 意识形态 | 0.02 | 0.01 | 0.01 | 0.02 | 0.02 |
| 第二组 | 互联网×受教育程度 | 0.24*** | | | | |
| | 电视×受教育程度 | | 0.21*** | | | |
| | 报纸×受教育程度 | | | 0.11*** | | |
| | 杂志×受教育程度 | | | | 0.10*** | |
| | 广播×受教育程度 | | | | | 0.08** |
| | $R^2$ | 0.32 | 0.31 | 0.29 | 0.29 | 0.29 |
| | $F$ | 86.23*** | 81.33*** | 74.57*** | 74.78*** | 73.74*** |

注：** 表示 $p<0.01$，*** 表示 $p<0.001$。

表5-5　预测政治知识的多元阶层回归分析结果（ANES 数据）

| | 变量 | 模型1 | 模型2 | 模型3 | 模型4 |
|---|---|---|---|---|---|
| 第一组 | 男性 | 0.10 | 0.10 | 0.10 | 0.08 |
| | 年龄 | -0.02 | -0.02 | -0.04 | -0.03 |
| | 白人 | 0.04 | 0.04 | 0.04 | 0.06 |
| | 受教育程度 | 0.04 | 0.03 | 0.03 | 0.04 |
| | 党派 | 0.09 | 0.09 | 0.10 | 0.09 |
| 第二组 | 互联网×受教育程度 | 0.15* | | | |
| | 电视×受教育程度 | | 0.03 | | |
| | 报纸×受教育程度 | | | 0.08 | |
| | 广播×受教育程度 | | | | 0.06 |
| | $R^2$ | 0.10 | 0.08 | 0.08 | 0.08 |
| | $F$ | 2.87* | 2.87* | 2.87* | 2.87* |

注：* 表示 $p<0.05$。

## 第二节　强化参与沟

在现代社会里大众媒介所扮演的角色，已不仅仅是向公众传递信息的工具。人们从传媒上所获取的政治信息，往往推动了人们参与政治活动；当传媒被视为政治动员信息的重要来源之时，则更是如此。[①]因此，在知识沟之外的一个重要问题是，是否由数字鸿沟所导致的知识上的差距，最终导致了人们行为（譬如政治参与）上的差异？本节试图考察数字鸿沟对人们政治知识获取与政治参与的影响，并力图将人们当前对数字鸿沟的关注转移到对其社会影响的关注上来。

## 一、接入沟、使用沟与参与沟

在现代社会，大众传媒在动员人们参与政治和公共生活上扮演着重要角色。梅里特（Merritt）和罗森（Rosen）认为，新闻媒介，尤其是报纸，是向人们传递必要信息进而使人参与政治生活的重要中介。[②]这种信息的传递不仅仅是对特定议题的简单描述（譬如发生在一个社区的冲突事件），而且包含着对该议题的各个竞争性面向的理解。[③]

社会资本研究者颇为关注互联网对人们社区参与的影响。政治参与、人际信

---

① LEMERT J B. News context and the elimination of mobilizing information: An experiment[J]. Journalism Quarterly, 1984(2): 243−259; LEMERT J. Effective public opinion[M]// KENNAMER J D. Public Opinion, the Press, and Public Policy. Westport: Praeger, 1992: 41−61.

② MERRITT D, ROSEN J. Imagining Public Journalism: An Editor and Scholar Reflect on the Birth of An Idea[M]. Bloomington: Roy W. Howard Project, School of Journalism, Indiana University, 1995.

③ LEMERT J B. News context and the elimination of mobilizing information: An experiment[J]. Journalism Quarterly, 1984(2): 243−259; LEMERT J. Effective public opinion[M]// KENNAMER J D. Public Opinion, the Press, and Public Policy. Westport: Praeger, 1992: 41−61.

任以及生命满意是社会资本的三个基本构面。<sup>①</sup>根据此前有关社会资本的传统路径的研究，社会资本与个人的年龄、受教育程度、收入、职业声望、宗教参与、整体之社会化程度及个人能力存在着正相关关系<sup>②</sup>，但却与个人的大众媒介使用存在着负相关关系，即对大众媒介的使用愈多，社会资本愈少。究其原因，与传统的对大众媒介使用时间的测量方法有关，同时与广受研究者们青睐的替代理论（displacement theory）<sup>③</sup>和涵化理论（cultivation theory）<sup>④</sup>的基本假设有关。杜塔（Dutta）对此提出了一个替代性的补充架构，其研究发现不论是在个人水平还是在社区水平上，互联网接入皆与人们的社区参与正相关。换言之，居住在有互联网接入的社区中的个人，相对于其居住在没有互联网接入的社区的同伴，更有可能积极参与其所在社区的活动。这就揭示了社区互联网接入不平等所产生的不利的社会影响。<sup>⑤</sup>

此外，考虑到传统媒体使用的测量方法未能顾及媒介使用的多元程度，以及

---

① PORTES A. Social capital: Its origins and applications in modern sociology[J]. Annual Review of Sociology, 1998(24): 1–24; SCHEUFELE D A, SHAH D V. Personality strength and social capital: The role of dispositional and informational variables in the production of civic participation[J]. Communication Research, 2000(2): 107–131; SHAH D V, MCLEOD J M, YOON S–H. Communication, context, and community: An exploration of print, broadcast, and Internet influences[J]. Communication Research, 2001(4): 464–506.

② PUTNAM R D. Bowling alone: America's declining social capital[J]. Journal of Democracy, 1995(1): 65–78; PUTNAM R D. Bowling Alone: The Collapse and Revival of American Community[M]. New York: Simon and Schuster, 2000; VERBA S, SCHLOZMAN K L, BRADY H E. Violence and Equality: Civic Voluntarism in American Politics[M]. Cambridge: Harvard University Press, 1995.

③ SHAH D V, KWAK N, HOLBERT R L. "Connecting" and "disconnecting" with civic life: Patterns of Internet use and the production of social capital[J]. Political Communication, 2001(2): 141–162.

④ GERBNER G, GROSS L, MORGAN M, et al. The "mainstreaming" of America: Violence profile No.11[J]. Journal of Communication, 1980(3): 10–29; HAWKINS R P, PINGREE S. Uniform messages and habitual viewing: Unnecessary assumptions in social reality effects[J]. Human Communication Research, 1981(4): 291–301.

⑤ DUTTA–BERGMAN M J. Access to the Internet in the context of community participation and community satisfaction[J]. New Media & Society, 2005(1): 89–109.

不同的媒介使用方式可能源于媒介消费者所要求的不同功能这一事实[①]，研究者发现特定媒介所具有的特定功能比一般意义上的媒介使用能更好地预测公共生活参与的变量。具体来说，人们对互联网的信息使用往往与社会资本有着正相关的关系，而对互联网的娱乐使用则与社会资本负相关。[②]

大量研究表明，政治知识直接关系到人们的政治参与。[③]政治知识不仅培养了人们的参与精神，也通过提供各种参与信息（mobilizing information）让人们得知参与政治活动的具体地点与方式。最终，政治知识和政治参与较多的人更容易从现有的社会系统中获利，他们所提出的社会诉求也更容易得到满足。正如沃尔芬格（Wolfinger）和罗森斯通（Rosenstone）所言："了解当前发生事件的相关知识能够提升人们对政治事件的认识和分析能力，产生社会责任感。"[④]因此，知识被认定为影响政治参与的一个关键因素，从而在数字鸿沟和政治参与之间发挥重要的中介作用。

# 二、多模态网络使用和参与沟

近年来，数字鸿沟研究经历了一个概念的转移。随着互联网在全球范围内的

---

① SCHEUFELE D A, SHAH D V. Personality strength and social capital: The role of dispositional and informational variables in the production of civic participation[J]. Communication Research, 2000(2): 107−131; SHAH D V, MCLEOD J M, YOON S−H. Communication, context, and community: An exploration of print, broadcast, and Internet influences[J]. Communication Research, 2001(4): 464−506; SHAH D V, KWAK N, HOLBERT R L. "Connecting" and "disconnecting" with civic life: Patterns of Internet use and the production of social capital[J]. Political Communication, 2001(2): 141−162.

② SHAH D V, KWAK N, HOLBERT R L. "Connecting" and "disconnecting" with civic life: Patterns of Internet use and the production of social capital[J]. Political Communication, 2001(2): 141−162.

③ EVELAND W P, SCHEUFELE D A. Connecting news media use with gaps in knowledge and participation[J]. Political Communication, 2000(3): 215−237; NEUMAN W R. The Paradox of Mass Politics: Knowledge and Opinion in the American Electorate[M]. Cambridge: Harvard University Press, 1986; LEE T−T, WEI L. How newspaper readership affects political participation[J]. Newspaper Research Journal, 2008(3): 8−23; VERBA S, BURNS N, SCHLOZMAN K L. Knowing and caring about politics: Gender and political engagement[J]. Journal of Politics, 1997(4): 1051−1072.

④ WOLFINGER R E, ROSENSTONE S J. Who Votes?[M]. New Haven: Yale University Press, 1980.

迅速渗透，以技术接入为中心的数字鸿沟渐渐消失。取而代之的是一种新的数字鸿沟——以技术使用为中心的数字鸿沟。这两个层面也被学者们称为第一道和第二道数字鸿沟。[①]虽然使用沟的提法比接入沟更接近当前数字时代的技术现实，但鸿沟这一二元概念本身已经难以准确地勾画信息社会的技术分布及其所根植的社会结构差异。部分学者开始提出一些更加适用的概念来描绘后采纳时期的技术使用情况，如连续（continuum）、渐变（gradation）、不均（inequality）等。[②]

如第二章所述，本书在前人研究的基础上提出了多模态网络使用的概念，并将其作为衡量数字不均的一个重要指标。[③]现有研究对于网络使用沟的界定主要强调特定使用方式之间的差异，如信息使用和娱乐使用之间的不同。其隐含的假定是信息使用一定比娱乐使用更有价值。然而，相关的研究结论却不能完全支持这一假定。娱乐使用也能在某种程度上对网络使用者产生积极的社会影响。因此，单纯聚焦于某些特定用途的使用沟概念无法准确地反映网络用户的使用差异和后果。由于多模态网络使用的概念关注的是网络活动的范围和网络使用的广度，不会人为地将复杂多样的网络使用行为简化成若干特定活动，因而能够更加真实地体现人们网络使用的现状和差异，对其后果的描述也更有说服力。

因此，本节还将探讨多模态网络使用与政治知识和参与行为之间的关系。我们特别选取大学生这一群体来研究上述关系，其原因有三。第一，大学生作为青年人中受教育程度较高的一个群体，一直都被视为"网络的一代"。在传统数字鸿沟的两极中，大学生常常被置于技术拥有或信息富有的地位，人们对其同质性的关注远胜其异质性。这导致大学生群体内部的网络使用差异一直以来没有得到足够的重视。第二，网络在大学生中的普及率较高。大学生一般都具有网络接入，但他们使用网络的方式却不尽相同，因而使之成为研究后采纳阶段使用差异的理

① ATTEWELL P. The first and second digital divides[J]. Sociology of Education, 2001(3): 252-259.

② GUNKEL D J. Second thoughts: Toward a critique of the digital divide[J]. New Media & Society, 2003(4): 499-522; HARGITTAI E, HINNANT A. Digital inequality: Differences in young adults' use of the Internet[J]. Communication Research, 2008(5): 602-662; LIVINGSTONE S, HELSPER E. Gradations in digital inclusion: Children, young people and the digital divide[J]. New Media & Society, 2007(4): 671-696; SELWYN N. Reconsidering political and popular understandings of the digital divide[J]. New Media & Society, 2004(3): 341-362.

③ 韦路, 余璐, 方莉琳. "网络一代"的数字不均: 大学生多模态网络使用、政治知识和社会参与 [J]. 中国地质大学学报（社会科学版）, 2011（5）: 90-96.

想群体对象。

# 三、研究方法

## （一）数据

对于接入沟、使用沟与参与沟的关系研究，我们使用的数据来自 2010 年 3 月完成的一项对大学生的问卷调查。该调查在中国东部一所重点大学进行，被访者为选修一门人文类大类选修课的本科生和研究生，专业包括人文社科和理工科。共发放 350 份问卷，回收有效问卷 294 份，完成率为 84%。

## （二）变量测量

网络使用模态。我们通过 27 个问题来测量网络使用模态。受访者被问及上网参与各种不同活动的频率如何，如搜寻信息、浏览新闻网站、收发邮件、即时短信、浏览社交网站、使用微博、网络游戏、网上购物等。答案通过 5 级量表（1 表示基本不做，5 表示频率很高）编码。27 个问题的得分经过平均构成一个网络使用模态指数，内部一致性（Cronbach's $\alpha$）为 0.78。

政治知识。政治知识通过 10 个问题来测量。这些问题包括两个类别。一类是有关时政的问题，如"美国总统奥巴马访华第一站访问的是中国哪个城市？"另一类是关于政治体制的问题，如"我国全国人民代表大会几年召开一次，每届的任期为几年？"正确答案被编码为 1，错误答案被编码为 0。所有知识问题的得分经过加总构成一个政治知识指数，Cronbach's $\alpha=0.72$。

社会参与。该变量的测量由 16 个问题来完成。受访者根据实际情况回答是否参加过各种社会活动，如志愿者、学生会、兴趣社团、党团组织、慈善组织的活动。参加过为 1，没有参加过为 0。同样，这 16 个问题的得分也通过加总形成一个社会参与的指数，Cronbach's $\alpha=0.75$。

除了以上核心变量之外，性别（男性＝1，占 46.2%，女性＝0，占 53.8%）、年龄（$M=20.63$，SD$=1.76$）、月均花费（$M=1006.78$，SD$=814.53$）、城乡

背景（城镇＝1，占58.1％，乡村＝0，占41.9％）、父母学历（7级量表，1表示小学及以下，7表示博士学位，$M=3.51$，$SD=1.41$）、年级（1—6分别表示大学一年级到研究生二年级，$M=2.48$，$SD=1.15$）、专业（人文社科＝1，占60.1％，理工科＝0，占39.9％）、政治面貌（党、团员＝1，占95.7％，群众＝0，占4.3％）和政治兴趣（5级量表，1表示完全不感兴趣，5表示非常感兴趣，$M=2.85$，$SD=1.03$）被作为控制变量纳入分析。

# 四、研究发现

多模态网络使用如何影响人们的政治知识和社会参与？如表5-6所示，以大学生群体为例，网络使用模态能够显著预测他们的政治知识（$\beta=0.16$，$p<0.05$）和社会参与（$\beta=0.25$，$p<0.01$）。另外，男性（$\beta=0.28$，$p<0.01$）、人文社科专业（$\beta=0.25$，$p<0.01$）和政治兴趣较高（$\beta=0.34$，$p<0.001$）的学生所具备的政治知识也较多。而对于社会参与来说，理工科学生参与的社会活动明显比人文社科的学生要多（$\beta=-0.21$，$p<0.05$）。两个模型分别可以解释政治知识30.4％的变差和社会参与14.7％的变差。

表5-6 预测网络使用模态、政治知识和社会参与的回归分析结果

| 变量 | 网络使用模态 | 政治知识 | 社会参与 |
| --- | --- | --- | --- |
| 性别 | -0.07 | 0.28** | -0.11 |
| 年龄 | -0.10 | -0.11 | -0.04 |
| 月均花费 | 0.20* | -0.07 | 0.04 |
| 城乡 | 0.06 | -0.01 | 0.01 |
| 父母学历 | 0.08 | 0.12 | 0.10 |
| 年级 | 0.07 | 0.19 | -0.04 |
| 专业 | -0.05 | 0.25** | -0.21* |
| 政治面貌 | -0.05 | 0.06 | -0.06 |
| 关心时政 | 0.05 | 0.34*** | 0.11 |
| 调整后的 $R^2$ 增量 /% | 7.8 | 28.1 | 9.2 |

续表

| 变量 | 网络使用模态 | 政治知识 | 社会参与 |
|---|---|---|---|
| 网络使用模态 | | 0.16* | 0.25** |
| 　调整后的 $R^2$ 增量 /% | | 2.3 | 5.5 |
| 政治知识 | | | -0.02 |
| 　调整后的 $R^2$ 增量 /% | | | 0 |
| 调整后的 $R^2$ 总和 /% | 7.8 | 30.4 | 14.7 |

注：* 表示 $p < 0.05$，** 表示 $p < 0.01$，*** 表示 $p < 0.001$。

# 第三节　扩张融入沟

2021 年，我国常住人口城镇化率达到 64.7%，户籍人口城镇化率也增至 46.7%。[1] 城市化是指由以农业为主的传统乡村社会向以工业和服务业为主的现代城市社会逐渐转变的历史过程，具体包括人口职业的转变、产业结构的转变、土地及地域空间的变化。在城市化过程中，人口流动更成为一种重要的社会现象。以本节选取的研究地区杭州市为例，2021 年杭州市常住人口为 1220.4 万人，城镇化率达到 83.6%。对比 2020 年第七次全国人口普查时的 1193.6 万常住人口，杭州市常住人口总量增加了 26.8 万人。同 2000 年第五次全国人口普查的 687.87 万人相比，共增加 532.53 万人，增长 77.42%，年平均增长 7.04%。[2]2019 年，杭州市成为国内人口净流入第一城。同时，外来人口在城市面临着巨大的生存压力。一方面，房价、物价不断攀升，生活成本越来越高，经济压力越来越大；另一方面，城市中的生活方式和文化差异也有可能引发各种社会问题。

近年来，国民幸福指数的说法日渐流行。国民幸福指数（national happiness index，NHI）衡量人们对自身生存和发展状况的感受与体验，是关于人们幸福

---

[1]　叶中华. 64.72% 和 46.7%！"十三五"以来两个城镇比率首次缩小差距［N］. 中国城市报，2022-03-18.

[2]　中国统计信息网. 杭州市 2000 年第五次全国人口普查主要数据公报［EB/OL］（2011-12-20）［2024-04-07］. http://cnstats.org/rkpc/201112/hzs-2000-ftdli.html.

感的一种指数。中国近年来国内生产总值增长速度较快，国家总体经济实力和国民生活水平都有所提高，人民福祉始终是国家发展的最终目标。2012 年 11 月 15 日，习近平总书记在中共第十八届中央委员会第一次全体会议后同中外记者见面时指出，我们的人民热爱生活，期盼有更好的教育、更稳定的工作、更满意的收入、更可靠的社会保障、更高水平的医疗卫生服务、更舒适的居住条件、更优美的环境，期盼孩子们能成长得更好、工作得更好、生活得更好。①人民对美好生活的向往，就是我们的奋斗目标。因此，如何让人民，特别是让在国家经济发展过程中发挥重要作用的城市新移民感到幸福，是一个比单纯发展经济更重要的问题，值得学界给予更多的关注。2010 年，新浪微博的流行将以微博为代表的社交媒体概念普及开来，并迅速发展成为中国用户群体最广泛的新媒体应用。根据中国互联网络信息中心 2022 年 2 月发布的《第 49 次中国互联网络发展状况统计报告》，截至 2021 年底，我国网民规模达 10.32 亿，互联网普及率达 73.0%。其中，以微博为代表的社交媒体月活跃用户为 5.73 亿，占全体网民的 55.5%；以微信为代表的即时通信社交媒体用户规模达 10.07 亿，占网民整体的 97.6%；以抖音为代表的短视频社交媒体用户数量达 9.34 亿，占所有网民的 90.5%。网民使用手机上网的比例为 99.7%。②社交媒体，其实质是 UGC（user-generated content，用户生产内容）和 CGM（consumer-generated media，消费者生产的媒体），强调自我表达、内容分享、用户沟通和社区关系等。社交媒体作为一种新的互联网传播形态，已经深植于整个社会系统，并在与其他社会子系统的密切互动中不断塑造着社会关系。社交媒体如此普及，其使用是否会对城市新移民的社会融合产生影响，并进而改变他们的主观幸福感，是本节关注的中心问题。本节意在探讨城市新移民社交媒体使用和社会融合、主观幸福感之间的联系，包括三个方面的问题：社交媒体的使用是否影响城市新移民的社会融合？社交媒体的使用是否影响城市新移民的主观幸福感？城市新移民的社会融合是否对主观幸福感有预测作用？

---

① 人民网. 习近平：人民对美好生活的向往就是我们的奋斗目标 [EB/OL].（2012-11-16）[2024-04-07]. http://cpc.people.com.cn/18/n/2012/1116/c350821-19596022.html.
② 中国互联网络信息中心. 第 49 次中国互联网络发展状况统计报告 [EB/OL].（2022-02-25）[2022-04-09]. http://www.cnnic.net.cn/n4/2022/0401/c88-1131.html.

# 一、城市新移民的数字媒介使用

中国流动人口是在中国户籍制度下的一个概念，一般是指离开了户籍所在地到其他地方居住的人口，目前尚无统一的定义。具体来说，我国当前城市新移民的构成主要包括三类：一是拥有农村户籍的进城务工人员，即农民工群体，他们是城市新移民的主要构成部分；二是拥有城市户籍但来自其他城市的居民；三是来自外地的在城市工作和生活的大学毕业生。由于农民工群体占城市新移民的绝大多数，现有研究基本集中在这一群体上。王桂新等认为，来自农村的劳动力移民具有四个特征：一是主要靠出卖劳动力为生或从事非（低）技术工作；二是具有相对固定的住所和收入；三是相对一般流动人口而言，他们对所居住的城市认同感相对较强，主观上愿意融入城市社会；四是目前还没有得到城市社会的正式认可，户口不在所居住城市且主要在非正规部门就业。①城市新移民之所以被称为"新"，主要有三个方面的原因。第一，在国家现行人口政策之下，虽然人口流动已有一定的自由性，但仍受到户籍制度和城乡二元结构等因素的限制。第二，在文化层面，深刻烙有原籍或出生地文化风俗的城市新移民通常需要一定的时间来入乡随俗。第三，在社会关系网络层面，城市新移民也需要在城市中重新构筑其社会网络，以融入其中。

作为城市的新成员，外来务工人员的媒体使用直接关系到他们对这个城市的融入程度，因而受到众多学者的关注。胡荣和陈斯诗从文化水平、经济收入、闲暇时间、精神需求等几方面考察了农民工的媒介接触水平、媒介信息需求和对媒介的使用与满足情况，发现进城务工的农民更需要信息服务，而且城市农民工已经具备接触大众传播媒介的基本条件，业已成为信息的消费者。②周葆华和吕舒宁在对新生代农民工的新媒体使用及评价进行系统的实证考察后，发现新生代农民工的新媒体普及率达到很高水平，超过传统媒体。他们对新媒体的使用主要以

---

① 王桂新，张蕾，张伊娜. 城市新移民贫困救助和社会保障机制研究 [J]. 人口学刊，2007（3）：35-40.

② 胡荣，陈斯诗. 农民工的城市融入与公平感 [J]. 厦门大学学报（哲学社会科学版），2010（4）：97-105.

人际交往、休闲娱乐功能为主，集中于对 QQ 和百度的使用。[①] 同时，新生代农民工对新媒体的评价也要显著高于传统媒体。另一些学者聚焦农民工子女，认为随着大量农民工涌入城市，其子女的教育问题逐渐凸显。互联网取代了农村家庭中的电视，吸引了试图融入城市的青少年。由于媒体素养的缺失，农民工子女无法正确认知网络镜像中的城市与现实生活中的城市的落差。总体看来，互联网带给他们的负面影响多于积极影响。[②] 而何晶通过实证研究发现农民工子女和城市青少年在互联网的使用上有一定的共性，但差异更为突出。[③] 农民工子女对互联网的利用程度较低，互联网在他们的生活经验中更多扮演着玩具和社交平台的角色，尤其是满足其对认识新朋友的期待。

# 二、社会融合

社会融合是个体之间、群体之间、文化之间、民族之间相互接触、相互竞争、相互冲突、相互适应的过程。流动人口进入城市后如何融入城市社会生活，国家、流入地政府和社区如何帮助有融入意愿的外来人顺利融入流入地社会，不仅是社会学家一直关注的学术命题，也是相关政府部门极为重视的现实问题。黄匡时和嘎日达综合国内外研究，认为社会融合理论可以被划分为一个基础和三个层次，其基础理论包括脆弱群体论、社会分化论、社会距离理论和社会排斥理论。[④] 三个层次，一是宏观的社会整合理论，主要来源于社会学研究初期的宏大叙事，如涂尔干（Durkheim）、马克思（Marx）、帕森斯（Parsons）等关于社会整合与社会结构的研究和理论；二是中观的社会融合的群族模式，如同化论和多元论，前者强调外来移民对当地主流文化的认同，以及对原有社会文化传统和习惯的抛

---

① 周葆华，吕舒宁. 上海市新生代农民工新媒体使用与评价的实证研究 [J]. 新闻大学，2011（2）：145-150.
② 宋瑾，罗安平. 互联网对农民工子女融入城市的影响及对策分析 [J]. 新闻界，2010（1）：56-57，121.
③ 何晶. 从网络聊天透视农民工子女的心理状态——基于与北京市青少年的比较 [J]. 当代传播，2010（1）：45-49.
④ 黄匡时，嘎日达. 社会融合理论研究综述 [J]. 新视野，2010（6）：86-88.

弃，后者则强调不同族群或社会集团之间享有保持差别的权利；三是微观的社会融合的心理建构，如社会认同论和社会接纳论。

作为一个庞大复杂的概念，社会融合的操作化定义也存在许多版本。欧盟社会融合指标是目前使用最广泛、影响最大的跨国家层面的社会融合指标体系。该体系包括 18 个指标，分为主要指标和次要指标两个层次，其中主要指标是被认为最重要的社会融合影响因素，包括低收入率、收入的分布、低收入的持续、相对中低收入差、地区凝聚力、长期失业率、失业人数、辍学人数、预期寿命、通过收入水平进行自我定义的健康状态等 10 个指标，次要指标是用来支持主要指标和用来描述其他问题的指标。[①]《中国流动人口发展报告 2011》基于国家人口和计划生育委员会流动人口动态监测调查数据，构建了流动人口社会融合指数，包括公共服务、社会保障、经济地位、社区参与和身份认同 5 个维度，其下又包含子女就学、劳动合同、劳动环境、人际交往和心理认同等 26 个指标。[②] 张文宏和雷开春进行因子分析后保留了 11 项社会融合指标，并将其进一步整合为 4 个因子：文化融合、心理融合、身份融合、经济融合。[③] 陆淑珍则采用了身份认同、定居意愿、未来发展意向的综合因子指标。[④] 也有学者将社会融合分为自我身份的认同、对城市的态度、与本地的互动和感知的社会态度等几个维度。[⑤]

# 三、主观幸福感

幸福是一个非常古老的话题，最早发迹于亚里士多德甚至柏拉图时期的哲学领域，在现代学术研究中已渗透到各个学科。在经济学领域，幸福研究可溯源到功利主义的福利经济学派，认为幸福最大化等于效用最大化，也等于收入最大化。目前快乐经济学的研究主要以主观快乐和幸福作为研究对象，最引人注目的当属

---

① 李春霞，陈霏，黄匡时. 融入筑城：中国西部流动人口社会融合研究［M］北京：九州出版社，2013.

② 国家人口和计划生育委员会. 中国流动人口发展报告 2011［M］北京：人口出版社，2011.

③ 张文宏，雷开春. 城市新移民社会融合的结构、现状与影响因素分析［J］社会学研究，2008（5）：117-141，244-245.

④ 陆淑珍. 居住时间与新生代外来人口的社会融合研究［J］调研世界，2011（7）：23-27.

⑤ 任远，乔楠. 城市流动人口社会融合的过程、测量及影响因素［J］人口研究，2010（2）：11-20.

对国民幸福指数的研究。在社会学领域，幸福研究可分为三个层次：第一，宏观领域的研究，主要是宏观国民幸福研究；第二，城市幸福研究，主要是以城市为单位进行的研究；第三，微观幸福研究，主要从微观个体的幸福体验来描述国民幸福。在教育学领域，则以幸福教育为代表，强调"幸福是教育的最终目的"，也着重探讨该如何在实践中贯彻幸福教育这一理念。而在心理学领域，幸福的研究最为完善、系统和深入。

在现代心理科学中，主观幸福感指的是评价者根据自定的标准对其生活质量的整体性评估，是人们对客观现实的主观反映，包括生活满意感的认知维度和正负情感平衡的情感维度。[①] 个体对生活质量的整体满意程度越高，体验到的积极情感越多、消极情感越少，则个体的主观幸福感就越强。它既与人们生活的客观条件密切相关，又体现了人们的主观需求和价值取向。一方面，幸福感不能脱离幸福的生活事件而存在，因而具有客观实在性；另一方面，幸福的生活事件只有被个体感知时才有意义，所以它又是主观的。[②] 相应地，研究者发现影响人们主观幸福感的因素也可分为主观和客观两种。客观因素主要包括物质环境、生活事件和各种人口统计因素（如性别、年龄、收入、受教育程度等）。主观因素则涉及人们的气质、人格、认知、情感、生活目标和文化背景等。回顾过去的主观幸福感研究，一个重要的进展就是研究者认识到客观因素对人们的幸福感只存在较小的影响，各种主观因素能够在很大程度上决定生活事件如何被感知，从而影响幸福体验。[③]

---

① DIENER E. Subjective well-being[J]. Psychology Bulletin, 1984(3): 542-575.
② 韦路. 媒介能使我们感到更幸福吗——媒介与主观幸福感研究述评 [J] 当代传播，2010（4）：16-18.
③ DIENER E, SUH E M, LUCAS R E, et al. Subjective well-being: Three decades of progress[J]. Psychology Bulletin, 1999(2): 276-302.

# 四、社交媒体使用、社会融合与主观幸福感

在社会融合的众多维度中，社会认同、社会关系和社会参与是最重要的 3 个。[①]
现有研究发现，媒体使用与这几个方面有着紧密的联系。就社会认同而言，社交
媒体是一个前所未有的表达社会认同的自我呈现平台。例如，众多研究都发现，
网民会通过设置账号名称、头像、所在地、个人简介、界面风格等要素对自我身
份进行塑造，从而彰显自己的群体归属和社会地位。[②] 就社会关系网络而言，社
交媒体通过有价值的信息分享、自我形象展示和线上互动等形式促进网民之间交
往关系的形成，帮助网民积累社会资本。[③] 社交媒体的使用和三种类型的社会资
本都有很强的关联，而其中关联最强的是弥合社会资本，也就是延伸外部弱联系、
拓展社会关系网络的社会资本。[④] 就社会参与而言，社交媒体提供了一个最接近
哈贝马斯公共领域的舆论平台，为公众意见的自由表达提供了机会。网络参与成
本的降低也最大限度地提升了网民公共参与的热情。此外，社交媒体在 2011 年
"7·23 温州动车事件"等诸多突发事件中也发挥了强大的社会动员作用，不仅
成为传统媒体新闻报道的重要信息源，也直接发动社会参与，积极推进事件进程。[⑤]

在当前这样一个高度媒介化的社会，媒体使用与主观幸福感存在千丝万缕的

① 楼玮群，何雪松. 乐观取向、社会服务使用与社会融合：香港新移民的一项探索性研究［J］. 西
北人口，2009（1）：23-26，35.

② LIVINGSTONE S. Taking risky opportunities in youthful content creation: Teenagers' use of social
networking sites for intimacy, privacy and self-expression[J]. New media & Society, 2008(3): 393-
411; TABUCHI H. Facebook wins relatively few friends in Japan[N]. New York Times(2011-01-10),
(B1); TARASZOW T, ARISTODEMOU E, SHITTA G, et al. Disclosure of personal and contact
information by young people in social networking sites: An analysis using facebook profiles as an
example[J]. International Journal of Media and Cultural Politics, 2010(1): 81-101.

③ 杨萍. 论 SNS 社交网站的传播价值：基于社会资本理论的视角［J］. 东南传播，2010（9）：95-97.

④ ELLISON N B, STEINFIELD C, LAMPE C. The benefits of facebook "friends": Social capital and
college students' use of online social network sites[J]. Journal of Computer-Mediated Communication,
2007(4): 1143-1168.

⑤ 李伶俐. 微博在重大突发事件报道中的作用——以"7·23"动车事故为例分析［J］. 今传媒，
2011（11）：97-98.

联系。① 相关研究可以归纳为两个部分：媒介拥有对幸福感的客观影响和媒介内容对幸福感的主观塑造。客观影响方面，拥有和使用新媒体技术能够使人感到更加幸福。例如，卡瓦诺（Kavanaugh）等学者发现，互联网使用与人们感知的生活质量正相关，因为互联网可以有效地促进人际交流从而改善社会关系。② 学者对于京、港、台三地的调查也显示，以互联网和手机为代表的新媒体技术在人们看来可以有效地提高生活质量。③ 这些研究表明，人们采纳的媒介技术越多，人们对于生活质量的评价就越高。主观塑造方面，媒介内容通过对社会真实的再现，一方面塑造甚至扭曲人们对现实的认知，另一方面培养人们的某些态度和观念。研究发现，大量收看电视节目和广告会让人产生一种错觉，认为大多数人都像电视里描绘的那样富裕和舒适，从而高估社会的平均生活水平，降低对自己生活的满意度。④ 同时，大量电视节目和广告，特别是以美国为代表的商业电视内容，反复向观众灌输消费主义的价值观念，在电视观众中树立起物质至上的拜金主义观念，从而使其对现有生活感到不满足、不幸福。⑤

　　综上所述，现有研究已经对新媒体使用和社会融合与主观幸福感之间的关系进行了探索，并获得了一些重要发现。然而，城市新移民的新媒体使用如何影响他们的社会融合与主观幸福感，他们的社会融合程度又如何影响其幸福感知，尚未有足够的研究予以解答。因此，本节试图通过对城市新移民的网络调查，回答

---

① 韦路，陈稳. 城市新移民社交媒体使用与主观幸福感研究 [J]. 国际新闻界，2015（1）：114-130；陈稳. 城市新移民社会化媒体使用与主观幸福感研究 [D]. 杭州：浙江大学，2012.

② KAVANAUGH A, REESE D, CARROLL J, et al. Weak ties in networked communities[J]. Information Society, 2005(2): 119-131.

③ LEE P, LEUNG L, LO V, et al. The perceived role of ICTs in quality of life in three Chinese cities[J]. Social Indicators Research, 2008(3): 457-476.

④ SIRGY M J, LEE D-J, KOSENKO R, et al. Does television viewership play a role in the perception of quality of life?[J]. Journal of Advertising, 1998(1): 125-142.

⑤ BELK R. Materialism: Trait aspects of living in the material world[J]. Journal of Consumer Research, 1985(3): 265-280; CHEUNG C, CHAN C. Television viewing and mean world value in Hong Kong's adolescents[J]. Social Behavior and Personality, 1996(4): 351-364; CHURCHILL G, MOSCHIS G. Television and interpersonal influences on adolescent consumer learning[J]. Journal of Consumer Research, 1979(1): 23-35; RICHINS M L. Media, materialism, and human happiness[J]. Advances in Consumer Research, 1987(14): 352-356; SHRUM L, BURROUGHS J, RINDFLEISCH A. Television's cultivation of material values[J]. Journal of Consumer Research, 2005(3): 473-490.

以下三个问题：城市新移民的社交媒体使用是否影响其社会融合？城市新移民的社交媒体使用是否影响其主观幸福感？城市新移民的社会融合程度是否影响其主观幸福感？

# 五、研究方法

我们以杭州市为例，于2013年3月采用网络调查的方式，分别在社交媒体网站和杭州城市生活网站等渠道分发，共回收问卷247份。根据"您的在杭时间"，剔除选择"我是杭州本地人"的受访者，共得到204份有效问卷。由于有效样本偏少，统计检验的显著阈值设定为$p<0.10$。

社交媒体使用的测量主要是从使用强度和使用模式两个方面进行。使用强度包括使用年限、日平均社交媒体使用时间、关注数量、粉丝数量、好友数量，以及社交媒体的使用依赖性。基于前人研究，使用依赖性主要由6个问题来测量（Cronbach's $\alpha=0.87$）：上社交媒体网站是我日常生活的一部分；我很骄傲于告诉别人自己在使用社交媒体；使用社交媒体已经成了我的日常习惯；如果有一天我没有使用社交媒体，我会感到失去联系；我感到自己是社交媒体社区的一员；如果社交媒体被关闭，我会感到遗憾。[①] 答案采用5级量表编码（1表示非常不同意，5表示非常同意）。对于社交媒体使用模式，我们通过16个问题对受访者的具体活动类型进行测量，具体包括发布信息，转发信息，评论他人信息，分享视频、图片、音乐等，浏览名人或媒体微博，搜索新闻事件或话题，与他人讨论新闻事件或议题，人肉搜索，关注老友动态，与好友互动，结识新朋友，使用即时聊天工具，加入群组，发起或参加线上活动，闲逛随便刷刷看看，添加应用等。答案采用5级量表编码（1表示基本不做，5表示频率非常高）。因子分析析出3个因子，分别命名为信息生产（Cronbach's $\alpha=0.83$）、信息获取（Cronbach's $\alpha=0.77$）和社交活动（Cronbach's $\alpha=0.81$）（见表5-7）。

---

① 汪向东，王希林，马弘. 心理卫生评定量表手册［M］. 北京：中国心理卫生杂志社，1999.

表 5-7　社交媒体使用模式因子分析结果

| 项目 | 信息生产 | 信息获取 | 社交活动 |
|---|---|---|---|
| 发布信息 | 0.763 | | |
| 转发信息 | 0.790 | | |
| 评论他人信息 | 0.706 | | |
| 分享视频、图片、音乐等 | 0.693 | | |
| 浏览名人或媒体微博 | | 0.578 | |
| 搜索新闻事件或话题 | | 0.740 | |
| 与他人讨论新闻事件或议题 | | 0.649 | |
| 关注老友动态 | | 0.629 | |
| 与好友互动 | | 0.598 | |
| 闲逛随便刷刷看看 | | 0.459 | |
| 人肉搜索 | | | 0.553 |
| 结识新朋友 | | | 0.561 |
| 使用即时聊天工具 | | | 0.577 |
| 加入群组 | | | 0.766 |
| 发起或参加线上活动 | | | 0.807 |
| 添加应用 | | | 0.643 |
| 方差 | 55.3% | | |

注：提取方法为主成分分析法。旋转方法采用 Kaiser 标准化的最大方差法。

　　社会融合的测量包括社会认同、社会关系网络和社会参与。社会认同量表（Cronbach's $\alpha=0.79$）询问受访者对以下描述的同意程度：我认为我是杭州人；我在杭州有家的感觉；当我离开杭州时，我会想念杭州；我喜欢杭州并且愿意一直留在杭州居住；我会关注杭州发生的事情，并认为和我息息相关。社会关系网络的衡量包括广度和深度。广度由 1 个问题测量：我认为我在杭州的交际圈很广。对深度的测量通过询问受访者其在杭州的关系圈是否能够让其"更好地实现自我价值""感到有归属感""认为有人能提供日常生活的互相帮助""认为有人能提供情感支持""认为有人能提供金钱支持""认为有人能和我一起进行重大决定的商量"等（Cronbach's $\alpha=0.87$）进行。社会认同和社会关系网络的题项皆由 5

级量表计分。社会参与使用 8 个问题进行测量，包括受访者是否曾经参加志愿者活动、社区活动、兴趣社团活动、公益社团活动、党团组织活动、慈善活动（如地震捐款）、无偿献血和网上的公共讨论等。"从来没有"为 1，"曾有，但过去1 年没有"为 2，"过去 1 年中有"为 3。后期将"从来没有"编码为 0，其他 2项统一编码为 1，然后将 8 个问题整合成 1 个社会参与指数（Cronbach's $\alpha =$0.78）。

主观幸福感的测量包括生活满意度和情感平衡两个部分。生活满意度的测量基于伊利诺伊大学心理学家迪纳（Diener）在 1980 年设计的生活满意度量表进行，共有 5 项陈述（Cronbach's $\alpha =$0.82）：总的来说，我的生活接近理想状态；我的生活情况很好；我对自己的生活满意；目前来说，我已得到生活中想要的东西；如果我的人生可以再来一次的话，我基本不会选择改变任何东西。[①] 情感平衡的测量采用布赖德布恩（Bradburn）的情感量表，该量表用于测量正负情感平衡状况。其 10 个项目是一系列描述过去几周受访者感受的是非题，如孤独、愉快、心烦、忧郁等。对正性情感项目如回答"是"则记 1 分，对负性情感项目如回答"是"也记 1 分。情感平衡的计算方法是以正性情感得分减去负性情感得分，再加上系数 5。[②]

控制变量包括人口统计因素、在杭时间和媒体使用概况。人口统计因素主要包括性别（男＝1，女＝0）、年龄（1—8 代表 15 岁及以下到 60 岁以上 8 个区间）、婚姻状况（已婚＝1，未婚＝0）、月收入（1—8 代表没有收入到 50000 元以上 8个区间）、受教育程度（1—7 代表小学以下到博士 7 个区间）、城乡户籍（1—5各表示直辖市、省会城市、普通城市、城镇、乡村，重新编码为直辖市、省会城市、普通城市、城镇＝1，乡村＝0）。在杭时间使用 6 级量表测量，其中 1 代表"我是杭州本地人"（在本样本中被排除），2—6 代表 1 年以内到 10 年以上 5 个区间。在杭状况按稳定程度分为：1 为工作，2 为上学，3 为旅游，4 为其他。媒体使用概况根据媒体分类测量使用报纸、杂志、广播、电视、手机、互联网的频率，其中，1 表示基本不使用，5 表示使用频率非常高。

---

① 汪向东，王希林，马弘. 心理卫生评定量表手册［M］. 北京：中国心理卫生杂志社，1999.
② BRADBURN N M. The Structure of Psychological Well-Being[M]. Chicago: Aldine, 1969.

# 六、研究发现

　　研究样本的分布特征为：男性占 53.9%，女性占 46.1%。年龄集中分布于 21—40 岁，占比为 94.1%。婚姻状况统计中，未婚占 80.9%。在杭时间为 1 年以上、10 年以内的人口占比为 73.9%。61.8% 为已工作。原户籍所在地方面，城镇人口占 61.8%，乡村人口占 38.2%。受教育程度方面，本科以上学历占比为 91.2%。有经济收入的占比为 73.5%，月收入 5000 元以上的人口占比为 38.3%。

　　样本媒体使用的频率由高到低依次为互联网（$M=4.88$，SD=0.41）、手机（$M=4.42$，SD=0.93）、电视（$M=2.62$，SD=1.15）、杂志（$M=2.23$，SD=0.86）、报纸（$M=2.08$，SD=1.00）和广播（$M=2.05$，SD=1.12）。83.2% 的受访者微博使用年限在 2 年以下，社交媒体使用时间在 2 年以上的占 66.7%。微博关注数量（$M=406.90$，SD=533.86）、微博粉丝数量（$M=2503.55$，SD=16439.03）、好友数量（$M=327.30$，SD=749.84）在样本中的分布差异较大，在多元分析之前皆重新编码为 5 级量表。

　　受访者社交媒体依赖性（$M=3.70$，SD=0.69）较强，使用最多的功能是信息获取（$M=3.35$，SD=0.71），其次是信息生产（$M=3.07$，SD=0.87），最后是社交活动（$M=2.35$，SD=0.75）。社会融合方面，样本体现出的社会认同（$M=3.53$，SD=0.67）较高，社会关系广度（$M=3.19$，SD=0.98）和深度（$M=3.52$，SD=0.66）尚可，社会参与程度（$M=0.64$，SD=0.29）也相对较高。主观幸福感方面，受访者生活满意度尚可（$M=2.87$，SD=0.77），情感平衡处于中等水平（$M=5.13$，SD=2.06）。

　　为了回答本节提出的研究问题，社会融合的三个维度和主观幸福感的两个维度分别作为因变量进入回归方程，人口统计因素、媒体使用概况、社交媒体使用强度、社交媒体使用模式分组依次作为自变量输入方程。结果（见表 5-8）显示，来杭时间越长、在杭状况越稳定、收看电视频率越高、对社交媒体依赖性越强的新移民，社会认同感也越强。男性、来杭时间较长、微博粉丝较多、使用社交媒体时间较长、在社交媒体上进行社交活动较多的受访者具有较广的社会关系网络。来杭时间较长、年龄较小、微博使用年限较短的新移民在杭州具有较深的社会关系。收听广播频率越高、对社交媒体依赖性越弱、在社交媒体上更多从事社交活动的受访者社会参与的程度也越高。这些结果表明，社交媒体使用强度对社会融合的不同维度有着不同影响，对提升社会认同、拓展社会关系网络有正面作用，而对社会关系的深度和社会参与则有一定负面作用。相比之下，社交媒体使用模式对社会融合的影响较为一致。新移民在社交媒体上进行社交活动的频率与社会关系广度和社会参与存在显著且密切的正相关关系。

表 5-8　预测城市新移民的社会融合与主观幸福感

| 变量 | | 社会认同 | 社会关系广度 | 社会关系深度 | 社会参与 | 生活满意度 | 情感平衡 |
|---|---|---|---|---|---|---|---|
| 人口统计因素 | 性别 | 0.032 | 0.150* | 0.111 | 0.008 | −0.176* | −0.048 |
| | 来杭时间 | 0.178* | 0.184* | 0.156# | 0.102 | −0.200* | −0.107 |
| | 在杭状况 | −0.148# | 0.045 | 0.029 | 0.036 | 0.144 | 0.169# |
| | 年龄 | 0.045 | 0.032 | −0.249* | −0.102 | 0.057 | −0.254* |
| | 月收入 | −0.061 | 0.101 | 0.158 | −0.115 | −0.034 | 0.264* |
| | 受教育程度 | 0.024 | 0.028 | 0.078 | 0.115 | 0.046 | −0.027 |
| | 婚姻状况 | 0.096 | −0.018 | 0.112 | 0.047 | 0.149* | 0.095 |
| | 城乡户籍 | 0.053 | 0.002 | 0.099 | 0.066 | 0.032 | 0.081 |
| | $R^2$ 增量 /% | 16.5*** | 12.3** | 8.1* | 4.0 | 7.2# | 5.0 |
| 媒体使用概况 | 阅读报纸的频率 | 0.099 | 0.010 | 0.103 | 0.058 | 0.015 | 0.190* |
| | 阅读杂志的频率 | 0.016 | −0.007 | −0.038 | −0.025 | −0.123 | −0.084 |
| | 收听广播的频率 | 0.012 | 0.015 | 0.010 | 0.139# | 0.002 | 0.123 |
| | 收看电视的频率 | 0.139# | 0.050 | 0.098 | −0.052 | 0.062 | −0.113 |
| | 使用手机的频率 | −0.049 | 0.039 | −0.099 | 0.012 | 0.070 | 0.019 |
| | 使用互联网的频率 | 0.048 | −0.069 | −0.005 | −0.013 | −0.157# | 0.030 |
| | $R^2$ 增量 /% | 7.5** | 2.2 | 5.1 | 3.4 | 4.1 | 4.5 |

续表

| 变量 | | 社会认同 | 社会关系广度 | 社会关系深度 | 社会参与 | 生活满意度 | 情感平衡 |
|---|---|---|---|---|---|---|---|
| 社交媒体使用强度 | 微博使用年限 | −0.083 | −0.044 | −0.223** | 0.022 | 0.106 | −0.036 |
| | 微博关注数量 | 0.106 | 0.031 | 0.075 | 0.015 | −0.037 | −0.029 |
| | 微博粉丝数量 | 0.064 | 0.162# | 0.034 | −0.003 | −0.003 | 0.091 |
| | 社交媒体使用年限 | −0.030 | 0.136# | −0.024 | 0.013 | 0.036 | −0.082 |
| | 好友数量 | 0.010 | 0.099 | 0.089 | 0.035 | −0.093 | 0.045 |
| | 日社交媒体使用时间 | 0.022 | 0.059 | 0.072 | 0.041 | −0.121 | 0.141# |
| | 社交媒体依赖性 | 0.155# | 0.064 | 0.048 | −0.169# | −0.065 | −0.064 |
| | $R^2$ 增量 /% | 6.2* | 8.5** | 10.8** | 1.9 | 1.2 | 4.7 |
| 社交媒体使用模式分组 | 信息生产 | 0.072 | 0.020 | 0.143 | 0.096 | 0.204* | 0.150 |
| | 信息获取 | 0.049 | −0.153 | 0.087 | −0.024 | −0.191# | −0.159 |
| | 社交活动 | −0.016 | 0.234** | 0.124 | 0.360*** | −0.006 | −0.007 |
| | $R^2$ 增量 /% | 0.5 | 3.4* | 4.3* | 10.3*** | 3.7# | 2.1 |
| 社会融合 | 社会认同 | | | | | 0.273** | 0.182# |
| | 社会关系广度 | | | | | 0.043 | 0.055 |
| | 社会关系深度 | | | | | 0.106 | 0.029 |
| | 社会参与 | | | | | 0.090 | 0.047 |
| | $R^2$ 增量 /% | | | | | 10.0*** | 3.9# |
| $R^2$ 总量 /% | | 30.7 | 26.5 | 28.4 | 19.6 | 28.1 | 20.1 |

注：数值为标准化回归系数；# 表示 $p<0.10$，* 表示 $p<0.05$，** 表示 $p<0.01$，*** 表示 $p<0.001$。

主观幸福感方面，女性、来杭时间较短、已婚、使用互联网频率较低、在社交媒体上较多进行信息生产和较少进行信息获取的新移民对自己的生活更加满意。在杭状况越稳定、年龄越小、收入越高、阅读报纸的频率越高、每天使用社交媒体时间越长的新移民情感平衡状态越好。将社会融合的几个维度作为最后 1 组自变量输入方程，结果显示，通过社会认同能够显著预测城市新移民的生活满意度和情感平衡状态，其他社会融合维度对主观幸福感则没有显著影响。

CHAPTER 6

| 第六章 |

# 结　论

DIGITAL
DIVIDE

———

# 第一节　数字鸿沟的形成之因

理解数字鸿沟的一个重要方面就是弄清数字鸿沟的形成之因。本书分别从个人层面和国家层面探讨了数字鸿沟的影响因素。个人层面的数字鸿沟受到人口、行为、心理等因素的综合影响。例如，农村居民的人口变量、行为变量和心理变量可在相当程度上预测其手机的采纳和使用。再如，生活方式不仅对数字电视采用具有直接影响，也通过感知流行和权衡需求这2个中间变量对其产生间接影响。又如，大学生现实世界中的网络经历可有效预测他们的网络知识，进而影响到他们对网络的认知和态度，最终影响到他们的网络使用意向。这些关系表明，在一般物质特性的基础上，一般心理特性影响具体的消费者心理特性，并进而影响数字技术的采用。

全球层面数字鸿沟的众多影响因素中，经济因素依然是主导性因素，特别是人均收入的重要性大大超出国内生产总值，成为预测网络技术采纳的最强劲变量。经济发展、国民发展、城乡结构和开放程度等因素不仅会对网络技术采纳产生短期影响，也会产生较为长期的影响。而且，这种影响不会慢慢消退，而是会逐渐累积，时间越长，影响越大。这种现象体现了国家宏观因素预测数字技术采用的递增效应。与创新扩散理论、技术接受模型和权衡需求理论等所发现的个人认知层面的短期效果不同，社会结构层面的各种因素对数字技术采纳的影响更加持久而深远。

# 一、个人层面的数字鸿沟成因

## （一）技术接受模型

以互联网采纳为例，本书确立了网络知识作为一个拥有足够信度和效度的概念对网络使用意向的可能影响。知识是促进社会发展的重要因素，已经成为影响经济发展和社会转型最重要的因素。[①] 根据 1998 年诺贝尔经济学奖得主阿马蒂亚·森（Amartya Sen）的定义，贫困是指对人类基本能力和权利的剥夺。[②] 我国知名国情研究专家胡鞍钢教授发展出了知识贫困（knowledge poverty）的概念，用以指称人们获取、吸收和交流知识能力的匮乏或途径的缺乏，换言之，也就是对人们获取、吸收与交流知识的能力和途径的剥夺。显然，知识沟实际上是对于未能获得有效的知识、信息和通信资源的人类群体的知识剥夺。知识即力量，它不仅能促进经济增长，提高人们的收入水平，直接地改善人类的生存状况，其本身也是发展水平的一个重要指标。至于知识如何在信息社会中影响人们的数字生存，是值得学者们不懈探索的研究课题。

本书通过以陈述性知识和程序性知识的多个项目来测量网络知识，发现此概念拥有足够的信度、收敛效度和区分效度，进而响应先前学者的号召，将网络知识、网络经历和自我效能信念区分开来。[③] 研究发现，网络知识对于用户的互联网使用意向具有关键性影响。具体而言，网络经历对网络知识有着显著影响，由后者可有效预测网络自我效能感和网络感知易用性。网络知识不仅对于网络感知易用性有着直接的影响，还会通过网络自我效能感产生间接效果。[④] 网络自我效能感也是个人网络感知有用性和感知乐趣的强有力预测变量，后两者直接影响着个人

---

① 胡鞍钢，李春波. 新世纪的新贫困：知识贫困 [J]. 中国社会科学，2001（3）：70-81.

② 阿马蒂亚·森. 以自由看待发展 [M]. 任赜，于真，译. 北京：中国人民大学出版社，2002.

③ POTOSKY D. The Internet knowledge (iKnow) measure[J]. Computers in Human Behavior, 2007(6): 2760-2777.

④ 韦路，张明新. 网络知识对网络使用意向的影响：以大学生为例 [J]. 新闻与传播研究，2008（1）：71-80，97.

的网络使用意向。与技术接受模型[①]的预期一致，本书的数据也支持了感知易用性对使用意向存在直接影响，以及感知有用性对使用意向存在间接影响的论断。

这些发现表明了知识在个人感知（如自我效能感、对特定行为结果的预期）、个体行为及其所处环境三者互动中的关键作用。由于社会认知论的根本目的就是理解这一互动[②]，网络知识的概念有助于我们更好地解释这种交互作用是如何发生的。正如本书所显示的，由大学生现实世界中的网络经历可有效预测他们的网络知识，后者影响到他们对网络的认知和态度，如自我效能感、感知易用性、感知有用性、感知乐趣，最终，这些认知和情感因素影响到他们的网络使用意向。

本书表明，技术接受模型可与知识沟研究和数字鸿沟研究相衔接。知识沟研究文献指出，信息在社会各个成员中的增长不是均衡的，拥有较高社会经济地位的人拥有更快获取信息的能力。尽管在经典的知识沟研究中，知识的概念同时包括公共事务知识和科学／技术知识[③]，但其后的知识沟研究则将绝对的重点放在了公共事务知识或政治知识上[④]。技术知识长期以来一直处于被忽略的状态。但在当今信息社会，新技术所扮演的角色愈来愈重要，人们对科学／技术知识的获取及其社会影响，应该引起学界的更多关注。本书发现，人们的网络知识通过对其关于互联网的认知和情感因素产生作用，从而显著影响其对互联网的使用意向。另外，由于数字鸿沟研究所关注的是个人对于计算机和互联网接入与使用上的差

---

① DAVIS F D. Perceived usefulness, perceived ease of use, and user acceptance of information technology[J]. MIS Quarterly, 1989(3): 319-340; DAVIS F D, BAGOZZI R P, WARSHAW P R. Extrinsic and intrinsic motivation to use computers in the workplace[J]. Journal of Applied Social Psychology, 1992(14): 1111-1132.

② BANDURA A. Social Foundations of Thought and Action: A Social Cognitive Theory[M]. Englewood Cliffs: Prentice Hall, 1986; COMPEAU D R, HIGGINS C A. Application of social cognitive theory to training for computer skills[J]. Information Systems Research, 1995(2): 118-143.

③ TICHENOR P J, DONOHUE G A, OLIEN C N. Mass media flow and differential growth in knowledge[J]. Public Opinion Quarterly, 1970(2): 159-170.

④ 韦路，张明新. 第三道数字鸿沟：互联网上的知识沟 [J]. 新闻与传播研究，2006（4）：43-53，95; GAZIANO C. The knowledge gap: An analytical review of media effects[J]. Communication Research, 1983(4): 447-486; VISWANATH K, FINNEGAN J R. The knowledge gap hypothesis: Twenty-five years later[J]. Annals of the International Communication Association, 1996(1): 187-228.

别 ①，上述研究结果也表明，人们关于新技术的知识是导致数字鸿沟的关键因素之一。

技术接受模型不仅可与知识沟和数字鸿沟研究衔接起来，同时还可从后两者的研究传统中获益。一方面，更多的相关因素可被纳入技术接受模型。譬如，知识沟相关文献表明社会经济地位、大众传媒使用等因素影响到个人的知识获取。因此，今后的相关研究可将这些因素，以及个人对该技术的使用经历共同整合进技术接受模型。另一方面，除了组织的和管理的视角，技术接受研究的意蕴可以一种更宽阔的视野，即从数字鸿沟的角度进行探讨，增进人们对于信息社会中的社会结构性不平等的认识。

尽管网络知识这一概念已被检验证明拥有足够的信度和效度，但其测量方法尚有待改进。测量网络知识的概念，除有必要关注与特定任务相关（specific task-focused）的知识题项，还可从广度和深度上发掘更多的、具有普遍性的题项。值得注意的是，本书采用主观的、受访者自我报告的方式来测量网络知识，这很容易受到测量偏误（measurement error）和个人选择性偏差（personal bias）的影响。今后的研究可采用客观的方式来测量人们的实际网络知识，由此便可发现受访者自我报告的网络知识和其所实际拥有的网络知识之间是否存在差异。本书的另一个局限在于我们所使用的便利抽样方法，这制约了研究结论的可概化性。尽管便利抽样对于达成模型建构的目的已足够，但为将研究结论推及更为广大的群体，随机抽样也是必需的。

概括而言，本书将网络知识确立为一个拥有足够信度和效度的概念，并将其与网络经历、自我效能感成功区分开来，同时在将其整合进技术接受模型的基础上检验了其对于个人网络使用意向的影响。这一研究为将技术接受模型与知识沟和数字鸿沟研究衔接起来提供了契机，研究发现对今后的数字鸿沟研究具有启发意义。

---

① VAN DIJK J. The Network Society: Social Aspects of the New Media[M]. London: Sage Publications, 1999; VAN DIJK J. A framework for digital divide research[J]. Electronic Journal of Communication, 2002(1).

## （二）权衡需求理论

以数字电视的采纳为例，本书在新媒体扩散与采用的相关理论基础之上，分析了影响中国居民数字电视采用的用户一般心理特性（如生活方式）和与产品有关的用户心理特性（如感知流行、权衡需求）等因素，对权衡需求理论进行了延伸。由于以往对新媒体技术采用的研究大多集中于人口统计因素或社会经济因素，本书所提出的理论模型将关注的焦点转移到以生活方式为代表的用户心理因素。通过结构方程模型这种多元统计分析方法，我们证实了生活方式不仅对数字电视采用具有直接影响，也通过感知流行和权衡需求这 2 个中间变量对其产生间接影响。生活方式越趋向时尚、进取、享受生活和信任大众媒体，人们所感知的数字电视的流行程度就越高，人们对数字电视的权衡需求也越强，相应地，人们采用数字电视的机会就越大。

这一模型的理论贡献主要表现在两个方面。第一，将新媒体技术采用的研究从消费者的一般物质特性延伸到消费者的一般心理特性和与产品有关的消费者心理特性。本书证实，这两类变量确实是影响新媒体技术采用的重要因素。第二，我们发现，这两类变量不仅对数字电视采用具有直接影响，消费者的一般心理特性还通过具体心理特性对技术采用产生间接影响。正是基于这样的理论关系，本书将新媒体技术扩散和采用的诸多跨学科理论整合在一起，初步厘清了新媒体技术采用研究的三个层次及其递进关系，即在一般物质特性的基础上，一般心理特性影响具体的消费者心理特性，并进而影响新媒体技术的采用。

本书也为下一步研究指出了方向。例如，由于人口统计因素一直是新媒体技术采用研究的重点，而本书又刻意将焦点转向两类心理因素，所以没有将人口统计因素纳入模型。虽然这一"牺牲"提高了模型的简洁性，但今后的研究可以将消费者的一般物质特性纳入结构方程模型，为 3 个层次变量之间的递进关系提供更强有力的支持。另外，本书采用的是结构方程模型中的证实性建模策略（confirmatory modeling strategy），即在理论假设的基础上设定一个唯一的模型进行统计显著性检验，并分析报告该模型的拟合情况。虽然结果显示我们的模型是可以接受的，但这个模型可能只是所有可接受模型中的一种。要找到更好的模型，还需要采用竞争性建模策略（competing modeling strategy），即通过比较不同的模型来发现最有说服力的模型；或采用开发性建模策略（developing modeling strategy），通过有效地修正模型以获得更好的拟合。这当然是今后研究应该努力的方向。

## （三）综合采用模型

在以权衡需求理论为基础[1]，同时以罗杰斯经典扩散模式中相关变量为补充所建构的综合采用模型的分析下[2]，本书发现，农村居民的人口变量、行为变量和心理变量可在相当程度上预测其手机的采纳和使用。而且，这3组变量对于农村居民手机采纳和使用的影响与竞争机制呈现出和过往研究的结论迥然不同的情况，即人口变量的解释力最强，行为变量次之，心理变量的解释力最弱。这一结果与祝建华和何舟的结论[3]有较大差异，也是本书的重要贡献之一。这很可能反映了数字媒体技术在我国农村与城市扩散模式的不同。显然，合理的解释就是，农村居民与城市居民相比收入较低，生活水平也较低，因而在对手机等新传播科技的采纳和使用过程中，他们更多受到社会物质条件和生活环境（人口因素和行为因素）的影响，而较少受到自己内心主观感受（心理因素）的制约和影响。

与祝建华和何舟的主观需求理论[4]与罗杰斯的经典扩散模式[5]相吻合，本书发现，创新特征主观认知（PCM）是农村居民手机采纳之早晚的强有力的预测变量。同时，与祝建华和何舟的发现一致，主观需求（PNM）亦能预测手机的采纳[6]，但与之不同的是，我们并未发现主观流行（PPM）对手机采纳有显著预测力的证

---

[1] ZHU J H, HE Z. Perceived characteristics, perceived needs, and perceived popularity: Adoption and use of the Internet in China[J]. Communication Research, 2002(4): 466−495.

[2] ROGERS E M. Diffusion of Innovations[M]. New York: Free Press, 1962.

[3] ZHU J H, HE Z. Perceived characteristics, perceived needs, and perceived popularity: Adoption and use of the Internet in China[J]. Communication Research, 2002(4): 466−495.

[4] ZHU J H, HE Z. Perceived characteristics, perceived needs, and perceived popularity: Adoption and use of the Internet in China[J]. Communication Research, 2002(4): 466−495.

[5] ROGERS E M. Diffusion of Innovations[M]. New York: Free Press, 1962.

[6] ZHU J H, HE Z. Perceived characteristics, perceived needs, and perceived popularity: Adoption and use of the Internet in China[J]. Communication Research, 2002(4): 466−495.

据①。值得注意的是，与罗杰斯模式②不同，大众媒体使用程度并未影响手机采纳，真正的影响因素是媒体使用的内容，这是本书对创新扩散研究的贡献之一。此外，在人口变量中，家庭年收入、受教育程度和职业皆对手机的采纳没有任何影响，这可能证明了"肯辛塌陷"（The Cancian Dip）的存在。③尽管如此，人口变量对农村居民手机采纳影响的合力却是巨大的。

至于农村居民的手机使用，就日平均拨打和接听电话数而言，行为变量解释了最大的份额，其中尤为值得关注的是数字媒体技术采纳，而电视收看时间和广播收听时间对手机使用的影响方向不同，媒介内容偏好则由对采纳的正面影响转变为对使用的负面影响（偏好新闻资讯内容的农村居民较早采纳手机，但偏好娱乐情感内容的农村居民使用手机较多）。就心理变量而言，"即刻联络—实用性"需求是日拨打和接听电话数的最强的预测变量，这为主观需求理论提供了有力支持。非常有趣的是农村居民对于手机形象的认知，往往愈认为手机可提升自己社会地位和形象的人，采纳手机愈早，但往往是并不认为使用手机会提升自己的形象的人，其使用反而更多。我们的解释是，采纳手机较早的农村居民，往往更多出于心理和感性需求，而采纳较晚者往往出于实际生产和生活的需求，故前者使用较少而后者使用较多。④出乎意料的是，家庭年收入较低的农村居民，其使用手机的频率反而更高。

就手机的日平均通话时间和月平均通话费用而言，人口变量又解释了最多的份额，其中年龄、家庭年收入和受教育程度的预测力尤为显著。人际交往、媒体使用和数字媒体技术采纳3个行为变量对此皆有一定影响。心理因素的影响力最为微弱，但结果与主观需求理论的假设是一致的。由前文的数据分析我们可推知，手机的使用应分为使用频率与使用程度，前者包括拨打和接听电话数，后者则包括日平均通话时间和月平均通话费用。3组变量对两者的影响机制不同，其中特别引人注意的差异是年龄、家庭年收入、受教育程度和主观需求。两相比较不难

---

① PPM 没有显著的解释力，可能与前文中我们对于 PPM 的处理有关，PPM 的三个维度皆显著相关，相关系数之均值超过 0.32，我们因此将其合成为 1 个变量，但合成之后新变量的 Cronbach's $\alpha$ 仅为 0.58。

② ROGERS E M. Diffusion of Innovations[M]. New York: Free Press, 1962.

③ ROGERS E M. Diffusion of Innovations[M]. New York: Free Press, 1962.

④ 张明新，韦路. 手机在我国农村地区的扩散与使用［J］. 新闻与传播研究，2006（1）：10−23，94.

观察到，使用频率揭示了手机使用的功利性，而使用程度揭示了手机使用的社会性，这似乎印证了过往研究的发现。[①] 因此，由"即刻联络—实用性"需求可预测日平均拨打和接听电话数，而由情感需求和聊天与娱乐需求则可预测日平均通话时间[②]；同理，年龄较小、家庭年收入较高的农村居民，对于手机的使用往往更多出于社会性动机，而年龄较大和家庭年收入较低者对于手机的使用更多出于功利性动机，这也在一定程度上解释了家庭年收入较低的农村居民拨打和接听电话数较多但通话时间较短及月通话费用较低的现象。需要说明的是，家庭年收入较低的农村居民，其使用手机的频率反而更高的另一个客观原因，在于与大多家庭年收入较高的农村居民不同，不少家庭年收入较低的农村居民，往往没有安装固定电话；很明显，由于固定电话对手机有相当的替代性，从而在一定程度上导致了上述现象的发生。

概言之，在以主观需求理论为基础的框架下，本书以经验数据支持了在心理、行为和人口3组变量之中，人口变量占据主导地位、行为变量次之、心理变量再次之的农村居民手机的综合采用模型。且在这一模型中，人口变量和行为变量可在相当程度上预测心理变量，这是我们始料未及的，与祝建华和何舟多年前研究中国人互联网采纳和使用时所发现的心理变量独立于人口变量的结论[③] 完全不一样。或许，这反映了当前我国农村居民对于创新传播产品消费的一大特点，其中还有一个可能的原因在于，手机的扩散已接近饱和状态，人们对其主观认知（包括 PCM 和 PPM）已趋近一致，因而心理变量所能解释的变差很小；同时，固定电话对于手机的替代性亦可能影响了最终结论。当然，这些仅仅是事后诸葛亮式的解释。本书所得出的理论模型究竟揭示了数字媒体技术在我国农村扩散与使用

---

① KELLER S. The telephone in new, and old, communities[M]//DE SOLA POOL I. The Social Impact of the Telephone. Cambridge: MIT Press, 1977: 281–298; NOBLE G. Discriminating between the intrinsic and instrumental domestic telephone user[J]. Australia Journal of Communication, 1987(11): 63–85.

② 需要指出的是，由媒介内容偏好可显著预测农村居民手机的使用频率，同时亦可在一定程度上（但不显著）预测其手机的使用程度（具体可预测的是日平均通话时间，其标准化$\beta = -0.110$，$p = 0.09$）。情感需求和聊天与娱乐需求则可预测日平均通话时间。理论上，喜好大众媒体上娱乐情感内容的人有更多的情感需求和聊天与娱乐需求，因此最终所产生的效果类似。

③ ZHU J H, HE Z. Perceived characteristics, perceived needs, and perceived popularity: Adoption and use of the Internet in China[J]. Communication Research, 2002(4): 466–495.

的必然规律，还是仅仅反映了个别的、偶然的现象或者甚至是假象，还有待今后研究予以证实。另外，本书最终所得出的模型对于我国农村居民的手机采纳和使用，已达到很高的解释力。然而，这却是以牺牲理论模型的简洁性为代价的，值得今后的研究在设计中予以注意。

即便如此，本书以我国农村社会的数字媒体技术扩散为研究对象，描述和解释了手机这一数字媒体技术在农村社会成人群体中的采纳和使用情形。我们的调查表明，数字鸿沟的现实，至少在手机的采纳层面，可能并不是十分严峻，这对于当前我国政府构建"数字中国"的愿望和努力来说应是一个不错的消息。本书的特别贡献在于，将罗杰斯经典扩散模式中的人口和行为变量与主观需求理论相结合，以实证模型合理解释了我国农村社会手机的采纳与使用情形，并对3组变量之间关系的方向和强度进行了富有开创性的探讨。我们提出的综合采用模型，对今后相关数字媒体技术的扩散与使用研究，具有一定参考价值。

## 二、国家层面的数字鸿沟成因

通过考察互联网、固定宽带和手机在世界范围的发展蔓延及其影响因素，本书呈现了全球数字鸿沟的历史变迁及其背后的演变机制。借助 1990—2020 年的世界宏观数据，我们不仅描绘了一组网络传播格局的世界地图，而且揭示了社会发展和技术变迁之间的因果关系。总体来说，关于全球数字鸿沟的成因，本书有以下三大发现。

第一，经济因素影响依然最强。在众多影响网络技术扩散的因素当中，经济因素依然是主导性因素，贡献了一半左右的解释力。而在 2 个主要的经济因素中，人均收入的重要性大大超出国内生产总值，成为预测网络技术采纳的最强劲变量。根据马斯洛的需求层次理论 [1]，只有当人们的可支配收入达到一定水平时，才会在满足温饱等基本生理需求的基础上，追求各种心理层面的需求，而新媒体技术的采纳和使用则是满足这些高级需求的重要途径。当然，在网络日渐普及的今天，一些网民提出了所谓的新马斯洛需求层次理论，开始将 Wi-Fi 视为最底层的基

---

[1] MASLOW A. Motivation and Personality[M]. New York: Harper, 1954.

本需求。因此，可以预见，随着未来网络接入成本的日益降低，经济因素的解释力会逐渐减弱，这一趋势在手机的采纳过程中已经初现端倪。

　　第二，不同技术的采纳因素有所不同。经济因素对互联网和固定宽带采纳的解释力大大超出对手机采纳的解释力，而国民发展和城乡结构对手机采纳的解释力高于对互联网和固定宽带采纳的解释力。这一发现说明，不同的传播技术具有不同的社会结构性偏向。互联网和固定宽带具有较高的价格门槛，初期能够用得起互联网和固定宽带的用户往往都是社会经济地位相对较高的人士。相比之下，手机价格较为低廉，尤其是早期以小灵通为代表的廉价手机，使低收入群体也能成为手机用户。因此，对于手机来说，经济因素对其采纳的预测作用相对互联网和固定宽带更小。

　　第三，预测采纳呈现非线性效应。纵向比较发现，4 组自变量对技术采纳的影响呈现倒 U 形曲线，影响力随时间推移先增强，而后减弱。这一现象表明，经济发展、国民发展、城乡结构和开放程度等因素对网络技术采纳不仅会产生短期影响，也会产生较为长期的影响。[1] 而且，这种影响不是线性递增，而是先升后降。这种非线性效应显示，与创新扩散理论[2]、技术接受模型[3]和权衡需求理论[4]等所发现的个人认知层面的短期效果和线性效果不同，社会结构层面的各种因素对网络技术采纳的影响更加深远，且因时间长短而异。因此，在关注个体微观层面的心理机制的同时，不能忽略社会宏观层面左右网络技术扩散的结构性因素。

　　对于全球数字媒体鸿沟的成因，本书以 Twitter 这一全球性传播场域内各国媒介机构开设的英文认证账号为研究对象，采用社会网络分析和可视化的方法，考察并可视化地呈现了各国媒介机构在 Twitter 上形成的社会网络结构及其分布，探讨了影响各媒介机构社会资本以及彼此间双向链接关系的因素，并揭示了中国在这一社会网络中所处的位置。

---

① 韦路，谢点. 全球数字鸿沟变迁及其影响因素研究——基于 1990—2010 世界宏观数据的实证分析［J］. 新闻与传播研究，2015（9）：36-54，126-127.

② ROGERS E M. Diffusion of Innovations[M]. New York: Free Press, 1962.

③ VENKATESH V, MORRIS M G, DAVIS G B, et al. User acceptance of information technology: Toward a unified view[J]. MIS Quarterly, 2003(3): 425-478.

④ ZHU J, HE Z. Perceived characteristics, perceived needs, and perceived popularity adoption and use of the Internet in China[J]. Communication Research, 2002(4): 466-495.

研究发现，全球各国媒介机构在 Twitter 上形成了紧密的社会网络关系。[①]
其中，美国、英国等西方国家占据着社会资本和影响力上的优势，但发展中国家
的媒介机构也在力图凭借策略性的社交媒体实践改变这一固有的传播关系与权力
格局，如印度的媒介机构账号数量已经位列全球第三，俄罗斯的今日俄罗斯电视
台成为该网络中处于最中心位置的 15 个节点之一，中国等发展中国家的媒介机
构也表现不俗，媒介机构账号数量方面排名全球第五，在跨国化程度方面跻身全
球第三。从媒介类型来说，赫芬顿邮报和澳大利亚新闻网成为网络中心点，代表
网络媒体正在成长为全球传播格局中强有力的竞争者。

在预测各国媒介机构社会资本的因素方面，大洲发达程度没有显著影响，但
来自发达国家的媒介机构更有可能在 Twitter 全球媒介机构网络中获得来自其他
媒介机构的链接，并成为各行动者间的中介点。社交媒体使用程度，尤其是被关
注数和发表推文总量，也能够显著预测媒介机构的社会资本。此外，体现地理接
近性和文化接近性的所在国家变量对网络中各行动者之间的双向链接关系具有显
著的正向影响。

中国官方媒介机构在 Twitter 上共开设 6 个英文账号，体现出中国积极提升
国际传播影响力的努力。CGTN 和新华社这 2 家国际媒介机构的被关注数已经排
名全球第 14 位和第 15 位，在全球媒介机构网络中的位置也变得更为接近中心了。

本书的发现说明，欧美中心的国际传播格局并未在社交媒体时代发生质的变
化，英美主流媒体仍然控制着全球新闻信息的流动。同时，互联网的确为发展
中国家的媒介赋权提供了契机，使得以俄罗斯、中国和印度为代表的发展中国
家媒体能够突破西方垄断，朝着更加平等的国际信息传播秩序迈进。虽然现有
Twitter 全球媒介机构网络仍然是高度结构化的，由发达国家占据主导，但发展
中国家也在通过策略性的社交媒体实践来重构国际传播领域的权力关系，突破固
有的全球信息传播格局。因此，当前的国际传播关系依旧体现出杂糅化的特征，
各国媒介机构在 Twitter 这一全球性传播场域内的权力关系博弈也有待更多的历
时性研究予以厘清。

---

① 韦路，丁方舟. 社会化媒体时代的全球传播图景：基于 Twitter 媒介机构账号的社会网络分析［J］.
浙江大学学报（人文社会科学版），2015（6）：91-105.

# 第二节　数字鸿沟的蔓延之果

一直以来，人们关于数字鸿沟的争论集中在人们使用数字技术的方式而非结果上。大量文献探讨的是人们在数字技术接入上是否存在贫富之分，以及在数字媒介使用上是否存在优劣之别，新技术接入和使用差异的具体后果是一个"根本的却经常被忽略的问题"。[①] 本书重点探讨了数字鸿沟会导致的三种其他方面的鸿沟，分别是知识沟、参与沟和融入沟，用大量经验材料证实了数字鸿沟确实会造成严重的社会后果，说明数字技术采用的不平等确实会延伸至社会生活的方方面面，成为当今人类社会发展面临的巨大挑战。

## 一、放大知识沟

考虑到数字技术接入和使用鸿沟的后果往往被研究者视为是理所当然的，且从未被纳入相关研究设计 [②] 这一点，同时考虑到互联网在我国的扩散与使用的政治和社会寓意，本书以两组全国性调查数据为基础，探讨了互联网的接入和使用对人们知识获取的可能影响，阐释了第一道和第二道数字鸿沟与知识沟之间的关系，同时比较了新旧媒体使用沟的差异及其对知识沟的不同影响。

本书的研究发现为"传播技术的分布和使用不公会带来负面的社会影响"这一论断提供了实证依据。知识上的差距便是这些负面社会影响中的一个方面。具体来说，拥有着互联网接入的个人，相对于那些没有互联网接入的个人有着更多的政治知识。同时，在控制住了人口因素、传统媒体使用和互联网接入这些变量之后，对互联网的政治使用更多的个人，比互联网政治使用更少的用户拥有更多的政治知识。事实上，长期以来，在缺乏实证检验的情形下，这些关于数字鸿沟的社会影响的假设被人们理所当然地认为是正确的。本书的贡献在于，拓展了人

---

①　SELWYN N. Reconsidering political and popular understandings of the digital divide[J]. New Media & Society, 2004(3): 341-362.

②　VAN DIJK J. A framework for digital divide research[J]. Electronic Journal of Communication, 2002(1).

们关于数字鸿沟社会影响的认识——探讨了接入沟和使用沟对知识沟的重要影响。经验数据证实，人们对于数字技术的接入和使用的确对人们的知识获取有着显著影响，而人们知识水平对其参与社会和政治生活又是至关重要的。

本书更为重要的发现在于，相对于互联网接入，人们的互联网使用能更好地预测其知识获取。即使拥有着同样的互联网物质接入，对互联网的政治使用更多的个人，相对于那些对互联网的政治使用较少的个人而言，往往拥有更多的政治知识。互联网接入的确可预测人们的政治知识，但它仅仅解释了因变量极小的一部分变差，表明互联网接入仅仅是政治知识获取过程的一个开端。相比而言，互联网使用这一包含着更多维度的概念（如使用的时间、频率、目标、活动、方式等），对个人的政治知识获取则有着更大的影响。正如邦法德利所指出的，既然有着同样互联网接入的人们使用互联网的方式可能千差万别，故相对于接入沟而言，使用沟应该对人与人之间的知识沟产生更大的影响。① 因此，当愈来愈多的人拥有了互联网接入之后，我们应该将注意力投注于人们的互联网使用上。同时，政府致力于缩小数字鸿沟的努力，也不应止步于人们的互联网物质接入。在物质接入这一问题解决之后，应将更多的政策资源转移到改善人们的互联网使用这一难题上。

本书还发现互联网的使用沟比传统媒体的使用沟更大。以教育为衡量指标的用户社会经济地位对互联网信息使用频率的影响比对传统媒体的更大。社会经济地位越高，其信息使用频率就越高。这种关系在互联网用户中表现得更为突出，因而导致互联网的使用沟比传统媒体的使用沟更大。这一发现的理论意义在于凸显了数字鸿沟研究的必要性。我们知道，长久以来，人们对传统媒体的使用一直都存在着一定的差异。但学界却没有将其作为一个特定的领域进行研究，我们也从来没有听说过关于模拟沟的争论。以互联网为代表的数字媒介出现之后，人们开始将数字媒介的接入和使用差异称为数字沟，社会各界对这一数字沟的关注和

---

① BONFADELLI H. The Internet and knowledge gaps: A theoretical and empirical investigation[J]. European Journal of Communication, 2002(1): 65-84.

讨论也越来越热烈。① 这一现象背后隐含着一个假定，那就是新媒体的使用差异与传统媒体的使用差异相比更值得人们重视。至于原因何在，鲜有实证研究予以解答。本书在某种程度上回答了这一问题。虽然不同地位者之间的使用差异在传统媒体上就已存在，但这种差异在互联网上变得更为显著，因而也就更值得人们的重视。

产生这种使用沟差异的主要原因在于新旧媒体本身的特性。报纸、广播、电视等传统媒体由于其媒介形式比较单一，其传播内容也有比较明显的倾向。因此，不同社会经济地位的个体对这些传统媒体的使用也呈现出相对同质性。媒介本身对特定内容的偏好使得人们对它们的使用受个人社会经济地位的影响较小。互联网的多媒体形式解除了对特定内容的限制，其更多的信息来源也为用户提供了更多的选择。另外，网络所具有的空前互动性也使传统受众反客为主，完全可以根据自己的需要和兴趣来对网络内容进行选择。因此，网络空间的开放性和包容性及其内容的相对异质性使得人们的使用方式更多受到其自身地位的影响，由此导致的使用沟也比传统媒体的更大。

然而，仅仅证明数字沟比模拟沟更为显著还不足以说明前者比后者更加重要。本书的另一个发现从后果层面进一步解释了为什么数字沟比模拟沟更应该引起人们的重视。一个重要原因就是，数字沟比模拟沟会导致更大的知识沟，表明数字沟所产生的负面社会影响也比模拟沟更大。② 值得一提的是，ANES 数据中各种媒介使用变量来自 9 月的调查，而政治知识变量则来自 11 月的调查。这种纵向分析得出的结论揭示了由媒介使用影响政治知识的因果关系，较横向数据而言更准确地验证了媒介使用沟与政治知识沟之间的假设关系。一直以来，人们关于数字鸿沟的争论集中在人们使用数字技术的方式（means）而非结果（ends）上。③

---

① 金兼斌. 数字鸿沟的概念辨析［J］. 新闻与传播研究，2003（1）：75-79，95；胡鞍钢，周绍杰. 新的全球贫富差距：日益扩大的"数字鸿沟"［J］中国社会科学，2002（3）：34-48，205；汪明峰. 互联网使用与中国城市化——"数字鸿沟"的空间层面［J］社会学研究，2005（6）：112-135，244；张明新，韦路. 手机在我国农村地区的扩散与使用［J］新闻与传播研究，2006（1）：10-23，94.

② 韦路，李贞芳. 新旧媒体知识沟效果之比较研究［J］. 浙江大学学报（人文社会科学版），2009（5）：56-65.

③ 韦路，张明新. 第三道数字鸿沟：互联网上的知识沟［J］新闻与传播研究，2006（4）：43-53，95.

大量文献探讨的是人们在数字技术接入上是否存在贫富之分，以及在数字媒介使用上是否存在优劣之别。新技术接入和使用差异的具体后果是一个"根本的却经常被忽略的问题"[1]。本书所发现的新旧媒体使用沟能够导致强度不同的知识沟，证明数字鸿沟的确对人们的社会政治生活存在着实质性的影响，而且这种影响要强于传统媒体。

本书将数字鸿沟理论与知识沟理论进行了有益的联结。一方面，知识沟研究可被认为是数字鸿沟研究领域的延伸。如果数字鸿沟对人们的日常生活没有真实的影响，那么近30年关于数字鸿沟的研究将鲜有实际意义。而如本书所揭示的，数字鸿沟对人们政治知识获取所存在的影响为数字鸿沟的社会后果提供了一个例证。由于知识的获取是人们社会或政治态度与行为的基础，因此，知识沟将成为第一道和第二道数字鸿沟引发的重要社会后果。此外，它也可能是介于技术的接入沟、使用沟和其他社会不平等之间的中间变量。另一方面，借助于对数字鸿沟的研究，知识沟研究亦有了不断发展的潜能。由于传播技术的飞速发展，在各种影响知识沟的因素之中，媒介渠道的差异愈来愈受到关注。然而，已有的关于数字鸿沟的大量研究却未被系统地用来帮助我们理解技术对知识沟的形塑作用。本书的发现则表明，相对而言历史更短的数字鸿沟研究，的确为我们提供了不少关于经典知识沟假说的新理解。在数字化时代，新媒体技术也将日益成为预测和影响知识沟的重要因素之一。因此，这两个理论的勾连有利于增进我们对数字鸿沟的社会影响和知识沟的形塑因素及其相互关系的理解。

比模拟沟更为显著的数字沟及其导致的知识沟也为当前的信息社会敲响了警钟。当越来越多的传统媒体开始与网络融合的时候，当越来越多的受众开始以网络为中心的时候，由于人们只需较低的社会、政治和经济资本就可进入虚拟的网络空间，不少学者预期人类能够在网上获得更多的平等。然而，本书所发现的网络使用沟和知识沟却对这一网络迷思提出了挑战。进入网络空间仅仅是融入信息社会的第一步。互联网的确可以为人们，特别是传统意义上的弱势群体，进入信息社会打开一扇大门。然而，人们进入之后究竟做什么，有什么结果，则是更加重要的议题。如本书所揭示的，人们在线下的社会权力分布直接映射于线上，使

---

[1] SELWYN N. Reconsidering political and popular understandings of the digital divide[J]. New Media & Society, 2004(3): 341−362.

得社会经济地位较高的人在网络空间中得到的也更多，收获也更大，而那些地位较低者却在边缘徘徊，始终被排斥在社会核心利益之外。

　　总的来说，横向和纵向研究的结果显示，不同社会经济地位者之间的使用沟在互联网上比在传统媒体上更为明显。互联网上较大的使用沟也导致了更为显著的知识沟，使得数字鸿沟不仅在强度上，更在后果上甚于传统媒体的使用差异。未来研究可对其他类别的知识，如健康知识和科技知识等做进一步探讨。[①] 除了知识以外，数字鸿沟其他层面的社会影响也值得更多的关注，可能的方面包括政治参与、经济生产、人际关系、社会互动，以及其他关系到人们社会生活质量的层面。[②]

　　知识就是力量。作为现代社会的一种根本资源，知识及其控制始终是人们有关权力争论的焦点。由于政治知识直接关系到人们的政治参与[③]，在使用层面上缩小数字鸿沟对于政治制度的完善具有重要的现实意义[④]。本书的结果显示，政府决策部门只有着力提升公众的受教育程度，才能逐步优化人们的网络使用方式，从而减少以知识沟为缩影的社会结构性差异。

# 二、强化参与沟

　　数字鸿沟是否会导致参与沟？我们发现，数字鸿沟确实与参与沟密切相关。不论是互联网接入还是使用，是知识生产这样的特定网络使用方式，还是多模态网络使用，都对人们的参与行为具有显著影响。

　　这一发现可谓喜忧参半。一方面，它证实了互联网的确具备重振公共领

---

① 韦路，张明新. 网络知识对网络使用意向的影响：以大学生为例 [J]. 新闻与传播研究，2008（1）：71-80，97.

② SELWYN N. Reconsidering political and popular understandings of the digital divide[J]. New Media & Society, 2004(3): 341-362.

③ DELLI CARPINI M X, KEETER S. What Americans Know about Politics and Why It Matters[M]. New Haven: Yale University Press, 1996; VERBA S, SCHLOZMAN K L, BRADY H E. Violence and Equality: Civic Voluntarism in American Politics[M].Cambridge: Harvard University Press, 1995.

④ 韦路，张明新. 数字鸿沟、知识沟和政治参与 [J]. 新闻与传播评论，2007（Z1）：143-155，210，221.

域的潜力。在哈贝马斯看来，公众存在于话语的交互过程。<sup>①</sup>如政治学者道格伦（Dahlgren）所言："在各自家中使用媒体却互不交往的个体，无法形成公众。"<sup>②</sup>当人们的多模态网络使用行为促进了他们对公共事务的了解以及在社会活动中的相互交往时，互联网便成为一种能够"开创真正意义上的无限交往空间"的强有力工具。<sup>③</sup>得益于多模态的网络使用，詹金斯所预见的参与式媒介文化（participatory media culture）<sup>④</sup>也有望形成。他把这种参与式媒介文化界定为一种艺术表达和政治参与门槛较低的文化，一种强烈支持个人信息生产和分享的文化，以及一种知识经验可以通过非正式的传授关系从专家传递给普通人的文化。这种新的文化形式与 Web 2.0 技术的精髓不谋而合，代表了从 Web 1.0 时代的只读文化（read-only culture）向 Web 2.0 时代的读写文化（read and write culture）的转型。通过博客、微博和社交网络等应用每天不断创造出来的用户生产内容使得传统意义上的媒介受众从内容消费者转变为内容生产者，进而成为社会公共空间中更加积极主动的参与主体。研究结果显示，大学生的多模态网络使用程度越高，其中所包含的参与性网络活动就越多，其社会参与程度也越高。<sup>⑤</sup>这意味着，用户的网上参与活动与他们线下的参与活动密切相关，在虚拟世界中由 Web 2.0 技术所促成的参与文化正在向真实世界延伸。

然而，另一方面，现实中大学生的多模态网络使用现状和分布，至少目前为止，还难以真正实现上述的这些乐观景象。研究发现，大学生的多模态网络使用程度还较低，与之相关的政治知识和社会参与水平也不高。并且，总体上已经有限的多模态网络使用在大学生中的分布亦不均匀，这也许是比平均水平低更令人困扰的一个问题。月均生活费较低的学生对网络的使用模态数量较少，性质上也

① HABERMAS J. The Structural Transformation of the Public Sphere[M]. Cambridge: MIT Press, 1962; DEWEY J. The Public and Its Problems[M]. New York: Henry Holt, 1927.

② DAHLGREN P. The Internet, public spheres, and political communication: Dispersion and deliberation[J]. Political Communication, 2005(2): 147-162.

③ TRENZ H. Digital media and the return of the representative public sphere[J]. Javnost-The Public, 2009(1): 33-46.

④ JENKINS H. Confronting the Challenges of Participatory Culture: Media Education for the 21st Century[M]. Chicago: MacArthur Foundation, 2007.

⑤ 韦路，余璐，方莉琳．"网络一代"的数字不均：大学生多模态网络使用、政治知识和社会参与［J］中国地质大学学报（社会科学版），2011（5）：90-96.

限于较为基础的简单网络应用，与之相伴随的是较少的政治知识和社会参与。如特伦茨（Trenz）所指出的，互联网破除政治传播限制、强化公共领域参与和互动元素的解放力量仍然十分有限。①

由此看来，自从技术接入沟的出现就已经存在的结构性不平等在技术使用沟的阶段仍然存在。以多模态网络使用为体现的这种新的数字不均，在某种程度上比传统的数字鸿沟更难消除。对于技术接入沟来说，只要有足够的技术设备提供给公众，这种差距就会慢慢消失。随着互联网在世界范围内的快速扩散，基于某些社会人口特征（如性别等）的技术接入鸿沟已被填平。②在某些特定群体，如大学生中，几乎已经不存在网络接入上的实质性差别。相比之下，网络使用差异与人们的兴趣和技能关系更为密切，而兴趣和技能则更易受到社会经济地位的影响。③因此，更多的努力应该被投入到促进人们从事多模态网络活动，特别是有助于资本提升活动的能力和技巧上。卡斯特指出，数字排斥（digital exclusion）是当前社会中各种排斥形式中后果最严重的一种。社会有必要采取各种手段让人们充分认识到这一点，并且尽可能地避免这种排斥。如瓦斯肖尔（Warschauer）所建议的，我们应该将关注的焦点从通过提供物质设备来填补技术上的鸿沟，转向如何将新媒体技术充分融入人们的生活，以促进人的全面发展。④

① TRENZ H. Digital media and the return of the representative public sphere[J]. Javnost—The Public, 2009(1): 33-46.

② ROSENSTONE S J, HANSEN JM. Mobilization, Participation, and Democracy in America[M]. New York: Macmillan, 1993; ONO H, ZAVODNY M. Gender and the Internet[J]. Social Science Quarterly, 2003(1): 111-121; WASSERMAN I M, RICHMOND-ABBOTT M. Gender and the Internet: Causes of variation in access, level, and scope of use[J]. Social Science Quarterly, 2005(1): 252-270.

③ EVELAND W P, SCHEUFELE D A. Connecting news media use with gaps in knowledge and participation[J]. Political Communication, 2000(3): 215-237; WEI L, HINDMAN D B. Does the digital divide matter more? Comparing the effects of new media and old media use on the education-based knowledge gap[J]. Mass Communication and Society, 2011(2): 216-235; WEI L, ZHANG M X. The impact of Internet knowledge on college students intention to continue to use the Internet[J]. Information Research, 2008(3).

④ WARSCHAUER M. Technology and Social Inclusion: Rethinking the Digital Divide[M]. Cambridge: MIT Press, 2003.

# 三、扩张融入沟

数字鸿沟能否导致社会融入沟？随着城市新移民日益成为当前转型中的中国需要关注的一个重要群体，这些新移民能否顺利融入新的城市生活，能否如期实现自己的人生目标，直接关系到整个中国社会的经济发展和社会和谐。在众多影响城市外来人口生活质量的因素当中，媒介的作用日益凸显。本书重点关注了在城市新移民中广泛使用的社交媒体如何影响他们在新环境中的社会融合和幸福感知。基于杭州市的网络调查数据，本书得出了一些值得进一步讨论的结论。

首先，社交媒体使用对城市新移民的社会融合程度能够产生一定的影响。一方面，新移民对社交媒体的依赖有助于提升其在城市中的社会认同。他们使用社交网站的时间越长，在社交媒体上拥有的粉丝越多，就越有可能建立起更加广泛的社会关系网络，从而社会归属感越强。与真实世界不同，在社交网络空间中，外来人口与本地人口在社会经济地位上的差异不甚显著，地域文化的界限也更加模糊，导致新移民在网上更容易融入新的社区，更易于获得新的身份认同。出于多种原因，新移民在真实生活中与本地居民的互动较为有限，往往限于老乡的交往圈子。网络的开放性和匿名性在一定程度上打破了这种隔阂，使外来人口和本地居民都能更加平等地参与信息交往活动。

另一方面，社交媒体使用也会降低城市新移民的社会关系深度和社会参与程度。对于城市新移民来说，社交媒体的作用更多的是拓宽他们的弱关系网络，帮助他们认识更多的网友，而要真正利用这些关系获得深度的社会支持，则不太现实，甚至可能产生反效果。可能的原因在于，当人们花费更多时间在浅层关系的交往上时，会减少他们经营深层社会关系的投入，从而降低社会关系网络的深度。同样，当浅层交往主宰新移民的社会生活时，他们参加实质性的社会活动也会受到影响。与社交媒体使用强度相比，社交媒体使用的具体模式对社会融合体现出较为一致的正面效果。数据显示，新移民在社交媒体上进行的社交活动越多，他们所拥有的社会关系广度和社会参与程度就越高，说明社交媒体的社交功能的确有助于推动城市新移民的社会融合。因此，对于城市新移民的社交媒体使用是否影响其社会融合的问题，我们的结论是，社交媒体使用只能在某些方面促进城市新移民的社会融合，其正面作用主要集中在心理上的认同和弱关系的增加，对于深度社会支持的获取和真实社会活动的参与则作用有限。

其次，社交媒体使用的不同模式对城市新移民的主观幸福感也会产生不同的影响。[①] 具体来说，信息生产会提升生活满意度，而信息获取会降低生活满意度。这一发现并不难解读。长久以来，中国公众缺乏自我表达的平台和机制，普通人进入公共空间讨论公共事务的门槛较高，表达个人意见和观点的成本也较高。社交媒体为公众提供了一个最接近公共领域概念的网络空间，用户生产内容成为主流。当以前难以抒发的情感、意见甚至怨恨情绪，现在有了一个相对开放自由的渠道可以表达出来的时候，人们对自身的生活状态也会感到更加满意。然而，当人们作为读者面对社交媒体上充斥的各种负面言论时，又会加深他们对各种社会问题的忧虑，从而对自己的生活处境感到担心、不满和产生质疑。这恰好暗合了政治犬儒主义的观点：当人们接触的负面政治报道越多，对政府和社会就越感怀疑、厌恶和怨恨，对生活就越没有信心。

虽然两种截然相反的效果同时存在，但从统计结果的标准化回归系数来看，信息生产的正面效果略强于信息获取的负面效果，且前者的显著性水平也更高。社交媒体使用对情感平衡的影响较弱，除了社交媒体使用时间对情感平衡有一定正面影响外，其他社交媒体使用变量与情感平衡皆无显著关系。反而是报纸读得越多，新移民体验的正面情感也越强。这在某种程度上与国内报纸通常以正面报道为主有关。于是，针对城市新移民的社交媒体使用是否影响其主观幸福感这个问题，我们的答案是，城市新移民的社交媒体使用的确能够影响其主观幸福感，但使用的方式不同，效果也迥异。如果人们更多使用社交媒体进行自我表达，其幸福感会增强；但如果人们更多透过社交媒体来观察社会，其幸福感则会减弱。

最后，城市新移民的社会融合程度，尤其是社会认同水平，能够显著影响其主观幸福感。对城市新移民来说，社会认同感越强，其生活满意度就越高，正负情感平衡也越好。根据泰弗尔（Tajfel）对社会认同的经典定义，当个体认识到自己属于特定的社会群体时，也会同时认识到这种群体成员身份所带来的情感和价值意义。[②] 因此，社会认同理论关注的是心理化的群体，是个体主动将群体心

---

① 韦路，陈稳. 城市新移民社交媒体使用与主观幸福感研究［J］国际新闻界，2015（1）：114-130.

② Tajfel H. Differentiation Between Social Groups: Studies in the Social Psychology of Intergroup Relations[M]. London: Academic Press, 1978.

理化之后,得到积极的情感和价值意义并以此区隔他人的动力过程。[①]从本质上讲,社会认同就是一种心理过程,是"个体对其他个体或群体的行为方式、态度观念、价值标准等,经由模仿、内化,而使其本人与他人或团体趋于一致的心理历程"[②]。在这一过程中,城市新移民能够逐渐克服所遭受的各种偏见、歧视、反感、质疑、疏离和排斥,给自己带来归属感和自尊感,提升正向情感体验和生活满意度,从而增强主观幸福感。值得一提的是,社会融合变量对生活满意度的解释力要强于人口统计变量,且显著性更高。这一研究结果再次说明了主观因素对人们幸福感的影响大于客观因素。对城市新移民来说,能否对新的地域、群体和文化环境产生认同感知,直接决定了他们在移居城市的幸福体验。因此,对于城市新移民的社会融合程度是否影响其主观幸福感这一问题,结论是城市新移民的社会融合程度与其主观幸福感密切相关。

上述结论的理论价值在于建立了城市新移民群体中社交媒体使用和主观幸福感之间的直接联系,以及通过影响社会融合程度而产生的间接联系。一方面,这些发现拓展了数字鸿沟社会影响的研究维度,呈现出社交媒体使用差异这一重要的数字技术使用沟对人们社会融入和幸福感知的影响。另一方面,本书从数字鸿沟的视角揭示了主观幸福感赖以形成的特定媒介环境和心理机制。本书的现实意义则体现在为促进城市新移民的社会融合和幸福感知提供了决策参考。除了在住房、就业、医疗、教育等生活保障方面尽可能为新移民提供便利之外,政府也需要帮助新移民更好地利用社交媒体等数字技术来增加社会资本、提高社会认同,使其真正融入新的城市环境,寻求幸福快乐的生活。

## 第三节 数字鸿沟的治理之策

作为人类社会不平等在数字时代的一种突出表征,数字鸿沟需要引起社会各界的广泛关注。各方都应采取积极举措予以应对,共同认识数字鸿沟的成因,共

---

① 雷开春. 城市新移民的社会认同研究 [D]. 上海:上海大学,2009.

② 车文博. 弗洛伊德主义原著选辑 [M]. 沈阳:辽宁人民出版社,1989.

同面对数字鸿沟的后果，共同阻击数字鸿沟的蔓延，使数字技术更多造福于人，而不是加剧社会不均。

# 一、中国数字鸿沟的应对之策

随着人工智能技术日益渗透到媒体的数据采集、内容生产、新闻分发、交流互动和效果评估等多个环节，智能媒体成为新的传媒业态，并从根本上改变用户的媒体使用行为。调查数据显示，不同群体在智媒素养、智媒使用、智媒感知、智媒消费以及智媒付费意愿等方面存在显著的差异。智能媒体使用呈现出显著的年龄鸿沟、教育鸿沟、收入鸿沟和城乡鸿沟。同时，还存在智媒消费鸿沟、智媒情绪鸿沟和智媒素养鸿沟。中青年群体、高学历群体、高收入群体和城市居民具有较为明显的智媒优势。与之相对，老年人群体、低学历群体、低收入群体和乡村居民则处于劣势。[①] 智能鸿沟成为人工智能时代数字鸿沟的最新形态，弥合智能鸿沟成为新技术环境下脱困于数字鸿沟的重要任务。

## （一）政府政策

### 1. 重点研发核心技术

鼓励人工智能媒体相关的科学技术研发，提升人工智能媒体的整体技术水平。建设产学研一体化智能媒体研究机构，强化社会企业与高校科研院所的合作，推动研究成果的转化与应用。在国家科学基金项目、教育部课题等重量级的基金项目规划上适度向人工智能媒体相关的课题倾斜，在立项名额与科研资金资助方面给予支持。特别是在学科建设方面，应当建立和健全多学科交叉合作机制，落实人才培养计划，促进核心技术与应用的突破。强化基础设施建设，加大数字基础设施的投入，提升底层硬件和网络服务水平。

---

① 韦路，左蒙. 中国智能媒体的使用现状及其反思［J］当代传播，2021（3）：73-78.

## 2. 大力发展智媒产业

鼓励人工智能媒体相关的产业发展与落地应用，提升人工智能媒体的产业化水平。充分利用中央和各地政府大力发展数字经济的机遇期，通过出台智媒产业促进条例等方式，强化人工智能媒体产业的优先地位。加快智媒技术转移转化，推动智媒技术产业化进程。培育明星企业和产品，促进智媒产业结构优化，打通全传播链条和全产业链条。

## 3. 不断加强智媒治理

研究与预判人工智能媒体发展潜在的技术和社会伦理风险，与时俱进地提高人工智能媒体治理水平。以法律法规为治理基础，推进人工智能立法，实现智能媒体依法治理。以人工智能技术作为治理保障，充分利用前沿技术，探索智能媒体技术治理。以人工智能伦理作为社会补充，强化人工智能伦理的道德约束效用，营造智能媒体先进文化。通过法律规范建设趋利避害，保护数字时代每一个个体，特别是弱势群体的合法权利。

## 4. 参与制定国际规则

紧跟国际产业技术发展前沿，积极参与国际规则的制定。通过实地调研和跨国研讨，探索建立国际通行的智能媒体评价指标体系，提供国际交流对话的基础。通过鼓励产业发展与技术输出，提升在国际市场产业链的地位与市场份额，抢占全球智能媒体技术与行业标准制定的话语权。通过鼓励举办国际展会与学术交流的形式，扩大产业的国际影响。通过主张发起和设立全球智能媒体治理的国际学术和行业组织，引导全球智媒产业发展走向。

# （二）媒体对策

## 1. 始终坚持人文主导

作为媒体机构，在人工智能时代需要在经营管理中突出人文情怀，坚持以人为本的价值取向。清晰地定位人与技术的角色，厘清两者的关系，即人工智能赋能人，而不是取代人。在机器算法的设定中要体现人的核心价值，关注人作为独立个体的切实需求。既要充分利用技术拓展新闻的广度和精度，更要充分体现媒体的温度。

### 2. 合理布局重点领域

根据业务发展规划和实际需求，在重要的业务环节和领域合理布局。充分提升媒体的信息处理能力，在数据采集、整合、转化与分析等方面寻求突破。谋求内容呈现形式的创新，将可视化呈现、跨媒体叙事、智能化合成、界面式革命等方面作为增强吸引力的重点。关注现阶段的智能分发环节，通过优化算法，实现基于兴趣、社群、场景和价值的精准分发。此外，对于传播的效果评估和用户反馈也要予以重视，通过建立实时反馈渠道，基于数据勾勒用户画像，了解用户的社会情绪、社会行为、社会关系，优化内容的传播效果。

### 3. 全力提供优质内容

优化内容生产的环节与技术，提升内容的质量。在内容生产的创意、策划、写作、互动等环节，坚持由人主导。在议题设置方面坚持价值导向，在信息过载的社会环境下多做信息减法，努力实现"少即是多"的效果。制定科学有效的信息食谱，实现营养均衡的信息供给，保证内容来源和类型的多样性，有规律地调节内容供应数量，提升用户信息接触的质量。

### 4. 创新拓展媒体服务

创新媒体机构的服务形式，拓展媒体机构服务的边界。一是基于实时场景的智能媒体服务，利用 AR、VR 等智能终端，为用户提供场景化的智媒服务。二是基于历时数据的智能媒体服务，利用媒体的数据库，为用户提供最优的智媒服务。三是基于用户关系的智能媒体服务，利用人工智能技术收集用户数据，为用户提供基于用户画像和用户关系的智媒服务。四是基于垂直领域的智能媒体服务，利用在特定领域的技术与内容优势，为用户提供差异化的智媒服务。

## （三）公众对策

### 1. 提升智能媒体素养

强化自我学习的意识，充分利用有利的客观条件提升个体理解、认识和使用智媒的能力。通过各种现有渠道如社交媒体、传统媒体等，积极获取智能媒体信息，强化对于智媒的理解。主动尝试和学习，努力提高个体的智媒使用技能。透过经验积累和交流，多角度和多维度地逐步培养批判能力，从而关注智媒背后的政治、经济、文化、技术等因素的作用。

### 2. 强化权利保护意识

关注自我权利的保护，努力提升自我的风险意识。强化作为用户的主动性和自觉意识，增强智媒时代的个体主体性意识。主动了解自身和他人合法权益，并形成对潜在的隐私和伦理道德等风险的基本认知。注重个人的信息安全，特别是隐私保护，在遭受不公待遇或者合法权益受到侵犯时，能够积极调动包括法律手段在内的一切社会资源，采取必要的手段保护自身权益。

### 3. 形成正确智媒观念

树立积极的智媒导向意识，培育正确的智媒观念。警惕智媒时代逐渐复苏的技术决定论，防止过分的技术导向，坚持人与技术的互相影响和和谐共生。用户应当在内容生产和消费等方面充分发挥人的主动性，拒绝任何形式的以偏概全或者一元论。倡导理性克制的人机关系论，避免向技术的过分倾斜，杜绝技术对个人意识的侵蚀。在充分利用技术提升生活、工作便利性的同时，注重个人的权利，促进便捷性与自主性的适度平衡。

### 4. 追求理性使用行为

提倡对智媒技术的理性使用，培养健康的使用习惯。避免智媒技术在日常生活中的过度入侵，避免信息沉溺行为。有意识地培养对智媒技术的理性认知，抵制一切形式的技术依赖。特别是智媒时代，更加强调对用户数据的收集与分析，公众有必要对数据分享保持谨慎的态度，反对过度连接对个人空间的侵占。

## 二、全球数字鸿沟的弥合之路

数字鸿沟及其相关的社会不平等现象在不同国家和地区及其内部的不同区域

和群体中存在多维度的具体表现。弥合数字鸿沟，解决数字不平等问题，需要广泛借鉴国际社会的经验与成效。目前，国际组织和世界各国正在弥合数字鸿沟上展开积极尝试，努力改变数字不平等的现状，这对于重构新型世界传播秩序具有重要意义。

## （一）国际组织弥合数字鸿沟的经验与成效

### 1. 开展对话沟通，共商鸿沟议题

尽管世界上的大部分国家和地区已实现移动宽带网络的覆盖，但是仍然有 4.5 亿人生活在移动宽带尚未覆盖的地区。被数字技术排斥在外的人群无法获得基础的信息服务和数字资源，尤其当全球性卫生健康事件阻隔现实空间和社会交往时，基于信息和传播技术的工作、学习、医疗显得格外重要。2021 年，联合国商议提出《全球数字契约》这一全球性合作行动建议，引导世界各国共同关注数字鸿沟和数字发展的不平等现象。广泛的对话和沟通是未来切实开展行动的第一步，为弥合数字鸿沟，构建开放、自由、平等、安全的互联网格局奠定基础。[①]

在《全球数字契约》的现有提案中，数字人权是备受关注的领域。数字人权强调将获得普遍的互联网连接视为人们的基本权利。如何从国际层面为经济发展落后的国家和地区提供援助，推动建设无障碍、可负担的技术设备，满足落后国家和地区人民对实现互联互通的发展需求，成为保障数字人权的重点方向。目前，中国互联网协会互联网治理工作委员会已向联合国技术事务特使办公室提交建言，从加强数字连接、避免互联网碎片化、保障网络人权、促进数据保护等方面提出了中国方案。[②]

### 2. 建设数字图书馆，增进精神文化福祉

国际图联呼吁各国政府加大对公共图书馆的投资，帮助全球人民获得数字化

---

① 世界互联网大会联合 15 家单位向联合国提交《全球数字契约》提案［EB/OL］.（2023-04-24）［2023-05-17］. https://mp.weixin.qq.com/s/l-ZwwkkdvtZU4OpvkYdpaA.

② China IGF Input to the Global Digital compact.［EB/OL］.（2023-05-17）［2023-06-01］. https://www.un.org/techenvoy/sites/www.un.org.techenvoy/files/GDC-submission_China-IGF_0.pdf.

信息。《国际图联－联合国教科文组织公共图书馆宣言》表示，信息、扫盲、教育、包容应当是公共图书馆服务的核心内容，国家需要通过提供公共文化服务来共同应对全球数字鸿沟，促进数字包容。[①]2023 年 1 月，《国际图联趋势报告》2022年更新版发布，围绕国际图联"激励、参与、赋能、连接"这四大使命提出了针对性建议[②]，尤其是借助数字技术提供服务，确保所有人在人生各个阶段都能持续、自愿、自主地追求科学知识，共享研究成果和健康信息。各国在国际图联的倡导下积极展开行动，如芬兰在公共图书馆建设过程中进行全方位尝试，从提高数字接入率、提升人民数字技能、为弱势群体提供数字支持等方面，推动数字社会包容发展。[③]

完善数字图书馆的建设，提供优质的公共文化服务，不仅能够满足公众基本的精神文化需求，而且能够推动普惠型数字社会的发展，尤其是帮助社会弱势群体获取公共服务和信息资源，填平知识沟和教育沟。

### 3. 提升数字素养，共享数字发展红利

世界银行在 2016 年发布了以数字红利为主题的《世界发展报告》，并在报告中正式提出数字红利（digital dividend）的概念。[④]数字红利是随着互联网的广泛应用而产生的发展效益。部分发展中国家和地区的数字鸿沟并没有因现代通信设备的发展而弥合，这是因为在同等技术条件下，不同社会群体所具有的数字素养不同，由此带来的数字红利转化率也不同。

欧盟致力于改变数字素养发展不均衡的状况，推动共享数字红利，将提升数字素养作为提升公众素质的基本要求，将数字能力列为公众终身学习能力的八大关键要素之一。早在 2000 年，欧盟就制定了"教育与培训 2010 计划（ET2010）"，认为数字素养框架包括五个素养域：信息域、交流域、内容创建域、

① 吴建中. 国际图联／联合国教科文组织公共图书馆宣言 2022［J］. 中国图书馆学报，2022（6）：126-128.
② 屠淑敏，殷叶玲，胡洋，等.《国际图联趋势报告》2022 更新版［J］. 图书馆研究与工作，2023（3）：5-14.
③ 杨乃一. 未成年人阅读素养培育模式研究——以芬兰"快乐阅读项目"为例［J］. 图书情报知识，2021（2）：48-57.
④ 胡鞍钢，王蔚，周绍杰，等. 中国开创"新经济"——从缩小"数字鸿沟"到收获"数字红利"［J］国家行政学院学报，2016（3）：2，4-13.

安全意识域、问题解决域。① 此外，欧盟在 2022 年完成了"欧洲公民数字能力框架 2.2 版"（DigComp 2.2）的制定，旨在帮助公民安全、批判地使用数字技术和人工智能驱动的新型技术。② DigComp 2.2 为欧洲国家描述公众数字能力提供了通用标准，也为国际社会提供了参考框架。欧洲国家政府除了扮演基础设施开发者、服务提供者的角色之外，还是数字素养的引导者、教育框架的制定者，与教育机构和社会组织共同发挥作用。

### 4. 提升互联网使用率，促进教育智能化

大数据、区块链、人工智能等前沿科技能够促进教育信息化，提升教育公平性。2015 年，联合国教科文组织提出"教育 2030"目标，向世界发出"通过信息技术实现教育 2030"倡议。③ "教育 2030"是在数字时代下对全民教育理念的响应和延伸，不仅能够带动和加快发展中国家的数字基础设施建设，而且从长远来看，能够推动教育的智能化、数字化转型，为全球教育模式改革提供借鉴。

此外，联合国教科文组织的全民信息计划（Information for All Programme, IFAP）是联合国教科文组织为缩小全球信息鸿沟、实现全民信息社会而启动的政府间项目，旨在促进全球范围内的信息普及与共享，推动包容性社会和知识型社会的建设。在全球数字化转型的时代背景下，该计划涉及信息素养、信息伦理、信息获取、信息促进发展等重点领域④，旨在通过提升社会各类人群获取、分析和使用信息及知识的能力，促进全民和全社会的发展。

### 5. 关切性别数字鸿沟，促进数字社会公平

近年来，随着数字技术的广泛发展和应用，在全球范围内的数字性别不平等现象逐渐引发关注。女性的数字技术接入、使用，以及从数字技术中获益的水平

---

① 许欢，尚闻一. 美国、欧洲、日本、中国数字素养培养模式发展述评［J］图书情报工作，2017（16）：98-106.

② 刘晓峰，兰国帅，杜水莲，等. 迈向教育数字化转型的欧盟四版公民数字能力框架：演进、比较、特点和启示［J］现代远距离教育，2023（3）：66-79.

③ 石雪怡. "教育 2030"背景下联合国教科文组织促进教育信息化的动力、策略和行动［J］中国远程教育，2023（5）：24-34.

④ 中国科学技术信息研究所致力于联合国教科文组织全民信息计划中国培训［J］中国科技资源导刊，2017（3）：112.

显著低于男性。2017 年,G20 峰会首次提出"弥合性别数字鸿沟"[①],随后一系列重要国际会议揭示了女性在数字时代的劣势,呼吁缩小性别数字鸿沟,主张重视女性的数字权利。

2023 年,联合国妇女地位委员会(Commission on the Status of Women, CSW)第 67 届会议将主题定为"数字化时代的创新、教育与技术变革·推动实现性别平等和赋权妇女与儿童"。会议强调在性别领域优先考虑数字公平的必要性,要促进性别平等的数字化转型。此外,联合国秘书长古特雷斯(Guterres)在会议上呼吁,各国要从"提升妇女和女孩教育、收入与就业""促进妇女和女孩对科学技术的参与与领导""为妇女和女孩创造安全的数字环境"这三方面采取行动。[②]

## (二)世界各国弥合数字鸿沟的经验与成效

### 1. 推动乡村数字化转型,实践数字经济赋能

当前,以城乡发展不平衡为核心的数字发展问题是全球社会共同面对的问题。倘若忽视农村等欠发达地区的数字鸿沟问题,城乡间的数字化发展差异将进一步拉大,制约城乡共享数字红利和技术福祉。

中国自 2016 年以来致力于弥合城乡间的数字鸿沟,目前已收获明显成效。中央网信办、国家发改委、国务院扶贫办在 2016 年 10 月联合印发《网络扶贫行动计划》,旨在通过多部门协同攻关,构筑一套适配我国农村和欠发达地区的数字化支持体系。[③]迄今为止,计划分阶段开展:第一,为农村和欠发达地区提供普惠包容的网络基础设施,解决互联网接入困难,保障数字可及性和网络可负担性;第二,形成数字技术和数字产业的双循环,通过政府引导产业的数字化转型,实现网络化、数字化、智能化技术为特色农村产业赋能,并以经济发展所得投资当地的信息技术建设;第三,"数字扶贫"与"数字扶智"接续开展,面向农村

① 闫广芬,田蕊,熊梓吟,等. 面向 5G 时代的"数字性别鸿沟"审视:成因与化解之策——OECD《弥合数字性别鸿沟》报告的启示 [J]. 远程教育杂志,2019(5):66-74.
② 朱唐. 数字包容:创新和技术推动性别平等 [N]. 中国社会科学报,2023-04-10.
③ 中华人民共和国国务院新闻办公室. 网络扶贫行动计划 [EB/OL].(2016-10-27)[2023-05-17]. http://www.scio.gov.cn/xwfbh/xwbfbh/wqfbh/35861/36885/xgzc36891/Document/1557441/1557441.htm.

基层干部、居民开展互联网能力培训活动，通过推广农村地区的互联网在线教育、互联网医疗问诊等，以数字技术赋能农村和欠发达地区的公共服务体系，助力农村居民共享数字红利。中国解决城乡数字发展不平衡问题的阶段性举措，可为其他面临同样问题的国家提供经验参考。

### 2. 有效制衡算法权力，实现数字社会公平

算法在提供便捷的同时，也存在导致算法偏见的风险。算法歧视会加深社会偏见，固化社会阶层，加速社会分化，甚至引发"算法暴政"，带来新一轮的社会伦理问题，加剧社会不平等现象。因此，有效制衡算法权力是解决数字不平等、弥合数字鸿沟的必要举措。

美国在有效制衡算法权力方面进行了一些尝试。美国各州的相关立法和司法实践在应对算法权力问题时，采用原则性规制和特定性规制并行的举措。① 原则性规制是一种事前规制，即通过既有的法律框架来对算法歧视行为进行管制，例如算法工程师在设计算法程序时，需要遵守有关社会公平的法律。特定性规制针对的是算法歧视的具体问题，例如对高风险算法进行制约，当算法内容涉及个人隐私偏好、种族肤色、政治观点、宗教身份等，算法程序需要详尽说明算法运行过程，实现算法数据的最小化使用和隐私保护。上述举措从司法审查、法律规制的角度力求使算法运行在社会公平的框架内，以实现政府和社会对算法的有效监督和治理，避免算法权力失衡。

### 3. 提升政务服务效能，构建数字政治公平

在电子政务建设和数字公平治理领域，新加坡走在世界的前列。一方面，新加坡加强电子政务的体系化建设，实行整体性政府的理念，用户通过同一个口令、域名、邮箱登录政府网站，便能享受在线政务服务，这有助于减少用户在使用在线政务服务时的烦琐程序，提升电子政务服务的效率。另一方面，新加坡政府对通信基础设施、社会经济状况、知识教育水平受限的群体采取针对性举措，例如开设公民联络中心（Citizen Connect Centre，CCC），优化上网界面，开通人机

---

① 於春. 算法、权力与治理：智能时代美国新闻自由与民主政治的反思［J］当代世界与社会主义，2022（3）：117—122.

对话，开展智能服务，为社会低收入群体、老年群体、残障群体等提供指引和帮扶，以最大限度弥合不同群体间的数字鸿沟，构建普惠包容的智慧国家。①

中国在数字政府改革方面也取得了显著成效。例如，浙江省从 2016 年开始探索"最多跑一次"改革，践行"让数据跑代替老百姓跑"的理念，使政务服务网成为政府行政的"大脑"，广大市民只需到责任部门"一窗受理"，即可获得后台各部门间数据共享、系统对接后提供的集成服务。行政服务办事大厅、政务服务网、自助终端机，以及政府服务 App 的无缝对接，不仅提升了政府的办事效率，降低了公众的办事成本，更撬动了跨部门的流程再造，倒逼政府简政放权，推动经济社会体制全面深化改革，形成了基于"互联网＋政务服务"的整体性政府改革模式。②

### 4. 关注老年群体福祉，寻求数字代际公平

积极老龄化是指提升老年人生命质量，使老年人充分利用各种机会追求健康、参与、保障的过程，主张老年群体平等享有社会机会的权利，倡导老年人回归社会。③ 不论是线上社会互动和信息获取，还是社会生活服务和电子商务交易，老年人均面临数字排斥的风险。因此，银发数字鸿沟（grey digital divide）是人口老龄化时代全球社会迫切需要关注的公共性议题。

世界银行在 2014 年提出要建立数字包容的老龄化社会。④ 美国在数字包容理念的引导下，注重从老年人数字素养培育、适老智能产品开发、智慧养老模式探索等领域弥合银发数字鸿沟。在数字素养提升方面，美国着力弥合老年人在互联网知识和技能上的鸿沟，例如向老年人普及如何收发电子邮件、进行在线交易及判断交易安全性等知识。在智能产品开发方面，关注老年人对生活服务和社会交往的需求，通过提供更大的字体、更高的色彩对比度、更简洁无干扰的页面设

① 张新平，周艺晨，杨帆. 数字法治政府建设：新加坡政府经验及其启示 [J] 行政管理改革，2023（3）：66-75.
② 郁建兴，高翔. 浙江省"最多跑一次"改革的基本经验与未来 [J] 浙江社会科学，2018（4）：76-85.
③ 宋全成，崔瑞宁. 人口高速老龄化的理论应对——从健康老龄化到积极老龄化 [J] 山东社会科学，2013（4）：36-41.
④ 杜鹏，韩文婷. 互联网与老年生活：挑战与机遇 [J] 人口研究，2021（3）：3-16.

计等手段，改善该群体的数字媒介使用体验。① 在生活医疗和智慧养老方面，利用物联网技术搭建老年人移动医联网，为他们提供远程送药、医疗护理、健康监测等多维服务。②

中国在积极应对人口老龄化和丰富老年群体数字生活方面也做出了积极尝试。《"十四五"国家老龄事业发展和养老服务体系规划》中明确提出，要建设满足老年人需求的智慧社会。③此后，致力于弥合老年数字鸿沟的政策文件陆续出台，力求从日常出行、医疗卫生、网络安全、数字素养等维度弥合老年数字鸿沟，通过简化网络服务程序、强化网络安全保障、优化适老智能服务等手段，为老年群体营造包容度和便捷度更高的数字社会环境。

## （三）构建网络空间命运共同体的中国方案

面对复杂的全球性问题，任何国家都不能独善其身，建立共同体是人类社会发展的重要目标。人类命运共同体理念是基于马克思主义理论、中国传统文化资源以及中国特色大国外交理念而提出的。2011 年,《中国的和平发展》白皮书指出，"不同制度、不同类型、不同发展阶段的国家相互依存、利益交融，形成'你中有我、我中有你'的命运共同体"④。党的十八大报告指出，"合作共赢，就是要倡导人类命运共同体意识，在追求利益时兼顾他国合理关切，在谋求本国发展中促进各国共同发展，建立更加平等均衡的新型全球发展伙伴关系，同舟共济，权责共担，增进人类共同利益"⑤。党的二十大报告更进一步指出，"构建人类命运共同体是世界各国人民前途所在"，并将"推动构建人类命运共同体"列为中国式现代化

---

① 杨巧云，梁诗露，杨丹. 数字包容：发达国家的实践探索与经验借鉴［J］情报理论与实践，2022（3）：194-201.

② 周煜. 智能化时代美国老年数字鸿沟的现状与启示［J］国外社会科学，2022（6）：100-114，198.

③ 中华人民共和国中央人民政府网. 国务院关于印发"十四五"国家老龄事业发展和养老服务体系规划的通知［EB/OL］（2022-02-21）［2023-05-17］. https://www.gov.cn/zhengce/content/2022-02/21/content_5674844.htm.

④ 中华人民共和国国务院新闻办公室. 2011 年中国政府白皮书汇编［M］. 北京：人民出版社，2011.

⑤ 胡锦涛. 坚定不移沿着中国特色社会主义道路前进 为全面建成小康社会而奋斗——在中国共产党第十八次全国代表大会上的报告［J］. 前线，2012（12）：6-25.

的本质要求之一。<sup>①</sup> 人类命运共同体标志着一种"既能手拉手又能心连心"的新世界主义<sup>②</sup>，为推动国际社会发展、世界文明进步提供中国智慧。

网络空间命运共同体是指"在互联网空间里存在的，基于世界各国彼此之间相互依存、相互联系、共同掌握网络空间的前途与命运特征的团体或组织，其中包括有形的共同体和无形的共同体"<sup>③</sup>。当下，数字技术与世界各国的安全、发展紧密相关，人类利益一体，各国命运相连。全球百年未有之大变局迫切呼吁各国形成权责共担、发展共享的命运共同体关系。在全球化发展现状面前，任何国家和民族都不能独享数字文明成果，同样也无法独自应对数字全球化的风险与挑战。因此，网络空间命运共同体由人类命运共同体发展而来，构成人类命运共同体的逻辑拓展<sup>④</sup>，成为中国应对全球数字鸿沟问题、实现全球数字平等的核心战略。

### 1. 网络空间命运共同体的核心概念

面对不同国家、地区间的数字鸿沟问题，以及国际互联网空间中发展不平衡、规则不健全、秩序不合理等现状，在 2015 年的第二届世界互联网大会上，习近平主席首次正式提出"共同构建网络空间命运共同体"的提议，并主张：加快全球网络基础设施建设，促进互联互通；打造网上文化交流共享平台，促进交流互鉴；推动网络经济创新发展，促进共同繁荣；保障网络安全，促进有序发展；构建互联网治理体系，促进公平正义。<sup>⑤</sup> 在 2022 年的世界互联网大会乌镇峰会上，习近平主席在贺信中强调，需要"加快构建网络空间命运共同体，为世界和平发展和人类文明进步贡献智慧和力量"。"构建网络空间命运共同体"是在人类命运共

---

① 中华人民共和国中央人民政府网. 习近平：高举中国特色社会主义伟大旗帜 为全面建设社会主义现代化国家而团结奋斗——在中国共产党第二十次全国代表大会上的报告［EB/OL］（2022-10-25）［2023-05-17］. https://www.gov.cn/xinwen/2022/10/25/content_5721685.htm.

② 邵培仁，许咏喻. 人类命运共同体思想的历史超越性及实践张力——以新世界主义为分析视角［J］. 中国出版，2018（1）：5-9.

③ 林伯海，刘波. 习近平"网络空间命运共同体"思想及其当代价值［J］. 思想理论教育导刊，2017（8）：35-39.

④ 陈健，龚晓莺. "一带一路"沿线网络空间命运共同体研究［J］. 国际观察，2017（5）：60-73.

⑤ 习近平. 习近平在第二届世界互联网大会开幕式上的讲话［EB/OL］（2015-12-16）［2023-05-17］. http://www.xinhuanet.com//politics/2015-12/16/c_1117481089.htm?from=timeline.

同体理念范畴之内的深化和发展[①]，是中国执政党和政府应对数字鸿沟和数字不平等问题的新思路、新理念、新战略，对推动人类文明共同进步具有重要意义[②]。

自首次被提出以来，网络空间命运共同体理念已逐渐形成了丰富的思想内涵和完备的体系。网络空间命运共同体的核心概念包括三方面：以尊重网络主权为基本原则[③]，以"共商共建共享"为行动路径，以实现共同体为长远追求[④]。

尊重网络主权是构建网络空间命运共同体的基本原则。《联合国宪章》在颁布之初便确立了各国主权平等的原则。尊重网络主权平等是主权平等原则在网络空间中的延伸。2022年11月，中华人民共和国国务院新闻办公室发布的《携手构建网络空间命运共同体》白皮书强调：应尊重各国自主选择网络发展道路、治理模式和平等参与网络空间国际治理的权利；各国有权根据本国国情，借鉴国际经验，制定有关网络空间的公共政策和法律法规；任何国家都不能搞网络霸权，不利用网络干涉他国内政，不从事、纵容或支持危害他国国家安全的网络活动，不侵害他国关键信息基础设施。[⑤]因此，尊重网络主权独立、平等，坚持各国开放、合作的态度，是构建网络空间命运共同体理念的基本原则。

"共商共建共享"是构建网络空间命运共同体的行动路径。习近平主席强调，要"践行'共商共建共享'的全球治理观，动员全球资源，应对全球挑战，促进全球发展"。[⑥]网络技术的本质在于信息的互联互通，在于将物理空间位置上分散的个体纳入整体性的网络关系。践行"共商共建共享"的治理路径，就是要加强国际多边参与和政府间多方合作，以尊重各国网络主权安全为前提促进平等协商，

---

① 丁柏铨. "网络空间命运共同体"及其传播学解读［J］. 新闻与写作，2016（2）：50-54.

② 林伯海，刘波. 习近平"网络空间命运共同体"思想及其当代价值［J］. 思想理论教育导刊，2017（8）：35-39.

③ 习近平. 习近平在第二届世界互联网大会开幕式上的讲话［EB/OL］.（2022-10-25）［2023-05-17］. http://www.xinhuanet.com//politics/2015-12/16/c_1117481089.htm?from=timeline.

④ 李爱敏. "人类命运共同体"：理论本质、基本内涵与中国特色［J］. 中共福建省委党校学报，2016（2）：96-102.

⑤ 中华人民共和国国务院新闻办公室网. 《携手构建网络空间命运共同体》白皮书（全文）［EB/OL］.（2022-11-07）［2023-05-17］. http://www.scio.gov.cn/zfbps/32832/Document/1732898/1732898.htm.

⑥ 习近平. 在庆祝中国国际贸易促进委员会建会70周年大会暨全球贸易投资促进峰会上的致辞［N］. 人民日报，2022-05-19（2）.

增加发展中国家在全球互联网治理中的发言权。"共商共建共享"解决的是谁来治理、如何治理、为谁治理的问题，最终目标指向构建人类命运共同体。

共同体是构建网络空间命运共同体的长远追求。德国社会学家滕尼斯（Tönnies）在《共同体与社会》中提出了共同体的概念，即依靠自然情感而密切交往的有机团结体，并认为共同体才是真正的共同生活。① 由此可见，共同体体现了人与人之间相互依存、密不可分的生存状态和发展状态，拥有共同的价值追求与行为规范，是基于价值、情感、信念的相互认同。传统意义上的共同体通常追求族群等局部团体的利益最大化，而网络空间命运共同体则追求全人类利益的"最大公约数"。构建网络空间命运共同体就是要营造普惠包容、合作共赢的国际互联网环境，让互联网发展的成果更好造福全人类。

以尊重网络主权为基本原则，以"共商共建共享"为行动路径，以共同体为长远追求，这三者形成网络空间命运共同体核心概念的重要支撑。构建网络空间命运共同体是人民性与人类性、规律性与能动性、科学性与实践性三方面的辩证统一②，是中国面对国际互联网格局演变发展做出的历史选择，为全球迎接共同挑战、开辟共享机遇提供了思想指导和实践引领。

## 2. 网络空间命运共同体的基本理念

在构建网络空间命运共同体的过程中，中国所扮演的角色是全球性方案的提供者和行动者。网络空间命运共同体不仅为解决全球互联网难题提供了中国方案，而且承载着全球网民对互联网空间的共同期待。③ 网络空间命运共同体的基本理念包含主权平等④、互惠合作⑤和创新发展⑥三个方面。

---

① 滕尼斯. 共同体与社会 [M]. 林荣远，译. 北京：商务印书馆，1999.
② 袁莎. 网络空间命运共同体：核心要义与构建路径 [J]. 国际问题研究，2023（2）：26-41，123.
③ 邵培仁，许咏喻. 新世界主义和全球传播视域中的"网络空间命运共同体"理念 [J]. 浙江大学学报（人文社会科学版），2019（3）：97-107.
④ 王钰鑫. 习近平网络空间命运共同体思想的生成、内涵与构建路径 [J]. 广西社会科学，2018（6）：6-11.
⑤ 吴志远. 离散的认同：网络社会中现代认同重构的技术逻辑 [J]. 国际新闻界，2018（11）：112-134.
⑥ 张绍荣，代金平，张晓歌. 习近平的网络安全治理观 [J]. 重庆邮电大学学报（社会科学版），2017（5）：7-15.

首先是主权平等。主权平等是构建网络空间命运共同体理念的必要前提。世界各国都平等拥有参与国际规则制定、构建网络空间秩序的权利。搭建全球性的网络空间命运共同体需要世界各国形成相互尊重、互相理解的数字文明发展关系，尤其需要尊重国际网络空间中的国家主权平等，尊重他国自主选择的网络发展道路、网络管理模式，确保网络空间的未来发展成果由各国共同享有，给予发展中国家在国际网络治理中更多的发言权。

其次是互惠合作。从现有人类社会历史发展的客观规律来看，只有加强互惠合作，修复国家主体间的对话信任体系，重构合作互惠模式，才能打破世界各国之间的隔阂，促进人类社会的繁荣进步。互联网空间是人类的共同家园，互惠合作不仅是未来网络社会发展的应有之义，而且是网络命运共同体的重要理念。网络空间命运共同体主张通过多边参与、多方协同，完善网络空间的对话协商机制，加强各国之间的互惠合作，尤其帮助广大发展中国家和数字技术落后的国家共享数字技术的发展成果。

最后是创新发展。习近平主席曾在二十国集团工商峰会开幕式上指出，创新是从根本上打开增长之锁的钥匙。以互联网技术为核心的新一轮科技革命和产业革命蓄势待发，人工智能等新兴技术日新月异，技术革新为人类的生产方式和生活方式带来了革命性变化。追求创新发展，才能带动互联网技术和相关产业迭代升级，才能缩小各国之间的信息鸿沟和数字鸿沟，进一步解决全球发展不平衡问题，逐渐迈向全球数字平等。

### 3. 构建网络空间命运共同体的中国实践

网络空间命运共同体是人类命运共同体的重要组成部分，构建网络空间命运共同体是信息时代人类社会的必然选择。[①] 我国积极践行网络强国建设，互联网发展质量获得显著提升，5G、区块链、元宇宙、人工智能等技术快速发展，赋能经济产业发展、社会公共服务和人民日常生活，推动构建更加平等的数字社会。面对国际网络空间不平衡发展的挑战，我国用实际行动向国际社会阐释网络空间命运共同体理念，呼吁各国在独立自主、相互尊重的基础上，共同参与全球网络

---

① 中华人民共和国国务院新闻办公室网.《携手构建网络空间命运共同体》白皮书（全文）[EB/OL]（2022-11-07）[2023-05-17]. http://www.scio.gov.cn/zfbps/32832/Document/1732898/1732898.htm.

治理，共同应对网络安全风险，积极开展国际交流合作，促进各国共享数字技术的机遇与成果，携手共建网络空间命运共同体，为全球数字技术发展、世界和平发展、人类文明进步提供中国方案。

（1）助力发展中国家的网络设施建设和数字公共服务

网络文明发展是人类文明共同进步的重要标志。中国着力推动互联网发展的成果惠及国际社会，尤其是助力发展中国家和地区的网络建设。针对发展中国家和地区数字基础设施建设滞后的问题，中国通过加强与各国网络的互联互通、提供网络技术支撑与专业技术人员等方式，为发展中国家和地区搭建国际交流平台、提供力所能及的支持，实现数字红利共享和网络文明互鉴。

习近平在2017年的"一带一路"国际合作高峰论坛开幕式中提出搭建21世纪"数字丝绸之路"（简称"数字丝路"）的倡议，以"数字丝路"带动沿线国家数字基础设施建设和数字经济的快速发展。"数字丝路"通过建设网络基础设施、增强信息产业交流、普及信息网络应用等手段，有效提升沿线发展中国家的信息化服务水平，加强沿线各国在信息化、数字化建设等方面的交流合作。"数字丝路"不仅是"一带一路"倡议的有机组成部分，而且是构建网络空间命运共同体的重要路径。①

此外，中国广泛展开与美国、欧盟等发达国家和地区间的数字技术研发合作，并为广大发展中国家提供先进的数字技术支持和数字人才资源，促进不同制度、不同地区、不同民族在数字技术领域的协同发展。中阿数字图书馆向中国和阿拉伯国家联盟各国提供数字资源和文化服务，增进教学服务与信息交流，推动网络文化的交流与互鉴。2021年6月，亚太经合组织数字减贫研讨会在亚太经合组织（APEC）框架下发起，在中国贵州省贵阳市举办。此次研讨会旨在为深化亚太各国数字减贫合作提供交流平台，通过共同推进包容性数字社会，降低贫困程度，提升生活水平，让互联网发展的成果普惠亚太地区人民。

（2）搭建多形式、多渠道、多层次的国际交流平台

中国秉持"共商共建共享"的原则，着力搭建多形式、多渠道、多层次的国际交流平台。世界互联网大会就是中国在这方面为全球社会和国际互联网发展提供的公共产品，被时任互联网名称与数字地址分配机构（ICANN）总裁的法

---

① 李海敏. "数字丝路"与全球网络空间治理重构［J］. 国际论坛，2019（6）：15-29，155-156.

迪·切哈德（Fadi Chehadé）誉为互联网发展历史上的里程碑。

　　世界互联网大会的总体目标在于为中国与世界各国实现互联互通、与全球互联网实现共治共享搭建平台。① 自 2014 年以来，中国每年举办世界互联网大会，邀请国际组织、各国政府、互联网企业、行业协会、国际智库等代表参加，共同商议世界互联网发展大计，共谋全球网络空间的未来前景，进一步促进世界各国在互联网领域的交流与合作，落实构建网络空间命运共同体的理念。2020 年，由世界互联网大会组委会发布的《携手构建网络空间命运共同体行动倡议》提出，"坚持以人为本、科技向善，缩小数字鸿沟，实现共同繁荣"，把网络空间建设成"造福全人类的发展共同体、安全共同体、责任共同体、利益共同体"。②

　　2022 年世界互联网大会乌镇峰会的主题为"共建网络世界　共创数字未来——携手构建网络空间命运共同体"。会议发布《世界互联网发展报告 2022》蓝皮书，由中国网络空间研究院牵头，由国内外互联网领域高端智库及研究机构专家共同编纂完成。蓝皮书从基础设施、产业发展、创新能力、网络安全等 6 个维度对五大洲具有代表性的 48 个国家和地区进行了分析，对国际社会中复杂的网络环境、各国在数字技术方面的发展成果进行了客观考察，为弥合全球数字鸿沟、增进全球数字平等、重建国际传播秩序提供了智力支持。

　　（3）推动全球互联网空间治理体系变革

　　互联网治理是全球治理的重要议题，是构建网络空间命运共同体的现实路径。当下，国际网络空间中仍然存在着诸多问题，如跨国网络犯罪、网络恐怖主义、网络黑客攻击以及网络战等，给国家安全与发展造成严峻挑战。③ 中国积极推动全球网络空间治理体系变革，通过制定、实施全球和地区的治理规则来实现和平与发展的目标，维护网络空间安全。

　　在全球互联网空间治理中，中国"不搞网络霸权，不干涉他国内政，不从事、不纵容或支持危害他国国家安全的网络活动"④，始终主张在独立自主、相互尊重的基础上实现"互联互通，共治共享"，维护各国网络主权原则，建立对话协商

① 李彦，曾润喜. 中国参与国际互联网治理制度建构的路径比较［J］当代传播，2019（5）：97-102.
② 中央网络安全和信息化委员会网. 携手构建网络空间命运共同体［EB/OL］（2022-11-07）
　　［2023-05-17］http://www.cac.gov.cn/2022-11/07/c_1669457523014880.htm.
③ 郎平. 网络空间安全：一项新的全球议程［J］国际安全研究，2013（1）：128-141，159-160.
④ 习近平. 在第二届世界互联网大会开幕式上的讲话［J］人民日报，2015-12-17（2）.

机制，革新网络空间治理规则①，就互联网发展领域开展更加深入的国际交流与
合作，促进世界各国深度参与全球网络治理，以协商对话促进国际沟通，以文明
互鉴推动世界文化繁荣，最终共同携手构建网络空间命运共同体。为推动构建全
球网络治理新秩序和网络空间命运共同体，中国在制定网络空间国际规则、开展
国际对话合作等方面积极贡献中国智慧和中国方案。

在制定网络空间国际规则方面，中国维护以联合国为核心的国际体系，支持
联合国发挥主渠道作用，维护以《联合国宪章》为基础的国际关系基本准则，助
力联合国达成"网络空间负责任国家行为框架"②，支持联合国制定打击网络犯罪
的全球性、普遍性公约，参与联合国教科文组织《人工智能伦理问题建议书》的
制定，就网络域名规则、网络域名争议解决开展合作。

此外，中国广泛参与区域性的网络治理规则制定。除了与美、欧、俄等网络
空间大国及地区探索多边、双边的合作形式，我国还于 2021 年 3 月与阿拉伯国
家联盟发表《中阿数据安全合作倡议》，在 2022 年 6 月与中亚五国拟定《"中国
＋中亚五国"数据安全合作倡议》，为推动国际区域间的网络安全合作提供蓝本。③
中国推动并签署《区域全面经济伙伴关系协定》，围绕在线消费者保护、数据跨
境流动、区域网络安全、知识产权保护等方面形成规则，为全球电子商务国际规
则的制定提供实践样本。④

### 4. 建构网络空间命运共同体的未来路径

网络空间命运共同体倡议是中国基于国际关系发展格局、信息技术发展趋势、
数字经济发展要求等现状，所提出的国际网络空间治理的理念、思路和方案。为
构建网络空间命运共同体，未来中国需要进一步推动技术革新、广泛凝聚共识、
加强文明互鉴和提升国际话语权。

---

① 阙天舒，李虹. 网络空间命运共同体：构建全球网络治理新秩序的中国方案［J］当代世界与社
　会主义，2019（3）：172-179.
② 黄志雄. 网络空间负责任国家行为规范：源起、影响和应对［J］当代法学，2019（1）：60-69.
③ 中央网络安全和信息化委员办公室网. 携手构建网络空间命运共同体［EB/OL］.（2022-11-07）
　［2023-05-17］.http://www.cac.gov.cn/2022-11/07/c_1669457523014880.htm.
④ 中央网络安全和信息化委员办公室网. 携手构建网络空间命运共同体［EB/OL］.（2022-11-07）
　［2023-05-17］. http://www.cac.gov.cn/2022-11/07/c_1669457523014880.htm.

　　一是推动技术革新。网络空间信息技术与数字技术迅速发展，信息革命方兴未艾。技术是第一生产力，核心技术更是国之重器。[①]核心技术不仅是全球网络空间治理的关键议题，而且是网络空间命运共同体构建的必要支撑。未来，一方面，中国需要着力深化数字技术研发和创新，培育人工智能、物联网、区块链等新兴技术，推动数字技术向智能化跃进，提升数字技术的自主创新能力，为构建网络空间命运共同体提供技术支持。另一方面，亚洲、南美洲甚至非洲部分地区已成为全球价值链延伸不可或缺的一部分，中国需要在推动自身数字技术革新的同时，为广大发展中国家提供技术援助，打通信息沟通渠道，加快建设网络空间命运共同体的进程。

　　二是广泛凝聚共识。网络空间命运共同体应该建立在全球信任体系之上。当下，国际网络空间依旧存在众多认知差异和冲突分歧，阻碍了网络空间命运共同体的建构。未来，中国需要抓住机遇，在全球性议题中阐释中国方案、贡献中国智慧，在国际性学术论坛中提出中国理论，提升学术话语权，强化国际网络空间的利益共识、责任共识、发展共识。世界各国应该共同维护国际网络安全与发展，站在全人类命运与共的高度，构建国际网络空间新秩序。

　　三是加强文明互鉴。人类社会的发展史是一部不同种族、不同文明互通互鉴、共同发展的历史，人类社会的持续繁荣离不开文明间的交流互鉴。中华文明具有兼收并蓄、讲信修睦、温和包容、海纳百川的特点[②]，将为构建网络空间命运共同体提供深厚的思想资源。在数字时代，人类文明交流互鉴需要充分利用各种新技术，探索智能化、个性化、交互化的文化交流模式，发挥政府、企业、社会组织和普通公众等多重主体的交往能动性，建构立体式的国际议程联盟网络[③]，加强全球范围内的文明互鉴共荣。

　　四是提升国际话语权。为了使构建网络空间命运共同体的理念获得世界人民更广泛的认可，在国际社会中更具吸引力和影响力，中国需要形成与国家综合国

---

① 习近平. 在网络安全和信息化工作座谈会上的讲话 [N]. 人民日报，2016-4-26（2）.

② 谢清果. 文明共生论：世界文明交往范式的"中国方案"——习近平关于人类文明交流互鉴重要论述的思想体系 [J]. 新疆师范大学学报（哲学社会科学版），2019（6）：72-83.

③ 韦宗友. 国际议程设置：一种初步分析框架 [J]. 世界经济与政治，2011（10）：38-52，156.

力和国际地位相匹配的国际话语权[①],积极利用新技术增强全球数字沟通能力。加强全球数字传播力,提高中国声音在国际舆论场的声量和频率,从量上改变西强东弱的国际传播秩序;提升全球数字影响力,使用海外用户易于接受的叙事模式和表达方式,提升国际社会对中国价值的认同,从质上消除国际社会对中国的负面偏见;增强全球数字引导力,通过共情式数字沟通,引发共鸣,强化共识,提升中国引导国际舆论的能力、水平和效果。

---

① 习近平. 高举中国特色社会主义伟大旗帜 为全面建设社会主义现代化国家而团结奋斗——在中国共产党第二十次全国代表大会上的报告［EB/OL］.（2022-10-25）［2023-05-17］. https://www.gov.cn/xinwen/2022-10/25/content_5721685.htm.